【目　次】

共通論題

共通論題① 投資紛争解決制度の再考察
――WTO紛争解決・国際商事仲裁との比較が与える示唆

座長コメント ……………………………………………………… 河野真理子　1

投資仲裁における効果的解釈原則 ……………………………… 石川知子　6
――WTO紛争解決が与える示唆

Investor-State Arbitration as a 'Sub-System' of State
　Responsibility ……………………………………… Anna De Luca　27

国際投資仲裁判断の執行――国際商事仲裁との比較 …………… 高杉　直　52

共通論題② 国際カルテルと東アジア競争法の域外適用

座長コメント ……………………………………………………… 土田和博　74
――競争法の国際的適用・国際礼譲・国際的二重処罰

競争法の域外適用とその課題――日本法について ………………… 泉水文雄　83

Extraterritorial Application of Monopoly Regulation
　and Fair Trade Act in Korea ……………………… Oh Seung Kwon　101

International Cartels and the Extraterritorial Application
　of China's Anti-Monopoly Law ………… Xiaoye Wang and Qianlan Wu　113

自由論題

サービス貿易規律における最恵国待遇原則 ……………………… 高橋恵佑　142

DPA（Deferred Prosecugtion Agreement）（訴追延期合意），いわゆる交渉に
　よる企業犯罪の解決について――英米の制度比較 ………… 杉浦保友　161

個人情報の越境移転制限に対する規律 ……………………… 渡 辺 翔 太 188
　　——国際経済法の果たす役割の模索

WTO 紛争処理における measure 概念の展開 ……………… 平 見 健 太 213
　　——国際通商における「法の支配」の射程

文献紹介

Jürgen Kurtz,
　　The WTO and International Investment Law:
　　Converging Systems ……………………………………… 石 川 義 道 235

Shawkat Alam, Sumudu Atapattu, Carmen G. Gonzalez and
Jona Razzaque (eds.),
　　International Environmental Law and the Global South
　　………………………………………………………………… 小 寺 智 史 240

Patrick Dumberry,
　　The Formation and Identification of Rules of Customary
　　International Law in International Investment Law ……… 玉 田　　大 244

Caroline Henckels,
　　Proportionality and Deference in Investor-State Arbitration:
　　Balancing Investment Protection and Regulatory Autonomy
　　………………………………………………………………… 岩 瀬 真 央 美 249

Gloria Gonzalez Fuster,
　　The Emergence of Personal Data Protection as a
　　Fundamental Right of the EU …………………………… 松 澤 幸 太 郎 254

Jonas von Goeler,
　　Third-Party Funding in International Arbitration
　　and its Impact on Procedure …………………………… 中 村 達 也 259

Mara Wantuch-Thole,
　　Cultural Property in Cross-Border Litigation:
　　Turning Rights into Claims ……………………………… 加 藤 紫 帆 263

松下満雄・米谷三以
　『国際経済法』…………………………………………… 柳　　赫　秀　268

淵　圭吾
　『所得課税の国際的側面』……………………………… 髙　橋　祐　介　273

2016年貿易・投資紛争事例の概況

WTO 紛争事例 ………………………………………………… 平　　　　覚　279

投資仲裁決定 ………………………………………………… 福　永　有　夏　288

編集後記 ………………………………………………………………… 297

共通論題① 投資紛争解決制度の再考察――WTO 紛争解決・国際商事仲裁との比較が与える示唆

座長コメント

河野真理子

　投資家対国家の紛争解決（Investor-State Dispute Settlement, ISDS）は，投資保証と並び，個人の国際投資を促進するための制度とされ，その充実が図られてきた。ISDS の中核をなすのは，投資家対個人の国際仲裁（投資仲裁）である。投資仲裁は 2 つの意味を持っている。第 1 に，投資に関する紛争の解決を国家の国内裁判所の手続から切り離し，投資家自身が国家を相手とする請求の当事者となれる国際的な紛争解決手続を保証すること，第 2 に，投資家の国籍国が投資受入国に対する外交的保護の権利の行使を控えることによって，紛争の政治化を回避することである。

　世界銀行の主唱で締結された投資紛争解決条約により投資紛争解決国際センター（ICSID）が設けられている。これは，投資仲裁の手続の利用を確保するための国際的な制度である。多くの投資条約，経済連携協定，又は投資も含む自由貿易協定の ISDS に関する規定（ISDS 条項）で，ICSID が投資仲裁のフォーラムの選択肢の 1 つ，あるいは唯一のフォーラムとして予定されており，この条項を利用して，条約の諸規定の違反に関する紛争が ICSID に付託される事案が増加の一途をたどっている。このような条約の ISDS 条項に基づく投資仲裁では，投資受入国が外国人投資家に対してとった個別の措置の違法性の判断にとどまらず，投資受入国の国内法に基づく規制措置等が条約に規定される外国人投資家に与えられるべき待遇に合致するか否かの検討の際，当該措置の根拠となる国内法制度自体の条約との整合性が論じられる事例が見られるようになっている。

　ISDS 条項，及び，そのフォーラムの 1 つとしての ICSID が国際投資の促進に重要な役割を果たしてきたことは，ISDS 条項を含む投資条約等の増加と

日本国際経済法学会年報第26号（2017）　1

ICSID に付託される事案の数の増加から見て明らかである。しかし，これらの先例の蓄積によって，ISDS や ICSID の問題点や限界も明らかになりつつある。投資紛争解決条約からの数か国の国家の脱退，投資協定の破棄又は見直し，欧州連合による投資裁判所のような常設の裁判制度の創設の議論等の最近の動向は，ISDS，及び ICSID への懸念を反映するものである。さらに，ISDS 条項の意義と問題点は，環太平洋パートナーシップ協定（TPP）や大西洋横断貿易投資パートナーシップ協定（TTIP）等の大規模な経済連携協定や，投資に関する規定を含む自由貿易協定の協議の中でも重要な論点となっている。二国間だけでなく，大規模的な経済連携協定の締結のための努力が推進される一方で，英国の EU 離脱やトランプ政権の政策が二国間主義，あるいは保護主義の台頭を生む可能性をもたらしている現在の状況において，今後築かれていく条約体制における ISDS の位置づけに資する議論は重要な意味を持つといえよう。

　本企画はこうした状況をふまえ，投資仲裁の意義と問題点を多角的に論じようとするものである。

　サセルドティ氏の報告「Adjudication on International Trade and Investment Disputes: WTO and ICSID - Similarities and differences」は，元 WTO 上級委員，投資仲裁の仲裁人及び仲裁代理人としての経験の観点から，WTO の国家間の紛争解決の制度と ICSID のそれぞれの特徴を比較し，ICSID の制度の改善のための示唆を得ようとするものであった。

　石川氏の論文「投資仲裁における効果的解釈原則――WTO 紛争解決手続が与える示唆」は，投資紛争における国際仲裁裁判所の機能が，かつての投資受入国による財産の収用に対する補償の認定から，公益目的で維持又は採用される国家の規制行為の審査に変化する中で，個々の仲裁判断がその判断理由において，明確かつ一貫性ある解釈を示さないままに，投資受入国の国内法制度を審査することについての批判が高まっていることを指摘する。筆者は，条約の効果的解釈原則の適用のあり方という論点を取り上げ，現状の投資仲裁の問題点を明らかにし，かつ WTO の制度からの示唆を得ようとしている。

　筆者は，WTO の制度で上級委員会による法解釈の一貫性と整合性を保つ努

力，並びに紛争解決機関としての役割及び加盟国の主権に対する慎重な配慮が行われることが効果的に機能していることを示している。そしてこれとの比較で，個々の仲裁裁判所が「解釈対象となる条文に意味を与える」解釈を行ってきたという投資仲裁の問題点を明らかにしている。筆者は，投資仲裁への懸念の背景にある解釈アプローチに対する不信の払しょくのために，仲裁裁判所がWTO上級委員会による条約解釈のアプローチを継続的かつ明示的に参照していくべきだと結論づけている。

デルーカ氏の論文「Investor-State Arbitration as a 'Subsystem" of State Responsibility」は，国連国際法委員会が起草した国家責任条文と外交的保護に関する条文に示された国際法の一般規則と，これに対して「特別法」と位置づけられる国際投資仲裁を通じて発展してきた投資に関する国際法規則の関係を論じるものである。筆者は，1つの法体系が一般法に対して特別法となりうるためには，自己完結的な体系でなければならないとし，国際投資仲裁を通じて発展してきた投資に関する国際法規則の現状の体系は，自己完結的であるとはいいがたいと評価している。

筆者は，投資条約の諸規定の解釈又は適用の際には，外国人投資家の保護のための慣習国際法や条約法による補足が必要であるとする。そして，外交的保護と国家責任のそれぞれの分野での一般国際法の規則の中で国際仲裁裁判所によって援用されてきた規則を検討する。筆者は，外交的保護に関する慣習国際法規則は国際投資仲裁でも適用可能であると述べる。これに対し，国家責任に関する慣習国際法規則については，投資仲裁において，国家責任条文の賠償に関する規則が安易に適用されていることの問題点を指摘し，これを避けるべきであるとする。また，この条文の基礎となっている第一次規則と第二次規則の明確な区別についても，これを投資仲裁における賠償の判断の際に適用することは適切でないと述べている。

高杉氏の論文「国際投資仲裁判断の執行——国際商事仲裁との比較」は，投資家と投資受入国の間の国際投資仲裁（ISA）の仲裁判断の執行を，国際的な商取引から生ずる紛争を解決するための国際商事仲裁（ICA）との比較で論じるものである。

筆者は ISA に関する種々の問題を包括的に規律する制度として，ICSID 条約に基づく仲裁（ICSID 仲裁）に特に着目している。筆者は，ICSID 仲裁はその超国家的かつ自己完結的な性格により，ICSID 仲裁以外の ISA（非条約 ISA）よりも，その判断に強力性・優位性が認められるとする。

ICSID 仲裁の仲裁判断の場合，その承認・執行に関しても ICSID 条約の下での自律的な規律が行われるため，仲裁判断の承認・執行の可能性が高いといえる。ただし，ICSID 条約では，当事国の執行義務の対象は金銭上の義務に限定されていることから，それ以外の義務を命じる ICSID 仲裁の仲裁判断の執行については NY 条約の適用可能性が問題となると指摘する。次に筆者は，NY 条約の ISA 判断への適用の可否を論じている。筆者は ICSID 仲裁の判断と非条約 ISA の判断の両者に NY 条約の適用を認める立場を支持し，NY 条約に基づく ISA 判断の承認及び執行の主要な論点を示している。

最後に，筆者は，ICSID 条約と NY 条約の当事国である日本における ISA 判断の執行について述べている。ICSID 仲裁の仲裁判断については，「外国等に対する我が国の民事裁判権に関する法律」で執行免除が認められる場合を除き，仲裁判断の執行が可能である。また，NY 条約の下での ISA 仲裁判断の執行については，日本の仲裁法に基づく執行が可能となるものの，ICSID 仲裁の仲裁判断と同様に，外国国家の執行免除の問題が残ることを指摘している。

以上のような 1 つの報告と本年報に寄稿された 3 本の論文は，国際投資の保護のために条約によって構築されてきた国際投資仲裁制度の意義と課題を多面的に示すものとなっている。高杉論文で指摘されるように，ICSID 条約によって構築されてきた制度は，投資仲裁を効果的に機能させ，投資家を保護するという目的で一定の成功をもたらしている。しかし，個々の事案でそれぞれ設立される投資仲裁裁判所の仲裁判断は，投資条約の諸規定や関連する国際法を，その事案に応じて解釈又は適用したものにとどまる。このため，それらの仲裁判断は，個別の投資紛争の解決には貢献してきたものの，国際投資の分野における国際法の一般原則や，投資条約の諸規定の解釈及び適用のための一般的な方法や指針を明確にするものとはなっていないと批判されるのである。これらの評価を踏まえ，ISDS の制度を今後どのような方向で発展させていくべきか

座長コメント

の検討が求められているといえる。

（早稲田大学法学学術院教授）

共通論題①　投資紛争解決制度の再考察──WTO 紛争解決・国際商事仲裁との比較が与える示唆

投資仲裁における効果的解釈原則
── WTO 紛争解決が与える示唆──

石 川 知 子

　Ⅰ　はじめに
　Ⅱ　WTO 紛争解決制度と投資仲裁
　Ⅲ　WTO 上級委員会及び投資仲裁廷による効果的解釈原則の適用
　　1　WTO 上級委員会による効果的解釈原則の適用
　　2　投資仲裁における効果的解釈原則の適用
　Ⅳ　結語── WTO 紛争解決が与える示唆

Ⅰ　は じ め に

　ICSID 条約採択から50年が経過した現在，投資家対国の仲裁（投資仲裁）に関しては相反する状況が存在する。仮に，紛争解決手段としての成功を，その利用の多寡で測るならば，投資仲裁は大きな成功を収めていると評価できよう。国連貿易開発会議（UNCTAD）世界投資報告書（2016年）によれば，2015年末時点で公表されている投資仲裁件数は696件であり[1]，投資紛争解決国際センター（ICSID）によれば，2017年 6 月末時点において，ICSID 条約又は ICSID 追加的制度規則に基づき登録された仲裁件数は619を数える[2]。他方，近年，投資仲裁に対する批判が高まっていることは周知のとおりであり，かかる批判は，特に環太平洋戦略的経済連携協定（TPP 協定）や大西洋横断貿易投資パートナーシップ協定（TTIP 協定）といった大規模な地域貿易投資協定交渉の経過の中で広く認識されるに至っている。批判の内容は多岐にわたるが[3]，その中心にあるものは，投資仲裁が，投資受入国の規制権限に対する不当な干渉となるという懸念である。かかる懸念が生じる背景として，まず，投資仲裁が，投資受入国による財産の収用に対し十分な補償を提供するという初期の機能から大きく発展し，公益目的で維持又は採用される国家の規制行為を審査するという，むしろ国内裁判所による司法審査類似の機能を果たす紛争解決

フォーラムに変化してきたという現状がある。[4]

　たとえば，欧州委員会は，2015年1月に発表した「TTIP協定における投資保護及び投資家対国の仲裁に係るオンライン公開意見聴取に関する報告書」において，意見聴取の結果を次のとおりまとめる。

> これらの回答において，投資仲裁メカニズムは民主主義及び国家財政又は公共政策に対する脅威として理解されている（中略）回答の多くは，政府が多額の賠償を求める企業によって訴えられることにより，規制権限に対する「萎縮効果」が生まれるとの懸念を表明している。[5]

かかる背景に立ち提案されたいわゆる「投資裁判所制度」は，EU・ベトナム自由貿易協定（FTA）（未発効）[6]及びEU・カナダ包括的経済貿易協定（CETA）（未発効）[7]に規定されるに至っている。

　他方，投資仲裁が司法審査類似の機能を果たす紛争解決機関であるということが直ちに，規制権限に対する萎縮効果という懸念に繋がるわけではなく，かかる懸念を生み出す要因は，投資仲裁の実務の中に存在することが推測される。この点につき，まず，投資仲裁が制度的に企業側の利益に偏っているとの批判が存在する[8]が，この批判は，統計に裏付けられたものではない。近年の投資仲裁判断の結果に係るICSIDの統計によれば，2016年末時点で，投資家の請求を全部又は一部認容した判断の割合は全体の29.1%であり，これに対し，請求を全部棄却した判断の割合は18.3%，管轄を否定した判断の割合が16.1%，請求に明らかに理由がないとして棄却した判断の割合が0.5%であり，後三者の合計は請求（全部又は一部）認容判断の割合を上回る。[9]同様に，UNCTADの統計によれば，2015年末時点で，「国家に有利」な判断が下された事件の割合は，「投資家に有利」な判断が下された事件の割合を9%上回る。[10]Kurtzはむしろ，投資仲裁が抱える問題につき，次のとおり観察する。

> 最も持続的で厄介な投資仲裁の欠陥は（中略）あからさまな投資家偏重ではなく，真の懸念は，仲裁廷による解釈，特に，仲裁廷がその判断理由において，結果をプロセスに優越させるという頑固な傾向を有しているという点にある。かかる実務は，多くの仲裁廷がウィーン条約法条約において要求される解釈分類に従っていないという点において特に大

きな問題を有している。[11]

Ⅲ2で検討するとおり，効果的解釈原則の適用に係る投資仲裁廷の実務は，仲裁廷が，その判断理由において，明確かつ一貫性ある解釈を通じて，投資受入国の公益保護という価値に対する配慮を示す，という実務を必ずしも確立してこなかったことを示す。このことは，投資仲裁と国家の規制権限との緊張関係に対する懸念の少なくとも大きな要因の1つが，投資仲裁廷による法解釈プロセスに対する懸念にあることを推測させる。

かかる懸念に対処するための方策としては複数の可能性が存在し，投資仲裁制度に代わる投資裁判所の創設という制度的変更もその1つであろう。[12]しかし，本稿は，現在運用されている投資仲裁制度の枠組みの中で可能な方策の1つとして，投資仲裁における上記解釈プロセスの欠陥への対処を，WTOにおける紛争解決の経験が与える示唆という視点から検討する。本稿の目的は，WTO上級委員会による解釈アプローチは，競合する利益間の調整を図るという局面において，一定の場合，投資仲裁廷による投資協定を初めとする適用法の解釈に対して有益な示唆を提供し得るものであり，投資仲裁廷による，上級委員会の先例の適切かつ積極的な受容は，投資仲裁に存在する上記懸念への対処として有益であることを示すことにある。

Ⅱ　WTO 紛争解決制度と投資仲裁

WTO紛争解決制度の経験から投資仲裁廷が受け得る示唆を検討することは，次の理由から適当である。まず，WTO紛争解決制度と投資仲裁との間には大きな相違点が多岐にわたり存在する（歴史背景の相違，構造的・制度的相違，紛争当事者の性質（私人が紛争当事者となる否か）における相違，適用法の相違等）[13]にもかかわらず，両者は，ともに，ある国家の規制権限と，当該国家が条約上負担する義務との間の緊張関係を取り扱うという点で本質的な共通点を有する。WTO法においても外国投資法においても，かかる緊張関係は，ある条約上の枠組みに参加することにより得られる利益と，それに伴う義務から生じる主権の制限との間の均衡という問題を生じさせる。さらに，WTO紛争解決制度と

投資仲裁はともに，国家行為の国際法整合性を審査し評価する紛争解決フォーラムであり，[14)] したがって，その「司法審査」が，国家の規制権限に対する行き過ぎた干渉となる可能性を含む点においても共通する。[15)]

　次に，WTO 紛争解決制度の実効性及び正当性に対しては比較的広い支持と信頼が寄せられてきたと評価してよく，[16)] その背景には，上級委員会による，法解釈に一貫性と整合性を保つための努力，並びにその紛争解決機関としての役割及び加盟国の主権に対する慎重な配慮が存在する。[17)] 前者につき，Jackson は「WTO は先例拘束性の梯子の最上段からそれほど離れていない。」と観察し，[18)] Steinberg は，「一般に，WTO の判例法において先に下された決定や理論が非常に高い説得力を有し，紛争解決の議論においてこれらに依拠することの重要性からすれば，WTO には事実上の先例拘束性が存在するといってよいであろう。」と述べる。[19)] 上級委員会は，たとえば米国メキシコ製ステンレス鋼へのダンピング事件において，次のとおり述べる。

> 採択されたパネル及び上級委員会報告において表明される法解釈は WTO 紛争解決システムの集積した法規範である。『安定性と予見可能性』をシステムの中で維持することは紛争解決了解第3条2項が求めるところであり，同じ法的問題は，特段の理由がない限り，後の事件において同じ方法で解決されるであろうことを示唆する。[20)]

さらに，上級委員会手続規則4条1項が定める意見交換の仕組みは，法解釈の安定性と予見可能性を維持する努力のあらわれとも評価される。[21)]

　後者につき，上級委員会の実務集積初期において，Howse は，司法機関の正当性を基礎づける要素として，手続きの公正性，法解釈の一貫性と整合性及び機関としての配慮を挙げたうえで，WTO 上級委員会の実務は「機関としての配慮に向けての傾向が（正当性の観点から望ましいほどに一貫してとはいえないかもしれないものの）見て取れる」旨評価していた。[22)] 10年後，Van Damme は，上級委員会による法解釈につき，次の評価を加える。

> WTO 上級委員会による分析は，WTO 対象協定が，WTO 締約国に対し，WTO 法が触れていない新しい世界的課題に対処するために必要な政策的余地を認めることを確保すると

共通論題① 投資紛争解決制度の再考察

の意図を示している。このことは，個々の措置は，これらのより一般的な政策手続，法解釈における一貫性と整合性及び機関としての配慮に照らして判断されるであろうことを意味する。[23]

なお昨年，米国は，元 WTO 上級委員張勝和氏の再任を，同氏の「司法積極主義」は上級委員会の権限を越え紛争解決了解３条２項に違反する等として拒否した。[24] この出来事は，上級委員会の政治的独立性に対する懸念，さらに上級委員再任制度の見直しに関する議論に繋がったものの，[25] 上級委員会の法解釈アプローチに対する上記の肯定的評価を根本的に揺るがすものではない。このことは，投資仲裁を取り巻く状況と対照的である。

上級委員会による解釈アプローチが投資仲裁に示唆を与え得る状況及び文脈は複数存在するであろう。個別の実体的義務規定としては，WTO の一般的例外規定（GATT 第20条，GATS 第14条）を投資協定に取り込むべきとの提案，[26] 例外規定における「必要性」概念の解釈や内国民待遇における「同様の状況」の[27]解釈等に関し，詳細な議論がなされている。[28]

これに対し，本稿は，個別の規定を離れ，条約解釈原則としての「効果的解釈原則」の適用という点に焦点を当て検討を行う。本稿はまず，同原則が多様な要素から構成されるという多面性を明らかにしたうえで，同原則の解釈適用における WTO 上級委員会及び投資仲裁廷との間のアプローチの相違を検討する。本稿における検討は，WTO 上級委員会によるアプローチは，同原則を，解釈対象の条文のみならず，協定全体，さらに他の国際法規範との整合性を認識した広い文脈で適用するとの一貫した指針に基づくものであることに対し，投資仲裁廷のそれは一貫性を欠き，いくつかの仲裁判断は，もっぱら投資保護という目的や，解釈対象となる条文の効果に焦点を置く傾向を示すことを明らかにする。本稿は続けて，投資仲裁廷による同原則の適用は，その解釈の結果としての妥当性にかかわらず，共通の指針と一貫性を欠くのみならず，いくつかの投資仲裁廷によるそれは，投資保護と潜在的に対立する公益への配慮を欠くとの印象を与えること，これに対し，上級委員会のアプローチは，異なる利益間の調整に対する配慮を示すものであることを論じ，投資仲裁廷が

WTO 上級委員会によるアプローチを継続的かつ明示的に参照することは，投資仲裁の解釈プロセスへの対処として適切であることを論じる。

Ⅲ　WTO 上級委員会及び投資仲裁廷による効果的解釈原則の適用

効果的解釈原則は，ウィーン条約法条約上明記されていないものの，確立された条約解釈原則として広く適用されている[29]。しかし，「効果的」という概念のあいまいさは[30]，そのまま同原則の適用のあり方の多面性を意味する[31]。たとえば，効果を与える対象をどこに置くかという点の不明確さにつき，Orakhelashvili は次のとおり述べる。「効果的解釈原則に関するより実務的な問題は，同原則を考慮するための前提をどう置くか，すなわち，効果を与えられるべきものは何か―義務か，権利か，原則規定か，これらに対する例外規定か，又は目的か―ということである[32]。」次項で検討するとおり，WTO 上級委員会と投資仲裁における同原則の適用は，効果的解釈原則適用の難しさを端的に示している。

1　WTO 上級委員会による効果的解釈原則の適用

効果的解釈の原則の中核をなす要素は，解釈の対象となる条文に対し，「適切な効果を与える解釈と与えない解釈が可能である場合，条約の趣旨及び目的に照らした誠実な解釈は前者の解釈の採用を要求する[33]。」というものである。同原則のこの要素に言及する上級委員会の判断は複数存在し，最近の例としては，インド―鳥インフルエンザを理由とした特定農産品の輸入禁止事件が挙げられる[34]。

しかし，WTO 上級委員会は同時に，効果的解釈原則につき，より広範な理解を採用してきた。まず，協定内又は協定間の相互参照ツールとしての効果的解釈原則の利用，つまり，「解釈対象となる条文に，協定の他の部分又は関連する他の協定への言及がない場合において，これらと当該条文との間の相互参照を行うことを正当化する[35]」ために効果的解釈原則を適用する場合が挙げられる。効果的解釈原則のこの要素は，解釈対象となる条文のみならず，協定に全体として意味を与え，かつ相互に調和的な解釈を要求する[36]。上級委員会は，効

共通論題① 投資紛争解決制度の再考察

果的解釈原則のこの要素の背景をなす考え方を，ごく初期の判断である韓国の脱脂粉乳に対するセーフガード措置事件及び同日に出されたアルゼンチンの履物，繊維，衣料品その他の輸入品に関する措置に係る事件の報告書において次のとおり明確に示している。「効果的解釈原則に照らし，条約解釈を行う者は，条約の適用条文全体を，その全てに意味を与え，かつ調和的に解釈する義務を負う。[37]」

張勝和元上級委員は，昨年の退任演説において，WTOにおける調和的解釈の必要性を次のとおり強調する。

> WTO対象協定は，全体として「シングル・パッケージ」としての多国間貿易システムを構成するのであり，これを構成する各要素をそれぞれ他の要素から切り離して解釈することはできない。特定の規定を解釈する際，パネル及び上級委員会は，各条文に特有の文脈と，異なるが体系的に相互に繋がるWTO規定相互間の整合性維持との間のバランスを図るという難しい仕事に直面する。上級委員会が，WTO協定の特定の条文にかかる，文脈において関連する対象協定の他の部分に影響を及ぼし得る解釈の体系的意味を注意深く考慮する必要があるのはこのためである。

さらに，効果的解釈原則が要請する調和的解釈は，次の理由によって，解釈対象の条文を，当該協定にとどまらない広い文脈の中で解釈することを可能にする。WTO対象協定には，設立協定前文，一般的例外規定を初めとして，環境保護といった規範への言及を含む規定が存在するところ，効果的解釈原則に従えば「環境といった外部的懸念事項に言及する規定を無視することはできない。[38]」言い換えれば，協定全体の調和的解釈の要請は，かかる規定との整合的解釈を必要とし，このことは，必然的に，条文解釈において，その言及の対象となる外部規範を考慮することを要請することとなる。

このことを端的に示す例が，米国のエビ及びエビ製品の輸入禁止事件における上級委員会のGATT第20条(g)項の解釈におけるアプローチである。同条項にいう「有限天然資源」が鉱物又は非生物天然資源に限られるか，生物天然資源を含むかという解釈問題に際し，上級委員会は次のとおり述べた。

> WTO設立協定前文において，WTO締約国が持続可能な開発目的を明示的に認識している

ことに鑑みれば，GATT 第20条(g)項が鉱物又は非生物天然資源のみを対象とすると解釈することは時代に即していないというべきであろう。（中略）効果的解釈原則に従い，我々は，生物天然資源を含む有限天然資源の保存に関する措置は GATT 第20条(g)項に含まれるとの結論を採用する。[39]

さらに，上級委員会は，問題となる米国の措置（Section 609 of Public Law 101-1625）が同条柱書の要件を満たすか否かという点の判断に際し，次のとおり述べた。

我々は再び，（前文の文言が）WTO 設立協定交渉国による，世界の資源の最も適当な形での利用は持続可能な開発の目的に従ってなされるべきであるとの認識を示していることに留意する。前文の文言が交渉国の意図を反映していることからすれば，同文言は WTO 設立協定附属書（本件では GATT1994）を我々が解釈するに当たり，色彩，手触り及び陰影（colour, texture and shading）を加えるというべきである。[40]

Van Damme は，同事件における上級委員会のアプローチを次のとおり評価する。

米国のエビ及びエビ製品の輸入禁止事件において初めて，WTO 締約国は，関連する他の国際法原則が WTO 法上の権利義務の意味に影響を及ぼし得るかを認識した。（中略）上級委員会は，GATT 第20条(g)項にいう「天然資源」の発展的解釈を正当化するため，効果的解釈原則に依拠したものである。[41]

さらに重要な点として，協定の全ての条文に意味を与え，かつ相互の矛盾を生じさせないような調和的解釈の要請は，同時に，解釈される協定の異なる趣旨及び目的の調整を必要とする。[42]米国のエビ及びエビ製品の輸入禁止事件において，上級委員会は，この点を明確に認識し，GATT 第20条に基づく締約国の公益保護のための規制権限と貿易自由化という利益には等価的価値があるとの前提を採用した。[43]つまり，同事件において，上級委員会は，GATT 第20条の例外を援用する締約国の権利は「非現実的」なものであってはならないとしたうえで，次のとおり述べる。[44]

共通論題① 投資紛争解決制度の再考察

柱書の解釈適用という仕事は、したがって、GATT 第20条が既定する例外を援用する締約国の権利と、GATT 第11条といった実体義務規定に基づく他の締約国の権利との間の均衡線を見つけ確定することにより、競合するこれらの利益のいずれもが相互に取り消されることがないよう、また締約国が同協定の下で構築したバランスを歪め、又は無効化することがないようにすることである。[45]

　等価的価値の間の「均衡線」を確定することが解釈の役割であるとの考え方、そのプロセスとして効果的解釈原則を適用するというアプローチは、上級委員会の「機関としての配慮」を反映したものといってよく、かかる配慮が上級委員会に対する信頼の大きな基礎をなしていることは前述のとおりである。

2　投資仲裁における効果的解釈原則の適用

　WTO 上級委員会によるアプローチと対照的に、投資仲裁における効果的解釈原則の適用には共有された指針がなく、このことが大きく2つの問題を生じさせている。まず、投資仲裁廷が、効果的解釈原則を、協定全体というよりむしろ「解釈対象となる条文に意味を与える」ことに焦点を当て適用した結果、どの条文の有効性を重視するかにより、同じ論点に対する同じ解釈原則（効果的解釈原則）の適用が、全く異なる解釈結果を生じさせる場合がある。最恵国待遇条項の解釈に係る次の例は、このことを端的に示す。

　紛争解決条項において、仲裁付託に（国内裁判所への事前付託及び18か月の待機期間といった）条件が付いている投資協定に基づき仲裁を提起する申立人投資家が、当該協定の最恵国待遇条項を援用することにより、被申立国が第三国と締結している投資協定が規定する、仲裁付託に対しより緩やかな条件を規定する紛争解決条項に基づき仲裁を提起することが可能か否か、という問題につき、Garanti Koza LLP 対トルクメニスタン事件仲裁廷多数意見は、これを肯定するにあたり、最恵国待遇条項の効果に焦点を当て、次のとおり述べた。

　　他の協定が規定する、より（投資家にとって）有利な条文を、適用される協定中のより不利な条文に代えて適用させることは最恵国待遇条項の本質である。もし、最恵国待遇条項を他の協定の条文を優越されるために用いることができなければ、同条項はその効果を奪われる。[46]

これに対し，Daimler Financial Services 対アルゼンチン事件における仲裁廷多数意見は，次のとおり，紛争解決条項が規定する仲裁付託のための条件の効果に焦点を当て，最恵国待遇条項の援用による紛争解決条項の取り込みを否定した。

> （最恵国待遇条項の紛争解決条項への適用を認めることは）18か月の国内裁判所における待機期間という条件を，最恵国待遇条項の適用により遡及的に無効にしてしまうものであり，かかる結果は効果的解釈原則に違反するものである。[47]

最恵国待遇条項の紛争解決条項への適用可否という問題の結論は，実際には最恵国待遇条項の文言の相違（特に，同条項が「全ての事項（all matter）」につき最恵国待遇を与える旨規定しているか否か）によるところが大きい。[48]しかし，解釈に係る結論の当否にかかわらず，同一の条約解釈原則を，全く異なる結論を導く根拠として用いるという仲裁廷間の不整合性は，それ自体，Kurtz が述べるところの「結果をプロセスに優越させるという頑固な傾向」，つまり，仲裁廷が，条約解釈原則を，その結論を支持する解釈を正当化するために恣意的に適用しているとの印象を与えかねないものである。

次に，投資仲裁廷による判断の中には，効果的解釈原則を，投資協定の第一義的目的である投資の保護促進という，[49]制度特有の精神に照らした条項の解釈を導くために用いたかのような言及が見られる。かかる効果的解釈原則の適用に対し，Waibel は次のとおり批判する。

> 投資仲裁廷はしばしば，効果的解釈原則に依拠し，その際に，しばしば二国間投資協定の趣旨及び目的に言及する。これに基づき，多くの仲裁廷は不明確な投資協定の条文を投資家に有利に解釈してきたように思われる。条文の解釈にあたり，投資協定の前文における投資家保護の強化というあいまいな概念にかように依拠することは，しばしば合理性を欠く。[50]

効果的解釈原則を，投資保護という制度目的を強調する文脈で用いた例として，SGS 対フィリピン事件における，いわゆる「アンブレラ条項」に基づき契約上の義務違反を仲裁で争うことができるか否かという同条項の解釈にかか

る仲裁廷多数意見の判断が挙げられる。多数意見は，適用される投資協定であるスイス・フィリピン二国間投資協定（BIT）が規定するアンブレラ条項は，[51]契約違反に基づく仲裁付託を可能にすると結論づけたが，その理由の中で次のとおり述べる。

> 当該 BIT の趣旨及び目的は（問題となる）第10条２項の効果的解釈を支持する。当該協定は投資の促進及び相互の保護を目的とする協定であり，前文によれば「他の締約国の領域内にある締約国の投資家の投資のための良好な条件を作り出し，維持すること」を意図している。解釈上の不明確さを，協定の対象となる投資保護に有利なように解決することは正当である。[52]

同様の争点につき，Noble Ventures 対ルーマニア事件において，仲裁廷は，SGS 対フィリピン事件仲裁廷多数意見による上記判断理由を支持的に引用しつつ，次のとおり述べた。

> （BIT の解釈においてよくあるような）投資家にもっぱら有利となるような文言解釈を行うことは許容されるべきでないものの，一方で，本件においてはそのような解釈が正当化される。いかなる他の解釈も，２条２項(c)（アンブレラ条項）から実質的な内容を奪うものであるし，この点で効果的解釈の原則が必然的に参照されなければならない。[53]

対照的に，El Paso 対アルゼンチン事件仲裁廷は，SGS 対フィリピン事件仲裁廷多数意見による解釈を，これに従えば，いかなる義務の違反もアンブレラ条項を介して協定違反を構成することとなるところ，かかる結論は，違反の認定に高い基準を要求する他の規定の意味を奪うものであり，協定全体を無意味にする解釈である，として批判する。[54]両仲裁廷によるアプローチの対比は，効果的解釈原則を，解釈の対象となる条文の効果を重視するか，協定全体に意味を与えるべきとして理解するかによって，全く異なる結論が導き出されることを示すものであり，効果的解釈原則の適用における共通の指針の必要性を強く示唆する。[55]

より最近の例として，EDFI 対アルゼンチン事件における仲裁廷のアプローチが挙げられる。この事件では，適用される投資協定がアンブレラ条項を規定

していない場合，最恵国待遇条項を援用することにより，被申立国が第三国と締結している投資協定に含まれる同条項を取り込むことの可否が争点の一つであった。被申立国は，最恵国待遇条項のかかる援用は同種制限の原則（*ejusdem generis*）に反する，また，アンブレラ条項は，国内法違反はそれ自体で国際法違反を構成するものではないという国際法原則の例外であるから，個別の交渉の結果，協定に明示的に規定されるに至ったものでない限り，当該協定に取り込まれるべきものではない旨主張したが，仲裁廷は，最恵国待遇条項の解釈としてかかる取り込みを認めないことは，アンブレラ条項が規定される投資協定の適用を受ける第三国の投資家を申立人投資家に対し有利に扱うことを意味するところ，かかる結果は最恵国待遇条項の趣旨に反し，同条項の文言を「事実上協定の外に置くことを意味する」として，最恵国待遇条項の適用によるアンブレラ条項の取り込みを肯定した。

上記で検討した仲裁廷（多数意見）による，アンブレラ条項又は最恵国待遇条項の解釈が結論として妥当であるか否かは，本稿の検討対象ではない。しかし，仮に当該条文解釈が結論として妥当であるとしても，効果的解釈原則の適用において，投資協定特有の投資の促進保護という目的にのみ言及することは，投資仲裁廷が，その解釈プロセスにおいて投資保護の利益を偏重し，競合する公益に対する配慮を示していないとの懸念を生じさせるものであり，少なくとも「不注意」との評価はまぬがれないであろう。

これに対し，投資仲裁廷の中にも，効果的解釈原則を，投資協定が多様な目的や利益を包含するものであるとの認識，さらには調和的解釈と関連付けて理解するものが存在する。Continental Casualty 対アルゼンチン事件において，申立人投資家は，アルゼンチンが2001年から2002年の経済危機時に採用した様々な措置が米国・アルゼンチン BIT 違反を構成する旨主張し，アルゼンチンはこれに対し，同 BIT の例外規定（第11条）及び国際慣習法上の緊急避難を抗弁として主張した。関連する争点は，経済危機時の措置が「公の秩序の維持のために必要」及び「不可欠の安全保障上の利益」の保護といった，同 BIT 第11条の要件を満たすか否かという点であったが，仲裁廷は，米国が第11条のモデル条文を起案するにあたり，その安全保障上の利益をまず保護するための

経済制裁としての外国人の資産凍結等を念頭に置いていたとしても，このこと
は必ずしも，性質が違う緊急事態への対処としてアルゼンチンが採用する措置
を排除することを意味しないとしたうえで，次のとおり述べた。「二国間投資
協定の条文を，その文言に反しない限りにおいて，締約国の異なる利益や懸念
を調節するよう解釈することは，効果的解釈原則に沿うものである。」[59]仲裁廷
は，深刻な経済危機は不可欠の安全保障上の利益に影響を与えるものとして第
11条の要件を満たし得るものであると結論付けた。[60]

　より最近の例として，ギリシャ国債のスロバキア・ギリシャ BIT 上の投資
該当性が問題となった Poštová banka 対ギリシャ事件が挙げられる。仲裁廷
は，「投資」の定義の解釈としてこれを否定するにあたり，上に引用した韓国
の脱脂粉乳に対するセーフガード措置事件における上級委員会の判断を引用
し，次のとおり述べた。

> 誠実な解釈は，単独で，又は協定の趣旨及び目的と共に考慮された場合のいずれも効果的
> 解釈原則を体現するものであり，協定の全ての文言に意味を与えるような解釈を採用すべ
> きである。[61]（中略）スロバキア・ギリシャ BIT の目的は，申立人が主張するとおり，締約
> 国において，投資家による投資のために良好な条件を作り出すことである。しかし，この
> ことは，解釈が不明確な場合に，協定を投資家に有利に解釈しなければならないというこ
> とを意味するものでも，投資保護が協定の唯一の目的であるということを意味するもので
> もない。[62]

　これらは，投資仲裁廷による，効果的解釈原則のより広い要素に対する理
解，及び WTO 上級委員会によるアプローチとの間の「規範の共有」を示す
ものであるが，かかる判断はいまだ少数にとどまる。結論として，投資仲裁廷
による判断の検討は，仲裁廷間の，効果的解釈原則の適用における一貫性の欠
如のみならず，効果的解釈原則の要素の理解における不整合の存在を明らかに
する。

IV　結語── WTO 紛争解決が与える示唆

　本稿における検討は，効果的解釈原則につき，WTO 上級委員会が「条約の
適用条文全体を，その全てに意味を与え，かつ調和的に解釈する」ことを要求

するとの理解に立ち，これを一貫した指針として適用してきたことに対し，投資仲裁廷による効果的解釈原則の適用には，共有される指針が存在せず，同原則の理解及び適用に一貫性が存在しないという相違を明らかにしてきた。

さらに，Ⅲ2で検討したとおり，WTO上級委員会によるアプローチが，効果的解釈原則に「調整機能[63]」を与えることと対照的に，投資仲裁廷（多数意見を含む。）による判断の中には，同原則を，投資協定特有の利益である投資家保護重視を正当化する根拠として用いているものが存在する。しかし，解釈プロセスは，1つの「正解[64]」を導き出す作業ではなく，むしろ，条文の意味につきしばしば複数示される可能性の中から，様々な競合する価値の調整に基づき最も適当な解釈を選定する作業である[65]。この意味で，条約解釈は，Qureshiが述べるように「正義の配分の一形式[66]」ということができる。投資仲裁廷がしばしば採用する「投資保護に有利な解釈」，「投資家に有利な解釈」といった表現は，条約解釈のかかる性質が要求する全体的かつ多面的な解釈プロセスを反映したものとは認められない。さらに，かかるアプローチは，投資仲裁廷が，解釈原則を，その導き出したい結論を支持する解釈を正当化するために恣意的に適用し得る可能性を示唆するものであり[67]，少なくとも不注意な表現との批判を受けるべきものである。

これに対し，仮に投資仲裁廷が，WTO上級委員会が採用する効果的解釈原則の適用アプローチを採用した場合，その1つの帰結としては，たとえば，関連する投資協定が環境，労働，公衆衛生等公益に対する言及を含む場合[68]，協定の条文すべてに意味を与え，調和的に解釈するとの要請に従えば，投資仲裁廷が投資保護の義務規定を解釈するに際し，必然的に，かかる公益に対する考慮をその判断理由中に示すこととなるであろう。

先に検討したとおり，投資仲裁に対する懸念の背景に，その解釈アプローチに対する不信が存在することからすれば，投資仲裁廷がWTO上級委員会によるアプローチを継続的に，判断の中で明示的に参照することは，投資仲裁の正当性批判に対する有効な対処の一助となろう。WTO紛争解決制度と投資仲裁がともに，国家の規制権限と，当該国家が条約上負担する義務との間の調整を任務とすることに照らせば，かかる規範の共有は正当かつ合理的なものであ

共通論題① 投資紛争解決制度の再考察

り，積極的に試みられるべきである。

1) United Nations Conference on Trade and Development, 'World Investment Report 2016, Investor Nationality: Policy Challenges', UN Doc UNCTAD/WIR/2016 (2016), p. 104.

2) International Centre for Settlement of Investment Disputes, 'The ICSID Caseload — Statistics', Issue 2017-2, p. 7.

3) *See* e.g., Michael Waibel, *et al.*, 'The Backlash against Investment Arbitration: Perceptions and Reality', in Michael Waibel *et al* (eds.), *The Backlash against Investment Arbitration* (2010), p. xxxviii. 我が国における，TPP 協定の投資仲裁条項に対する批判につき，濵本正太郎（監修）「ISDS 条項批判の検討── ISDS 条項は TPP 交渉参加を拒否する根拠となるか──」『JCA ジャーナル』59巻12号（2012年）19-31頁，Shotaro Hamamoto, 'Recent Anti-ISDS Discourse in the Japanese Diet: A Dressed-Up But Glaring Hypocrisy', 16 *Journal of World Investment and Trade* (2015) 931.

4) B. Kingsbury *et al.*, 'The Emergence of Global Administrative Law', 68 *L. & Contemp. Probs.* (2015) 15, pp. 36-37; Gus Van Harten, *Investment Treaty Arbitration and Public Law* (Oxford University Press, 2007), pp. 4-5; William W. Burke-White & Andreas von Staden, 'Private Litigation in a Public Law Sphere: The Standard of Review in Investor-State Arbitrations', 35 *Yale J. Int'l L.* (2010) 283, pp. 284-296; Robin F. Hansen, 'Parallel Proceedings in Investor-State Treaty Arbitration: Responses for Treaty-Drafters, Arbitrators and Parties', 73 *Mod. L. Rev* (2010) 523, p. 528.

5) European Commission, 'Report: Online public consultations on investment protection and investor-to-state dispute settlement (ISDS) in the Transatlantic Trade and Investment Partnership Agreement (TTIP)', (Brussels: EC, 2015) (Commission Consultation Report), p. 14. *See also* David Collins, 'The Line of Equilibrium: Improving the Legitimacy of Investment Treaty Arbitration Through the Application of the WTO's General Exceptions', 32(1) *Arb. Int'l* (2016) 575, p. 576.

6) Chapter 8, Articles 12-14.

7) Chapter 8, Articles 8. 18-8. 45. 2017年 9 月21日開始と予定されている同条約の暫定適用の範囲には，投資保護及び投資裁判所制度は含まれない。

8) *Commission Consultation Report* (n5), pp. 103-104.

9) ICSID (n2), p. 14

10) UNCTAD (n1), p. 107.

11) Jürgen Kurtz, *The Shifting Landscape of International Investment Law and Its Commentary*, 106(3) Am. J. Intl L. 686, 688 (2012).

12) 投資裁判所が，実効的な投資紛争解決の場として十分に機能し得るか否かは，今後の運用にかかる。たとえば投資裁判所による判断の執行可能性の問題（ICSID 条約との整合性の問題を含む）につき，August Reinish, 'Will the EU's Proposal Concerning an

Investment Court System for CETA and TTIP Lead to Enforceable Awards?— The Limits of Modifying the ICSID Convention and the Nature of Investment Arbitration', 19 J. Int'l Econ. L. (2016), pp. 761–786.

13) *See e.g.*, Nicholas DiMascio & Joost Pauwelyn, 'Nondiscrimination in Trade and Investment Treaties: Worlds Apart or Two Sides of The Same Coin?', 102 *Am. J. Int'l L.* (2008) 48, pp. 51–53; Tomer Broude, 'Investment and Trade: the "Lottie and Lisa" of International Economic Law?', 8(3) *TDM* (2011) 1, pp. 6–7 (2011); Van Harten, (n4), p. 218; Anastasios Gourgourinis, 'Reviewing the Administration of Domestic Regulation in WTO and Investment Protection Law: The International Minimum Standard of Treatment of Aliens as "One Standard to Rule Them All"?', 8(3) *TDM* (2011) 1, pp. 3–4.

14) Gourgourinis (n13) p. 1. *See also* Roger P. Alford, 'The Convergence of International Trade and Investment Arbitration', 12 *Santa Clara J. Int'l L.* (2014) 35, p. 37.

15) Steven P. Croley & John H. Jackson, 'WTO Dispute Procedures, Standard of Review, and Deference to National Governments', 90 *Am. J. Int'l L.* (1996) 193, p. 197; John H. Jackson, 'Sovereignty - Modern: A New Approach to an Outdated Concept', 97 Am. J. Int'l L (2003) 782, p. 799; Gisele Kapterian, 'A Critique of the WTO Jurisprudence on "Necessity"', 59 *Int'l & Comp. L.Q.* (2009) 89, p. 97.

16) Sutherland *et al.*, The Future of the WTO: Addressing Institutional Challenges in the New Millennium: Report by the Consultative Board to the Former Director-General Supachai Panitchpadki (2004), para. 254 ('There are ... a number of viewpoints expressed by governments and non-government observers that suggest a general sense of satisfaction with the dispute settlement system'). *See, e.g.*, DiMascio & Pauwelyn (n13), p. 53 ('The WTO dispute settlement mechanism — in particular, the WTO Appellate Body — garnered legitimacy and efficiency as a mechanism for the settlement of state-to-state trade disputes'); Alberto Álvarez-Jiménez, 'The WTO Appellate Body Decision-Making Process: A Perfect Model for International Adjudication?', 12 *J. Int'l Econ. L.* (2009) 289, p. 331 ('[T] he design and practice of the AB has created a decision-making process that is unique in the world in the quality of the outcomes that it produces. Much care should be taken when attempting to reform the institution ... .'). 他方，批判につき，*see, e.g.*, Richard H. Steinberg, 'Judicial Lawmaking at the WTO: Discursive, Constitutional, and Political Constraints', 98 *Am. J. Int'l L.* (2004) 247; John Ragosta *et al.*, 'WTO Dispute Settlement: The System is Flawed and Must be Fixed', 37(3) *Int'l Lawyer* (2003) 697; José E. Alvarez, 'The WTO as Linkage Machine', 96 *Am. J. Int'l L.* (2002) 146.

17) Sutherland *et al.* (n16), para. 230.

18) John Jackson, 'The Case of the World Trade Organization', 84(3) *Int'l Aff.* (2008) 437.

19) Richard H. Steinberg, 'Judicial Lawmaking at the WTO: Discursive, Constitutional,

共通論題① 投資紛争解決制度の再考察

and Political Constraints', 98(2) *Am. J. Int'l L.* (2004) 247, p. 254.

20) Appellate Body Report, *United States — Final Anti-Dumping Measures on Stainless Steel from Mexico*, WT/DS344/AB/R, adopted 30 April 2008, para 160. *See also* Panel Report, *China — Measures Related to the Exportation of Rare Earths, Tungsten and Molybdenum* (China — Rare Earths (Panel)), WT/DS431-3/R, adopted 26 March 2014.

21) Mitsuo Matsushita, 'Reflections on the Functioning of the Appellate Body' in Gabrielle Marceau (ed), *A History of Law and Lawyers in the GATT/ WTO: The Development of the Rule of Law in the Multilateral Trading System* (CUP, 2015) 552.

22) Robert Howse, 'Adjudicative Legitimacy and Treaty Interpretation in International Trade Law: The Early Years of the WTO', in J. H. H. Weiler (ed.), *The EU, The WTO and The NAFTA: Towards a Common Law of International Trade* (OUP, 2000) 35, p. 64.

23) Isabelle Van Damme, *Treaty Interpretation by the WTO Appellate Body* (OUP, 2009), p. 299.

24) Statement by the United States at the Meeting of the WTO Dispute Settlement Body (May 23, 2016), at https://geneva.usmission.gov/2016/05/24/statement-by-the-united-states-at-the-may-23-2016-dsb-meeting/.

25) WTO, '2016 NEWS ITEMS: Dedicated session on reappointment of Appellate Body members' available, at https://www.wto.org/english/news_e/news16_e/dsb_26sep16_e.htm.

26) Jürgen Kurtz, The WTO and International Investment Law: Converging Systems (CUP, 2016), ch. 5; Andrew Newcombe, 'General Exceptions in International Investment Agreements', in Marie- Claire Cordonier Segger, Markus W Gehring, and Andrew Newcombe (eds), *Sustainable Development in World Investment Law* (Wolters, Kluwer 2011), p. 370; Collins (n5). ただし，一般例外規定を，必要な調整を行わず投資協定に移植することに対する批判として，Barton Legum and Ioana Petculescu, 'GATT Article XX and International Investment Law', in Roberto Echandi and Pierre Sauvé (eds), *Prospects in International Investment Law and Policy* (CUP, 2013), p. 362; Céline Lévesque, 'The Inclusion of GATT Article XX Exceptions in IIAs: A Potentially Risky Policy', in Echandi and Sauvé (*ibid.*), p. 370.

27) *Continental Casualty Company v. Argentina*, ICSID Case No ARB/03/9 (Award of 5 September 2008), paras. 190ff; Andrew D. Mitchell and Caroline Henckels, 'Variations on a Theme: Comparing the Concept of "Necessity" in International Investment Law and WTO Law', 14 *Chi. J. Int'l L.* (2013), p. 93.

28) DiMascio and Joost Pauwelyn (n13).

29) 1964 *Yearbook of the International Law Commission*, Vol. I, 1964 Y.B.I.L.C., U.N. Doc. A/CN. 4/SER. A/1964, 290, para. 106「条約の趣旨及び目的に照らした誠実な解釈は必然的にその文言に意味を与えるよう試みるであろう。」(Roberto Ago) *See also* Asif H.

Qureshi, *Interpreting WTO Agreements: Problems and Perspectives* (CUP, 2006) 10; Helge Elisabeth Zeitler, '"Good Faith" in the WTO Jurisprudence — Necessary Balancing Element or an Open Door to Judicial Activism?', 8(3) *J. Int'l Econ. L.* (2005) 721, p. 729.

30) *See e.g.*, Interpretation of Peace Treaties (Second Phase), Advisory Opinion, 1950 I. C.J. 221, 229 (July 18); Territorial Dispute (*Libya v. Chad*), 1994 I.C.J. 21, para. 47 (Feb. 3); Corfu Channel (*U.K. v. Albania*), 1949 I.C.J. 4, 24 (Apr. 9) (merits); Fisheries Jurisdiction (*U.K. v. Iceland*), 1974 I.C.J. 23, para. 52 (July 25) (merits); Legal Consequences for States of the Continued Presence of South Africa in Namibia (South West Africa) notwithstanding Security Council Resolution 276, Advisory Opinion, 1971 I.C.J. 16, para. 30 (June 21) (Dissenting opinion of Judge Fitzmaurice); Ambatielos (*Greece v. United Kingdom*), 1952 I.C.J. 28, 45 (July 1) (preliminary objection); Iron Rhine Arbitration (*Belg. v. Neth.*), 2005, P.C.A. Award, para. 49 (May 24). 投資仲裁において, *Klöckner v. Cameroon* 事件において, 特別委員会は効果的解釈原則を国際慣習法上確立した条約解釈原則として明示的に認識した。*Klöckner v. Cameroon*, ICSID Case No. ARB/81/2 (Decision on Annulment of 21 October 1983), para. 62. 投資仲裁廷において効果的解釈原則を適用した判断例のリストにつき, J. Romesh Weeramantry, Treaty Interpretation in Investment Arbitration (OUP, 2012) p. 145.

31) *See* Ulf Linderfalk, *On the Interpretation of Treaties: The Modern International Law as Expressed in the 1969 Vienna Convention on the Law of Treaties* (Springer, 2007), p. 220.

32) Alexander Orakhelashvili, *The Interpretation of Acts and Rules in Public International Law* (OUP, 2008), p. 393.

33) *Commentary on draft articles,* in 1966 Y.B.I.L.C., Vol. II, 219, para. 6. *See also* Gerald G. Fitzmaurice, 'Vae Victis or Woe to the Negotiators! Your Treaty or Our 'Interpretation' of It (Review Article)', 65 *Am. J. Int'l L.* (1971) 358, p. 373 ('Where a text is ambiguous or defective, but a possible, though uncertain, interpretation of it would give the agreement some effect, whereas otherwise it would have none, a court is entitled to adopt that interpretation, on the legitimate assumption that the parties must have intended their agreement to have some effect, not none'.); James Cameron & Kevin R. Gray, 'Principles of International Law in the WTO Dispute Settlement Body', 50 *Int'l & Comp. L.Q.* (2001) 248, p. 256; C. Henckels, 'GMOs in the WTO: A Critique of the Panel's Legal Reasoning in EC-Biotech', 7 *Melb. J. Int'l L.* (2006) 278, p. 303.

34) *India — Measures Concerning the Importation of Certain Agricultural Products* (Appellate Body Report, 2015), paras. 5. 24-5. 30 (SPS協定2条2項と5条1項・2項の解釈において効果的解釈の原則を適用)。*See also Japan - Taxes on Alcoholic Beverages* (Appellate Body Report, 1996); *EC — Regime for the Importation, Sale and*

Distribution of Bananas (Appellate Body Report, 1997).

35) Van Damme (n23), p. 285.

36) Anglo-Iranian Oil (*U. K. v. Iran*), 1952 I. C. J. 93, 105 (July 22) (preliminary objection); Hugh Thirlway, 'The Law and Procedure of The International Court of Justice 1960-1989: Supplement, 2006: Part Three', 77 *Brit. Y.B. Int'l L.* (2007) 1, p. 44; Richard K. Gardiner, *Treaty Interpretation* (OUP, 2008), p. 76; Linderfalk (n31), p. 108.

37) *Korea — Definitive Safeguard Measure on Imports of Certain Dairy Products* (Appellate Body Report, 1999), para. 81; *Argentina-Safeguard Measures on Imports of Footwear* (Appellate Body Report, 1999), para. 81.

38) Qureshi (n29), p. 163.

39) Appellate Body Report, *US — Import Prohibition of Certain Shrimp and Shrimp Products*, WT/DS58/AB/R (Oct. 12, 1998) [hereinafter *US — Shrimp* (AB)] para. 131 (citation omitted).

40) *Ibid.*, para. 153.

41) Van Damme (n23), p. 369.

42) Edward Gordon, 'The World Court and the Interpretation of Constitutive Treaties', 59*Am. J. Int'l L.* (1965) 794, p. 814.

43) Kapterian (n15) p. 120.

44) *US — Shrimp* (AB) (n39), para. 156.

45) *US — Shrimp* (AB) (n39), para. 159.

46) *Garanti Koza LLP v. Turkmenistan*, ICSID Case No. ARB/11/20 (Decision on the Objection to Jurisdiction for Lack of Consent, 3 July 2013) para. 54 (Arbitrator Laurence Boisson de Chazournes dissenting).

47) *Daimler Financial Services AG v. Argentine Republic*, ICSID Case No. ARB/05/1 (Award, 22 August 2012) para. 264 (Arbitrator Charles N. Brower dissenting). *See also ICS Inspection v. Argentine Republic*, Award on Jurisdiction (2012), paras. 315-317.

48) 石戸信平「最恵国待遇条項を通じた投資受入国と第三国との間の投資協定中の義務遵守条項の援用（肯定）」『JCA ジャーナル』60巻3号（2013年）36-45頁。最恵国待遇条項の紛争解決条項への適用に対する異なる見解につき、see e.g. Zachary Douglas, 'The MFN Clause in Investment Arbitration: Treaty Interpretation Off the Rails', 2(1) *J. Int'l Disp.* Settlement (2011), pp. 97-113; Stephan W Schill, 'Multilateralizing Investment Treaties through Most-Favored-Nation Clauses', 27(2) *Berkeley J. Int'l L.* (2009), pp. 496-569.

49) Voss Jürgen, 'The Protection and Promotion of Foreign Direct Investment in Developing Countries: Interests, Interdependencies, Intricacies', 31 *Int'l & Comp. L.Q.* (1982) 686, pp. 687-88.

50) Michael Waibel, 'International Investment Law and Treaty Interpretation', in R. Hofmann and C. J. Tams (eds.) *International Investment Law and General*

International Law: from Clinical Isolation to Systemic Integration (Nomos, 2011) 29, p. 39.

51) Agreement Between The Republic of The Philippines and The Swiss Confederation on the Promotion and Reciprocal Protection of Investments, art. X(2), Mar. 31, 1997 ('[e] ach Contracting Party shall observe any obligation it has assumed with regard to specific investments in its territory by investors of the other Contracting Party').

52) *SGS Société Générale de Surveillance S.A. v. Republic of the Philippines*, ICSID Case No. ARB/02/6 (Decision on Jurisdiction of 29 January 2004) para. 116 (Arbitrator Antonio Crivellaro dissenting).

53) *Noble Ventures, Inc. v. Romania*, ICSID Case No. ARB/01/11 (Award of 12 October 2005).

54) *El Paso v. Argentina*, ICSID Case No. ARB/03/15 (Decision on Jurisdiction of 27 April 2006) paras. 68-70.

55) *Ibid.*, para. 76.

56) *EDFI et al. v. Argentina*, ICSID Case No. ARB/03/23, Award of 11 June 2012, 929, 932-933. Concerning the incorporation of an umbrella clause, there were also other issues, such as: if it was applicable where the claimant itself was not a party to the contract; and the effect of the forum selection clause in the Concession Agreement. Yet the tribunal held that none of these prevented the incorporation of the clause via the MFN clause.

57) *SGS v. Philippines* 事件につき，特に，問題となった契約に専属的管轄合意が定められていたこととの関係で，これを受理可能性の問題として処理した仲裁廷の結論（para. 154）には批判も多い。*See* e.g., *El Paso v. Argentina*, ICSID Case No. ARB/03/15, Decision on Jurisdiction, ¶ 76 (Apr. 27, 2006).

58) Treaty Between United States of America and The Argentine Republic Concerning the Reciprocal Encouragement and Protection of Investment, U.S. -Arg., art. XI, Nov. 14, 1991, 31 I.L.M. 124 ("This Treaty shall not preclude the application by either Party of measures necessary for the maintenance of public order, the fulfilment of its obligations with respect to the maintenance or the restoration of international peace or security, or the protection of its own essential security interests.").

59) *Continental Casualty Company v. Argentina*, ICSID Case No ARB/03/9 (Award of 5 September 2008), para. 181.

60) アルゼンチンの経済危機を契機とする投資仲裁は多数存在するところ，本争点についての判断は分かれている。*See* August Reinisch, 'Necessity in Investment Arbitration', 41 *Netherlands Yearbook of International Law* (2010), pp. 137-158.

61) *Poštová banka, a.s. and ISTROKAPITAL SE v. The Hellenic Republic*, ICSID Case No. ARB/13/8 (Award of 9 April 2015), para. 293.

62) *Ibid.*, paras. 309-310.

63) Isabelle Van Damme, 'Jurisdiction, Applicable Law, and Interpretation', in D.

共通論題① 投資紛争解決制度の再考察

Bethlehem *et al.* (eds.) *The Oxford Handbook of International Trade Law* (OUP, 2009) 298, p. 329.

64) Thirlway (n36), p. 47 (' The principle of effective interpretation] does not of itself necessarily supply or point to the correct interpretation ').

65) Michael P. Van Alstine, 'Dynamic Treaty Interpretation', 146 *U. Pa. L. Rev.* (1998) 687, p. 714.

66) Qureshi (n29), p. 7.

67) 解釈プロセスに対するかかる懸念につき，*See, Renta 4 et al. v. Russia*, SCC No. 24/2007 (Award on Preliminary Objections of 20 March 2009), para. 55.

68) 我が国が2001年以降に署名・締結した投資協定は全てかかる言及を含む。

(名古屋大学大学院国際開発研究科准教授)

共通論題① 投資紛争解決制度の再考察――WTO紛争解決・国際商事仲裁との比較が与える示唆

Investor-State Arbitration as a 'Sub-System' of State Responsibility

Anna De Luca

I Introduction
II What specialness for investment arbitration?
III The Relevance of the general international rules on diplomatic protection
IV The Relevance of the general international law of State Responsibility
  1 The example of the State Responsibility Articles on reparation
V What role for the distinction between primary and secondary rules in investment arbitration?
VI Conclusion

I Introduction

In 2004 Professor Charles Leben observed with reference to the State responsibility for BIT breaches that a 'new chapter' should be added to the study of the law of State Responsibility for internationally wrongful acts.[1] Indeed, Leben's proposition that investment arbitration has to be viewed as a sub-system of State responsibility can hardly be challenged. To use the words of judge Tomka "investment treaties are inter-State treaties, and as such, they are governed by the rules of public international law".[2]

Consequently, the State responsibility triggered by foreign investors' claims under investment treaties has clearly a public international law nature. The International Law Commission's works on State Responsibility[3] and on Diplomatic Protection[4] both confirm the above qualification of the investor-state system by attributing it a *lex specialis* nature.

Article 17 of the ILC Articles on Diplomatic Protection, tellingly titled *Special rules of international law*, establishes that: "[t]he present draft

日本国際経済法学会年報第26号(2017) 27

articles do not apply to the extent that they are inconsistent with special rules of international law, such as treaty provisions for the protection of investments." Thus the Articles on Diplomatic Protection explicitly qualify investment treaty provisions as special rules of international law. Albeit in much more ambiguous terms, Article 33.2 of the ILC Articles on State Responsibility also establishes that its Part Two on the legal consequences for the responsible State and the secondary obligations of States in relation to cessation and reparation "...*is without prejudice to any right, arising from the international responsibility of a State, which may accrue directly to any person or entity other than a State.*" The Commission used here a non-prejudice language rather than a *lex specialis* qualfiication. After all, to use the words of the ILC, Part Two of the Articles "... does not apply to obligations of reparation to the extent that arise towards or are invoked by a person or entity other than as State."[5] Neither do the Articles "deal with the possibility of the invocation of responsibility by persons or entities other than States."[6] As observed by the Commission itself, "[i]t will be a matter for the particular primary rule to determine whether and to what extent persons or entities other than States are entitled to invoke responsibility on their own account. Paragraph 2 merely recognizes the possibility: hence the phrase "which may accrue directly to any person or entity other than a State."[7]

Nevertheless, Article 55 ILC Articles on State Responsibility, titled *lex specialis*, specifies that the Articles "...do not apply where and to the extent that the conditions for the existence of an internationally wrongful act or the content or implementation of the international responsibility of a State are governed by special rules of international law."

That having been said, the question arises as to what extent investment arbitration as a sub-system is special vis-à-vis the general law of State responsibility and the general law of diplomatic protection, and autonomous therefrom. To use the words of Simma and Pulkowski, "[e]ven in the event that it can be established that a special norm concerns the same subject-matter as the Articles on state responsibility, the question remains as to how far the specialness of that particular norm extends."[8]

II What specialness for investment arbitration?

Although the investment arbitration system certainly qualifies as a sub-system, it is far from being a self-contained regime. This term is generally used to identify legal sub-systems claiming to be fully autonomous from general international law. According to Simma and Pulkowski self-contained regimes "...embrace a full, exhaustive and definitive, set of secondary rules. Thus, the principal characteristic of a self-contained regime is its intention to totally exclude the application of the general legal consequences of wrongful acts as codified by the ILC..."[9]

Although the most recent investment treaty practice evidences a shift from the relatively basic structure and content of traditional BITs to much stronger forms of 'lex specialis'[10], investor-to-state arbitration, as it emerges from the existing treaties, is not apt (at least at the moment) to be ascribed either to the category of the self-contained systems, or that of the "'strong' forms of *lex specialis*", to use the term preferred by the ILC.[11]

Investment arbitration seems to be a far less autonomous sub-system from the general law of State responsibility than other sub-systems, such as for instance the WTO system.[12]

To use the words of Sinclair, an investment treaty "...has to be read not only in its own context, but in the wider context of general international law...".[13]

As aptly observed by the Iran-US Tribunal in the *Amoco* case with regard to the relationship among treaty law and customary law on investors' protection from expropriations and nationalizations,

共通論題① 投資紛争解決制度の再考察

"As a *lex specialis* in the relations between the two countries, the Treaty supersedes the *lex generalis*, namely customary international law. This does not mean, however, that the latter is irrelevant in the instant Case. On the contrary, the rules of customary law may be useful in order to fill in possible *lacunae* of the Treaty, to ascertain the meaning of undefined terms in its text or, more generally, to aid interpretation and implementation of its provisions.[14]"

Furthermore, investment treaties assume and presuppose the fundamental principles of State sovereignty and permanent sovereignty over natural wealth and resources, as well as the customary provisions on foreign investors' protection. More specifically, State sovereignty, which includes the concept of "permanent sovereignty over natural wealth and resources," as a specific manifestation covering relations of host states with private persons (and especially foreigners[15]) is a customary (and general) law principle encompassing the right of States to regulate in the general interest. This right in turn includes the right to expropriate and nationalise,[16] as well as the right to regulate the economic activities and conduct of foreign individuals within national territory by adopting less impairing measures than expropriations and nationalisations.

The afore-mentioned principles apply as background elements that should guide the interpretation and application of investment treaty provisions (irrespective of their primary or secondary nature), and underpin the compensatory approach followed by both customary and treaty law on foreign investor protection.

Within the framework of investment arbitration the general international law on foreign investors' protection, as well as the customary law of claims, plays a background role going well beyond the purely residual role abstractly and generally assigned to customary law.[17]

30

III The Relevance of the general international rules on diplomatic protection

The significant role of the customary rules on diplomatic protection in investor-state arbitration is widely and undisputedly acknowledged in both the case-law and legal literature.[18]

It would be difficult to understand the *lex specialis* limitation on ICSID claims of dual nationals provided for in Article 25 (2) (a) of the ICSID Convention[19] without acknowledging the relevance of the customary principle of 'predominant nationality' (or, to use the classical terminology, the principle of 'dominant or effective nationality'), as developed in the context of diplomatic protection.[20] The same holds true in respect of Article 26 of the ICSID Convention, which reverses the presumption of applicability of the domestic remedies rule,[21] and in respect of Article 27 (1) ICSID Convention on the relationship between ICSID arbitration and diplomatic protection. The provision of Article 27 explicitly prohibits a Contracting State from exercising diplomatic protection, or bringing an international claim, in favour of its nationals in respect of disputes which they have consented to submit, or have submitted, to ICSID arbitration, except that in the case of non-compliance by the State party to the dispute with the ICSID award.[22]

The view that the (general) law of diplomatic protection would not be applicable at all to investors' claims under BITs therefore represents a minority position in legal literature,[23] not supported by the practice, as already outlined above.

As clarified by the ILC in its Commentary to Article 17 of the Articles on Diplomatic Protection, "[t]o *the extent that the draft articles remain consistent with the BIT in question, they continue to apply.*"[24]

Ⅳ The Relevance of the general international law of State Responsibility

While the role of the international principles, as developed in the context of diplomatic protection, in investment arbitration seems to be unproblematic at the moment, the extent of the specialness of investment arbitration against (and its independence of) the general rules of State responsibility seem to be a more complicated matter.

This is especially so because the body of the possibly relevant general international law rules on State responsibility is limited in the view of some investment tribunals to the 'secondary' rules included in the ILC's Articles on State Responsibility.

A cursory look at investment case-law shows indeed that a significant number of investment tribunals have relied on the ILC's Articles on State Responsibility.[25] However, a critical assessment of the case-law also shows that the reliance by certain investment tribunals on the general and secondary rules on State responsibility of the ILC's Articles is not always pertinent, or correct from a methodological perspective.[26] Over the last years many renowned arbitrators and legal scholars have addressed criticisms to the (mis)use by some investment arbitral tribunals of the ILC's Articles on State Responsibility from different points of view.[27]

For instance, in 2008 the *Continental* Tribunal observed and criticised the trend in investment case-law towards the treatment of ILC's Articles as they were treaty provisions (instead of particularly authoritative works of both codification and progressive development of international law).[28] As is well known, the ILC is entrusted with both the codification and progressive development of international law under Article 15 of its Statute.[29] This double task also implies neither that the Articles can be treated as truly treaty provisions, nor that they can be read without an in-depth study of the Commentaries thereto, and positive international law.

1   The example of the State Responsibility Articles on reparation

The (uncritical) reference by many tribunals to Articles 28-39 of the ILC
Articles on State Responsibility, including Article 35 on the primacy of
restitution, well illustrates the point made above.

As opposed to what is occasionally stated by investment tribunals,[30]
investment arbitral tribunals do not have any inherent power to order
specific performance or restitution by host States in favour of individual
foreign investors, since what is inherent in positive public international law is
State sovereignty and the right of States to regulate in the general interest
(which includes the right to expropriate and nationalise).[31]

The ILC's Articles on State Responsibility do not (and cannot) support
the primacy of restitution in International Investment Law. Neither do the
Articles support the inherent authority of arbitral tribunals to award non-
pecuniary remedies against host States in investment disputes with foreign
investors, eventually resulting from the primacy of restitution.[32]

As already observed above, Parts Two and Three of the Articles are
not meant to apply to state obligations of reparation towards individuals, as
well as individuals' right to invoke state international responsibility. The
exclusion of state obligations towards individuals and individuals' internation-
al claims against State, including issues of the state liability for injuries
caused to foreigners and their property rights from the purview of the
Articles allowed the ILC to finalize its works on State Responsibility in 2001.
Given the above, even an application of said Parts to investor-to-state
arbitration by way of analogy should be carefully handled. As observed by
Simma and Pulkowski, "[i]ndividual claims procedures are not 'concerned
with the same substantive matter' as the rules of state responsibility - to
pick up on Fitzmaurice's definition of special rules. The scope of the ILC

日本国際経済法学会年報第26号 (2017)　33

Articles is limited to the right of states to invoke the responsibility of other states. They have no bearing on the question whether, and under which conditions, individuals are entitled to present claims or to request remedies.[33]"

The reliance by some tribunals on the rules on restitution of the ILC's Articles seems therefore to be misplaced.[34]

Furthermore such reliance results in the implicit and unexplained disregard of the fundamental principles of State sovereignty and of "permanent sovereignty" over wealth and natural resources, of which States parties to investment treaties have never questioned the validity. In fact, BITs follow a liability model and a compensatory approach. Such compensatory approach is clearly spelled out in treaty provisions on expropriation, and is implicit in respect of the fair and equitable treatment (FET) standard, and the other substantive standards generally contained in investment agreements.[35]

Such fundamental principles prevent international tribunals from ordering restitution or specific performance (for instance, the revocation of a law or an act of general application, or even a specific act addressed to an individual foreign investor) in favour of foreign investors, with monetary damages being the only remedy compatible with the said legal principles. This is of course the case unless the BIT at stake does not include a special treaty provision providing the opposite.[36]

Both the pre-BIT and BIT arbitral case law confirms that the possibility of awarding specific performance and/or restitution is subject to host State's sovereign discretion, in line with the principle of State sovereignty.[37]

In 1981 the Tribunal in the *LIAMCO v. Libya* case, which concerned a foreign investment in the exploration and exploitation of hydrocarbons under a concession, clarified the rationale of compensation as only remedy available in the field of foreign investors' protection. *Restitutio in integrum* cannot be among the remedies available to investment arbitrators in the absence of the wrongdoing host State's acceptance since:

> ... it is impossible to compel a State to make restitution, this would constitute in fact an intolerable interference in the internal sovereignty of a State ... Further, restitution presupposes the cancellation of the nationalisation measure at issue, and such cancellation violates the sovereignty of the nationalising state.[38]

Although the existing investment treaties rarely include specific provisions on remedies and reparation to guide tribunals,[39] the limitation on international tribunals to order restitution against States in investor-state disputes, alongside its rationale, has retained its validity in the BIT era.[40] Moreover, the afore-mentioned limitation still retains its validity, if one looks at the new generation of investment treaties, all invariably emphasizing the sovereign regulatory space of the Contracting parties.[41]

V What role for the distinction between primary and secondary rules in investment arbitration?

The example of the (improper) application by some arbitral tribunals of the ILC Articles on remedies allows me to introduce another issue. The issue relates to the distinction between primary and secondary rules underlying the approach of ILC's Articles, and its relevance as a normative concept of international law of universal application.[42] Moreover, "if we base the distinction between primary and secondary rules on the generality of the latter category, the exact nature of the notion of *lex specialis* becomes somewhat confusing."[43]

Assuming that the Articles on State Responsibility apply in investment arbitration without any qualifier, their application poses difficult conceptual questions hardly solvable at an interpretation level. The first basic issue is

共通論題① 投資紛争解決制度の再考察

whether the limitation on international tribunals to order specific perform-
ance or restitution against States in investment arbitration have primary
nature, or, rather, secondary nature. Furthermore, assuming that reparation
issues are matters just for secondary rules in accordance with a rigid
understanding of the dichotomy primary-secondary provisions of the ILC's
Articles, there is the additional issue of whether or not the compensation
rule of investment law is to be considered as a *lex specialis* rule vis-à-vis the
primacy of restitution of Article 35 of the Articles on State Responsibility. A
positive answer to the latter question would imply that the rules on state
responsibility apply unless the treaty clearly provides otherwise.

Given that the compensation rule is rarely explicitly spelled out in BITs
(but nonetheless invariably and implicitly presupposed therein as a basic corollary of
State sovereignty), such approach would result in an unjustified overhaul of
the balance between the state's right to regulate in the public interest and
foreign investors' protection (as reached and crystalized in the post Second World
War and decolonization period). As observed in legal literature in respect of the
concept of indirect expropriation, "… governments may indeed need to be
able to act qua governments and in the public interest. That fact will
prevent specific performance (including restitution) from being granted
against them. But that is not to liberate them from the obligation to
compensate those with whom it has entered into specific arrangements.
That is the reasonable place to strike the balance between the expectations
of foreign investors and the bona fide needs of governments to act in the
public interest."[44] Such balance, crystalized in the formula state's right to
regulate in the public interest versus the obligation to compensate foreign
investors, constitutes the basic tenet on which investments treaties have
been (and are still) negotiated.

The above example evidences all the conceptual limits of the dichotomy
primary-secondary provisions, particularly if it is used as an operative rather

than a descriptive concept.[45] Indeed the distinction primary-secondary rules is relative and should not be given either a normative significance of universal application or a conceptual nature.

To use the words of Professor Higgins, '[t]he Commission has at all times eschewed embarking upon the substantive content of obligations, the breach of which could cause responsibility. But the reality is that some consequences of breach have developed into vast bodies of substantive law, generating their own norms. If a State takes the property of a foreigner unlawfully, compensation is due..."[46] As she observes, 'Inter-State disagreements about the compensation methods employed in the event...constitute disagreements on substantive law. The expropriating State whose compensation is being challenged may be violating a secondary rule, but the fall-out may not so different from a violation of a primary rule".[47]

The above citation highlights the original focus of the ILC's work after 1963 which was to look at the legal consequences of internationally wrongful acts in the abstract, and "to codify the rules governing the responsibility of States for internationally wrongful acts *in general*, and not only in regard to certain particular sectors such as responsibility for acts causing injury to the person or property of aliens."[48] Moreover, the adoption of the distinction between primary and secondary rules allowed the ILC to conclude successfully its works on State Responsibility after more than forty years of impasse by excluding any issue of state responsibility for acts causing injury to aliens and their property and economic rights. As Crawford confirms, "the distinction between primary obligations and secondary rules of responsibility is to some extent a functional one, related to the development of international law rather than to any logical necessity."[49] While being adopted for pragmatic reasons and functional to the finalization of the Articles, the distinction was "not meant to be conceptual at all."[50]

The above citations evidence, to a certain extent, "the unevenness in utility" of Part Two, as well as of Part Three, of the Articles on State Responsibility.

Furthermore the afore-mentioned unevenness and limited usefulness of the Articles in investment arbitration also origin from the de-linking between damage and wrongfulness informing the post-1963 work of the ILC on the subject-matter. Admittedly, in formulating general concepts of State responsibility, the ILC moved away from the traditional understanding that linked damage and wrongfulness,[51] and the State liability model, which nevertheless remains at the basis of the customary and treaty law on foreign investors' protection. This position was adopted in an attempt to formulate general conditions of wrongfulness that had to be present in all instances. Conversely, while not required in all instances, damage or economic loss could still be required by particular rules of international law: they are still required in investment treaty based arbitration.[52]

More specifically, economic loss to the claimant investor in respect to her investments is an implicit (if not explicit)[53] requirement of any claim under a BIT,[54] alongside the causal relationship between the pecuniary injury and the impugned State conduct.[55] To use the words of the NAFTA Tribunal in the Merrill case, since the damages and the investment treaty breach (namely, the fair and equitable treatment standard of Article 1105(1) NAFTA) are inextricably related, and liability is "inextricably associated with the occurrence of damages",[56] "an international wrongful act will only be committed in international investment law if there is an act in breach of an international legal obligation, attributable to the Respondent that also results in damages."[57] Therefore in the absence of an economic loss sustained by the foreign investor, there simply is no breach of the BIT. For instance, it is difficult to envisage how an asset having no economic value can be, reasonably, the object of an indirect expropriation, given that for a tribunal to find an indirect expropriation under international law an effective deprivation of the investment implying an almost total loss in value is required.[58]

That notwithstanding, the contrary position was taken by the Tribunal in *Biwater Gauff v Tanzania*. According to the Tribunal an indirect expropriation might be found (and was found in the case) without economic damages being suffered by the investor. In the view of the Tribunal, economic damage is not a necessary requirement of a claim of being victim of an indirect expropriation.[59]

It goes without saying that the Tribunal's position was based on the (general) secondary rules of the ILC's Draft Articles on State Responsibility, and, in particular, Article 2 and the Commentary thereto, which as said above does not mention damage as a necessary requirement. The 2001 ILC's work on State responsibility, however, does not support the position of the Tribunal since the Commentary to Article 2 clarifies that whether a damage is required depends on the content of the primary obligation. Actually, the Draft Articles do not affect the traditional approach that the requirements of economic damages, and of causation between the challenged State measure and the economic damages suffered are essential elements in any international claim or exercise of diplomatic protection under the law of state responsibility for breaches of investment provisions.

Nevertheless the Commentary's passage asserting that the issue whether damage to a protected interest is a necessary element of a breach of international law 'is a matter which is determined by the relevant primary rule'[60] is somehow ambiguous and confusing. The qualification of the requirements of economic damages and causation as matters for primary rules seems to be perplexing. It is not consonant with the well-developed body of international provisions on investors' protection, and ultimately positive international law.

共通論題① 投資紛争解決制度の再考察

VI Conclusion

As highlighted above in respect of the discussion on compensation vs. restitution, any uncritical reference to the ILC's works on State Responsibility in investment arbitration should be avoided. Furthermore the secondary rules of the draft articles are not only general but also residual. The articles specify just "certain general rules concerning the existence or consequences of the breach of an international obligation"[61] but do not include all the 'general' rules on State Responsibility relevant in investment arbitration. Moreover, they have been designed to fix the legal consequences for States arising from breaches of international provisions different from the treaty and customary provisions on investors' protection.

Finally, albeit the dichotomy primary rules-secondary rules is a fundamental instrument in the legal theory's toolbox, one should avoid understanding the dichotomy primary rules-secondary rules in the ILC Articles as a rigid distinction in principle; otherwise the distinction would appear to be rather artificial, as has been shown above. The distinction, being functional and relative in nature, seems to be a useful descriptive concept rather than a normative concept of international law of universal application.

1) Charles Leben, 'La responsabilité internationale de l'Etat sur le fondement des traités de promotion et de protection des investissements', Annuaire français de droit international, 2004, pp. 690-691, p. 685.

2) Peter Tomka, 'Are States Liable for the Conduct of Their Instrumentalities?', in Emmanuel Gaillard, Jennifer Younan (eds.), IAI Series on International Arbitration No. 4, State Entities in International Arbitration, pp. 7-18.

3) The text of the Articles on the Responsibility of States for Internationally Wrongful Acts (hereinafter ILC Articles on State Responsibility) is annexed to UN GA Resolution 56/83, 12 December 2001, available at: http://legal.un.org/docs/?symbol= A/RES/56/83 (accessed 27 April 2017). In its Resolution, paragraph 3 the General Assembly "[T]akes note of the articles on responsibility of States for internationally wrongful acts, presented by the International Law Commission, the text of which is

40

Investor-State Arbitration as a 'Sub-System' of State Responsibility

annexed to the present resolution, and commends them to the attention of Governments without prejudice to the question of their future adoption or other appropriate action." (Emphasis added) The 'without prejudice to the question of their future adoption or other appropriate action' caveat has been restated by all successive General Assembly's Resolutions related to the ILC Articles on State Responsibility, the last one being UN GA Resolution 68/104 of 16 December 2013. In this Resolution, paragraphs 1–2 the General Assembly "[a]*cknowledges* that a growing number of decisions of international courts, tribunals and other bodies refer to the articles on responsibility of States for internationally wrongful acts;" on the other it [c]*ontinues to acknowledge* the importance and usefulness of the articles, and commends them once again to the attention of Governments, without prejudice to the question of their future adoption or other appropriate action". (Emphasis original] As well known, 16 years after their adoption by the International Law Commission the Articles on State Responsibility have still soft form. As they touch upon an area, which still remains controversial on certain matters, the soft form was preferred over the form of a treaty. See David D. Caron, 'The ILC Articles on State Responsibility: The Paradoxical Relationship between Form and Authority', *American Journal of International Law*, 2002, pp. 857–873, pp. 868–873.

4) The text of the Articles on Diplomatic Protection is annexed to UN GA Resolution 62/67, 6 December 2007, available at: http://legal.un.org/docs/?symbol=A/RES/62/67 accessed 27 April 2017. In its Resolution, paragraph 3 the General Assembly "[c] ommends the articles on diplomatic protection presented by the Commission, the text of which is annexed to the present resolution, to the attention of Governments, and invites them to submit in writing to the Secretary-General any further comments concerning the recommendation by the Commission to elaborate a convention on the basis of the articles". As opposed to its approach on the Articles on State Responsibility, the Commission recommend the form of a treaty for the Articles on Diplomatic Protection. The invitation of the UN Secretary-General to Governments to submit comments on the recommendation of the ILC to elaborate a convention on the basis of the Articles has been repeated many Resolutions, being the last in time UN GA Resolution 68/113, 16 December 2013.

5) ILC's Commentaries to the Article 28, para. 3 at 87–88.

6) ILC's Commentaries to the Article 33, para. 4 at 95.

7) Ibidem.

8) Bruno Simma, Dirk Pulkowski, 'Of Planets and the Universe: Self-Contained Regimes in International Law', *European Journal of International Law*, 2006, pp. 483–529, p. 489.

9) Bruno Simma, Dirk Pulkowski, 'Of Planets and the Universe: Self-Contained Regimes in International Law', *European Journal of International* Law, 2006, pp. 483–529, pp. 492–493. However, as the same authors observe, the term had been used in

日本国際経済法学会年報第26号（2017）

international case law to also identify special regimes at the level of primary rules. The concept of self-contained regime was originally developed by the Permanent Court of International Justice in the context of primary rules in the *Wimbledon* case (S.S. Wimbledon, PCIJ, Ser. A, No. 1, at 23). Albeit the same authors excludes such use of the term, they note that "[i]n its original meaning, the concept denoted a set of treaty provisions that cannot be complemented through the application of other rules by way of analogy."

10) These stronger forms of lex specialis display themselves as systems with a much more institutionalized structure: a set of more detailed substantive obligations accompanied with secondary rules providing for permanent organs made up of the Contracting Parties' representatives and much more sophisticated dispute settlement procedures, sometimes handled by semi-permanent tribunals instead of arbitral tribunals. For instance, this is the case with the Investment Court System included in the new generation of agreements on trade and investment of the EU and its Member States, such as the EU-Canada Comprehensive Economic and Trade Agreement.

11) ILC's Commentary to the Article 55, para. 5 p. 140.

12) The WTO system is widely referred to as a self-contained system. *See* Pieter J. Kuijper, "The Law of the GATT as a Special Field of International Law", XXV *Netherlands Yearbook of International Law*, 1994, pp. 227-257, p. 252. However, not even the WTO system is entirely detached from the general law of State Responsibility. *See* Bruno Simma, Dirk Pulkowski, Of Planets and the Universe: Self-Contained Regimes in International Law, European Journal of International Law, 2006, pp. 483-529, p. 523 observing that although "[t]he object and purpose of the DSU do not permit a state to have parallel recourse o claims for compensation or counter-measures under the general international law of state responsibility", a resort to countermeasures outside the WTO framework would remain possible as "an *ultima ratio* in cases of continuous non-compliance."

13) Ian Sinclair, *The Vienna Convention on the Law of Treaties*, Manchester: Manchester University Press, 1984, p. 139.

14) *Amoco International Finance Corporation v. Islamic Republic of Iran, National Iranian Oil Company, National Petrochemical Company and Kharg Chemical Company Limited*, Award No. 310-56-3, 14 July 1987, para. 112.

15) *See*, inter alia, Arghyrios A. Fatouros, "An International Legal Framework for Energy", (2007) 332 RCADI 355, p. 388 at seq.; Ian Brownlie, "Legal Status of Natural Resources in International Law (Some Aspects)", 162 RCADI (1979-1), pp. 261-262 with reference to UNGA Resolution 1803 (XVII) of 14 December 1962 on "Permanent Sovereignty Over Natural Resources" as declaratory of pre-existing standards, and pp. 308-310.

16) See, for instance, Nico Schrijver, "Permanent Sovereignty over Natural Resources

Versus the Common Heritage of Mankind: complementary or contradictory principles of international economic law?", in Paul de Waart, Paul Peters and Erik Denters, *International Law and Development*, Martinus Nijhoff Publishers, 1988, pp. 87-101, pp. 90-91 also observing at that time that "... there will be hardly any international lawyer now who would deny legal value to the principle of PSNR [namely Permanent Sovereignty over Natural Resources]."

17) On the relationship between customary law and treaty law in Investment law see, *inter alia*, Jorge E. Viñuales, "Customary Law in Investment Regulation", Italian Yearbook of International Law, 2013, p. 23 et seq., p. 26 also referring to Article 31(3) (c) of the Vienna Convention on the Law of Treaties; Jürgen Kurtz, "The Paradoxical Treatment of the ILC Articles on State Responsibility in Investor-State Arbitration", ICSID Review, 2010, pp. 200-217, pp. 206-208 referring to Article 55 ILC's Articles on State Responsibility.

18) *See*, for instance, *Feldman Karpa vs. Mexico*, ICSID Case No. ARB (AF) /99/1, Decision on Jurisdiction, 6 December 2000, paras. 30-31; *Ioan Micula and others vs. Romania*, ICSID Case No. ARB/05/20, Decision on Jurisdiction, 24 September 2008, paras. 98-106; *Waguih Elie George Siag and Clorinda Vecchi vs. Egypt*, ICSID Case No. ARB/05/15, paras. 475-480 on the meaning of the *Nottebohm* doctrine, and 497-500 discussing the relevance of the doctrine of continuous nationality. In legal literature see Christoph H. Schreuer, Loretta Malintoppi, August Reinisch, Anthony Sinclair, *The ICSID Convention: A commentary*, Second Edition, CUP, 2009, para. 647 on p. 267 observing against the position that the principles as elaborated in the context of diplomatic protection should not be followed for the purpose of ICSID jurisdiction that "[u]nfortunately, no criteria are offered for such an alternative approach. Until international practice develops new criteria for purposes of access to institutions like the Centre, the rules as developed in the context of diplomatic protection remain the only reliable guidance." *See also* Rudolf Dolzer, Christoph H. Schreuer, *Principles of International Investment Law*, Oxford University Press, 2012, p. 45.

19) Pursuant to Article 25 (2) (a) ICSID Convention, for ICSID jurisdiction's purpose "' National of another Contracting State' means:
any natural person who had the nationality of a Contracting State other than the State party to the dispute on the date on which the parties consented to submit such dispute to conciliation or arbitration as well as on the date on which the request was registered pursuant to paragraph (3) of Article 28 or paragraph (3) of Article 36, but does not include any person who on either date also had the nationality of the Contracting State party to the dispute..."

20) Article 7 [Multiple nationality and claim against a State of nationality] of the ILC Articles on Diplomatic Protection provides that: "[a] State of nationality may not

共通論題① 投資紛争解決制度の再考察

exercise diplomatic protection in respect of a person against a State of which that person is also a national unless the nationality of the former State is predominant, both at the date of injury and at the date of the official presentation of the claim." [Emphasis added] The Commission justifies its preference for the term 'predominant' instead of that of 'effective' or 'dominant' by explaining that: "[d]raft article 7 does not use either of these words to describe the required link but instead uses the term "predominant" as it conveys the element of relativity and indicates that the individual has stronger ties with one State rather than another. A tribunal considering this question is required to balance the strengths of competing nationalities and the essence of this exercise is more accurately captured by the term "predominant" when applied to nationality than either 'effective' or 'dominant'." See Draft Articles on Diplomatic Protection with commentaries, 2006, Commentary to Article 7, para. 4 on p. 46 at: http://legal.un.org/ilc/texts/instruments/english/draft_articles/9_8_2006.pdf accessed 27 April 2017.

21) According to Article 26 of the ICSID Convention "[c]onsent of the parties to arbitration under this Convention shall, unless otherwise stated, be deemed consent to such arbitration to the exclusion of any other remedy. A Contracting State may require the exhaustion of local administrative or judicial remedies as a condition of its consent to arbitration under this Convention." (Emphasis added)

22) Article 27(1) stipulate that:

"No Contracting State shall give diplomatic protection, or bring an international claim, in respect of a dispute which one of its nationals and another Contracting State shall have consented to submit or shall have submitted to arbitration under this Convention, unless such other Contracting State shall have failed to abide by and comply with the award rendered in such dispute."

23) See, for instance, Zachary Douglas, 'The Hybrid Foundations of Investment Treaty Law', British Year Book of International Law, 2003, p. 151 ss., pp. 190–193; and Chittharanjan F. Amerasinghe, 'The Jurisdiction of the International Centre for the Settlement of Investment Disputes', Indian Journal of International Law, 1979, pp. 166 ss., pp. 198 203.

24) ILC, Draft Articles on Diplomatic Protection with Commentaries 2006, Commentary to Article 17, para. 3.

25) See, for instance, Simon Olleson, The Impact of the ILC's Articles on Responsibility of States for Internationally Wrongful Acts, 2007 at:
https://www.biicl.org/files/3107_impactofthearticlesonstate_responsibilitypreliminary-draftfinal.pdf

26) James Crawford, Investment Arbitration and the ILC Articles on State Responsibility, ICSID Review, 2010, p. 127 et seq., on p. 130; and Zachary Douglas, 'Other Specific Regimes of Responsibility: Investment Treaty Arbitration and ICSID',

Investor-State Arbitration as a 'Sub-System' of State Responsibility

in James Crawford, Alain Pellet, and Simon Olleson, *The Law of International Responsibility*, Oxford University Press, 2010, pp. 815-842, p. 820 et seq., and at 829-830.

27) Apart from Crawford, supra, 128-130, and Kurtz, cit., pp. 216-217, *see also* David Caron, "The ILC Articles on State Responsibility: the Paradoxical Relationship Between Form and Authority", UC Berkeley School of Law Public Law and Legal Theory Research Paper No. 97 2002, available at SSRN: http://ssrn.com/abstract= 339540 or http://dx.doi.org/10.2139/ssrn.339540.

28) *Continental Casualty Company v. The Argentine Republic*, ICSID Case No. ARB/03/9, Award, 5 September 2008, footnote no. 238 where the Tribunal observes that: In this respect the Tribunal recalled that: "... the ILC articles should not be considered per se as a source of international law. The UNGA, in taking note of the Articles presented to it by the ILC, 'commends them to the attention of Governments without prejudice to the question of their future adoption or other appropriate actions' (Resolution 56/83 of December 12, 2001, the annex to which contains the text of the ILC articles)."

29) As to the double task of the ILC mentioned in text see the (still) relevant observations made in 1955 by Hersch Lauterpacht, 'Codification and Development of International Law', *American Journal of International Law*, 1955, pp. 16-43.

30) Ioan Micula, Viorel Micula, S.C. European Food S.A, S.C. Starmill S.R.L. and S.C. Multipack S.R.L. v. Romania (ICSID Case No. ARB/05/20), Decision on Jurisdiction, 24 September 2008, paras. 166-168 referring, among others, to Article 35 ILC's Articles (footnote 28), and Award, 11 December 2013, paras. 1309-1312 restating the same position but this time observing that the ILC Articles expressly recognise a tribunal's power to grant non-pecuniary relief just in the State-to-State sphere (footnote 293); and Enron Corporation and Poderosa Assets, L.P. v. Argentina (ICSID Case No. ARB/01/3), Decision on Jurisdiction, 14 January 2004, paras. 79-81. In legal literature see Schreuer, "Non-Pecuniary Remedies in ICSID Arbitration", Arbitration International, 2004, pp. 325-332, p. 328 supporting the position that non-pecuniary remedies are available in ICSID arbitration.

31) See, inter alia, Subrata Roy Chowdhury, "Permanent Sovereignty over natural resources: Substratum of the Seoul Declaration", in Paul de Waart, Paul Peters and Erik Denters, International Law and Development, Martinus Nijhoff Publishers, 1988, pp. 59-85 observing that: "[t]he right to nationalise is inherent in the sovereignty of every State."

32) *See* De Luca, Non-Pecuniary Remedies under the Energy Charter Treaty, Energy Charter Secretariat Occasional Paper, 2015 available at:
http://www.energycharter.org/fileadmin/DocumentsMedia/Occasional/Non-Pecuniary _Remedies_under_the_ECT.pdf

日本国際経済法学会年報第26号(2017)　45

共通論題① 投資紛争解決制度の再考察

33) *See also* Simma, Pulkowski, Of Planets and the Universe: Self-Contained Regimes in International Law, EJIL 17 (2006), 483-529, 525.

34) As confimed by the case *Gold Reserve Inc. v. Bolivarian Republic of Venezuela*, ICSID Case No. ARB(AF)/09/1, Award, 22 September 2014, para. 679 where, after having referred to the *Chorzów Factory* principles as "the relevant principles of international law to apply when considering compensation for breach of a BIT" (para. 678), the Tribunal observes that "[t]he above principles complement those found in the ILC Articles on State Responsibility, particularly in Article 31 to make full reparation for injury caused through violating an international obligation. This, in turn, reflects customary international law. Respondent rightly cautioned that the ILC Articles on State Responsibility primarily concern internationally wrongful acts against States, not individuals or other non-State actors, and some prominent commentators have warned against an uncritical conflation of the two."

35) Anne Van Aaken, 'Primary and Secondary Remedies in International Investment Law and National State Liability: a Functional and Comparative View, in Stephan Schill, *International Investment Law and Comparative Public Law*, Oxford University Press, 2010, p. 721 et seq., pp. 722 and 752-753 referring to investment treaty provisions (FET obligation included) as liability rules.

36) For instance, this is the case with Article 26(8) of the ECT, which stipulates that: "The awards of arbitration, which may include an award of interest, shall be final and binding upon the parties to the dispute. An award of arbitration concerning a measure of a sub-national government or authority of the disputing Contracting Party shall provide that the Contracting Party may pay monetary damages in lieu of any other remedy granted. Each Contracting Party shall carry out without delay any such award and shall make provision for the effective enforcement in its Area of such awards. [Emphasis added].

By only limiting the power of tribunals to award non-pecuniary remedies in the case of unlawful measures of sub-national governments or authorities of Contracting States, the provision vests, as a rule, arbitral tribunals instituted under the ECT with the authority to grant both pecuniary remedies (i.e., compensation) and non-pecuniary remedies (i.e., orders for specific performance and restitution) in all other cases, as observed elsewhere (*See* Anna De Luca, Non-Pecuniary Remedies under the Energy Charter Treaty, Energy Charter Secretariat Knowledge Centre 2015, Occasional Paper, ISSN: 2406-4513, available at http://www.energycharter.org/fileadmin/Docume ntsMedia/Occasional/Non-Pecuniary_Remedies_under_the_ECT.pdf)

37) For an overview of the both pre-BIT and BIT case law see Anna De Luca, Non-Pecuniary Remedies under the Energy Charter Treaty, cit., paras. 21-24.

38) *LIAMCO v. Libya*, Award, 12 April 1977, ILM, Vol. 20, 1981, 125. See also *British Petroleum v. Libya*, Award, 10 October 1973, 1 August 19674, 53 ILR 297, 353 also

46

Investor-State Arbitration as a 'Sub-System' of State Responsibility

observing that restitutio in integrum is dependent upon the will of the wrongdoing State, rather than the will of the home State of the foreign investor, in State-to State international disputes arising from the exercise of diplomatic protection; *AGIP Spa. v. Congo*, ICSID Award, 30 November 1979, paras. 86-88; and *Amoco International Corporation v. Islamic Republic of Iran, National Iranian Oil Company*, Award, 14 July 1987, para. 178, observing that: "... in no system of law are private interests permitted to prevail over duly established public interest, making impossible actions required for the public good. Rather private parties who contract with the Government are only entitled to fair compensation when measures of public policy are implemented at the expense of their contract rights. No justification exists for a different treatment of foreign private interests...". The *Texaco* case is one of the very few cases in which a Respondent State has been ordered to make restitution within the framework of the protection of a foreign investment under a State contract in the energy sector (Texaco-Calasiatic v. Libya, Award, 19 January 1977, Journal du Droit international, 1977 pp. 350-389. For this reason, the award has been often referred to by the supporters of the "inherent" power of arbitral tribunals to order specific performance or restitution against States in investment disputes with foreign investors. See, for instance, Schreuer, 'Non-Pecuniary Remedies in ICSID Arbitration,' Arbitration International, 2004, pp. 325-332, p. 328. The precedent has, however, limited value as legal authority, since it is not consistent with both previous and successive case-law. See, for instance, Brownlie, "Legal Status of Natural Resources in International Law (Some Aspects)", 162 RCADI (1979-1), at 309, observing that "... the previous jurisprudence of international tribunals has given little support to the view adopted in the Texaco Award." Conf. Christine Gray, "The choice between Restitution and Compensation", EJIL, 1999, pp. 413-423, pp. 417-418.

39)   A prominent exception is Article 1135.1 of the NAFTA according to which "[w] here a Tribunal makes a final award against a Party, the Tribunal may award, separately or in combination, only:

(a) monetary damages and any applicable interest;

(b) restitution of property, in which case the award shall provide that the disputing Party may pay monetary damages and any applicable interest in lieu of restitution.

A tribunal may also award costs in accordance with the applicable arbitration rules."

See also Article 34.1 of the US BIT model of 2012; and Article 44.1 Canada BIT model of 2004; Article IX.14 Colombia BIT model of 2007.

See also Article 34.1 of the US BIT model of 2012; and Article 44.1 Canada BIT model of 2004; Article IX.14 Colombia BIT model of 2007.

40)   *See*, inter alia, *Antoine Goetz and others vs. République du Burundi* (ICSID Case No. ARB/95/3), Award, 10 February 1999, (2000) 15 ICSID Review 459; ATA Construction, *Industrial and Trading Company v. Hashemite Kingdom of Jordan*,

日本国際経済法学会年報第26号(2017) **47**

共通論題① 投資紛争解決制度の再考察

(ICSID Case No. ARB/08/2), Award, 18 May 2010, paras. 121, 128, and 131; and Mr. Franck Charles Arif v. Republic of Moldova (ICSID Case No. ARB/11/23), Award, 8 April 2013, paras. 568-570.

41) *See, inter alia*, Article 8.9.1 of the CETA, and Article 4(b) of Annex B on Expropriation to the US model of BIT of 2011. See generally UNCTAD, IIA Issues Note: Taking Stock of IIA Reform, 2 March 2016 available at: http://unctad.org/en/PublicationsLibrary/webdiaepcb2016d3_en.pdf

42) For the proposition that the distinction primary-secondary rules is a normative concept of international law of universal application see Anastasios Gourgourinis, 'General/Particular International Law and Primary/Secondary Rules: Unitary Terminology of a Fragmented System,' European Journal of International Law, 2011, pp. 993-1026.

43) André Nollkaemper and Dov Jacobs, 'Shared Responsibility in International Law: a Conceptual Framework,' Michigan Journal of International Law, 2012-2013, pp. 359-438, p. 411 where they also observe that: "[i]ndeed, in the context of state responsibility, the rule on *lex specialis* theoretically provides that where issues covered by the ASR are governed by "special rules of international law," the ASR does not apply. However, once established that the ILC labeled what could have been considered principles of responsibility as primary rules, we are left with the question what the distinctive nature of *lex specialis* is. For example, because the requirement of fault is excluded from the ASR, agreements between states on this issue constitute "primary rules," whereas because the ASR considers attribution, agreements on this issue are *lex specialis*. In other words, this category only applies to those rules of responsibility that the ILC considered, but not to other relevant rules of responsibility that might have been left out for entirely pragmatic reasons.

44) *See* Rosalyn Higgins, "Taking of property by the State: Recent developments in international law," 176 RCADI (1982-III), 338-339.

45) André Nollkaemper and Dov Jacobs, 'Shared Responsibility in International Law: a Conceptual Framework,' Michigan Journal of International Law, 2012-2013, pp. 359-438, µµ. 409-412.

46) Higgins, Overview of Part Two of the Articles on State Responsibility', in James Crawford, Alain Pellet and Simon Olleson (eds), *The Law of International Responsibility* (OUP 2010) 537, 539.

47) Higgins, Overview of Part Two of the Articles on State Responsibility', in James Crawford, Alain Pellet and Simon Olleson (eds), *The Law of International Responsibility* (OUP 2010) 537, 540.

48) See ILC, Report of the Commission to the General Assembly, Doc A/9010/REV.1, Report of the Commission International Law Commission on the work of its twenty-fifth Session, 7 May-13 July 1973, State Responsibility, YILC (1973) Vol II 165, para 42,

Investor-State Arbitration as a 'Sub-System' of State Responsibility

where the ILC also goes on to state: 'The draft Articles accordingly deal with the *general rules* of the international responsibility of the State for internationally wrongful acts...'" [Emphasis in the original]. See also ILC Draft Articles (n 27), 31 paras 1-2.

49) James Crawford, The ILC's Articles on Responsibility of States for Internationally Wrongful Acts: A Retrospect, American Journal of International Law, 2002, p. 874 ff., p. 879.

50) André Nollkaemper and Dov Jacobs, 'Shared Responsibility in International Law: a Conceptual Framework,' Michigan Journal of International Law, 2012-2013, pp. 359-438, p. 410.

51) See International Law Commission, 'Draft Articles on Responsibility of States for Internationally Wrongful Acts' YBILC (2001) Vol II, Part Two, notably Article 2, pursuant to which wrongfulness depends on two general conditions, viz. the breach of an obligation and attribution.

The ILC's approach has met with some criticism. See, for instance, Gilbert Guillaume, 'Overview of Part One of the Articles on State Responsibility', in James Crawford, Alain Pellet and Simon Olleson (eds), *The Law of International Responsibility* (OUP 2010) 187, 191, arguing that, although the original project of ILC Articles de-linked damage and wrongfulness with the view to sanctioning international crimes of States and of legitimating counter-measures, the ILC "was not able to achieve these aims, and indeed one may well question the continued relevance of the audacious intellectual construction initiated by Ago...it is necessary to retain the more secure conceptions of the International Court which has for its part never ceased to distinguish carefully between: - unlawful conduct which every State with a legal interest may call on a judge to determine as such; - responsibility itself, which is only engaged in the event of moral or material damage caused to a State injured in its rights." See also James Crawford, The ILC's Articles on Responsibility of States for Internationally Wrongful Acts: A Retrospect, American Journal of International Law, 2002, p. 874 ff., p. 879, observing that: "... the classification of a rule of responsibility as secondary or not is linked to the issue of its generality. The articles are aimed at specifying certain general rules concerning the existence or consequences of the breach of an international obligation."

52) De Luca, Bank Rescue Measures Under International Investment Law: What Role for the Principle of Causation?, in Hofmann, Schill, Tams, *International Investment Law and the Global Financial Architecture*, Elgar 2017, pp. 211-239.

53) See, for example, art 24.1 of the US model BIT of 2012, and art X.17 of the CETA between Canada and the EU, explicitly requiring the existence and proof of losses and damages arising from treaty breaches for investors to make their claims under the treaty.

日本国際経済法学会年報第26号(2017) 49

共通論題① 投資紛争解決制度の再考察

54) For instance, see *Achmea BV v. The Slovak Republic*, UNCITRAL, PCA Case No 2008-13 (formerly *Eureko BV v. The Slovak Republic*), Final Award (7 December 2012) para 320, where the Tribunal implicitly considers financial losses and the causal link between such losses and the State measures challenged as relevant in respect of both liability and causation, and the determination of compensation payable; *SD Myers, Inc v. Government of Canada*, UNCITRAL, Partial Award (13 November 2000) para 315 referring to the general principle of international law according to which 'compensation should undo the material harm inflicted by a breach of an international law', and mentioning, as also applicable, the following principles, advanced by Canada: ' [T]he burden is on SDMI to prove the quantum of the losses in respect of which it puts forward its claims; compensation is payable only in respect of harm that is proved to have a sufficient causal link with the specific NAFTA provision that has been breached; the economic losses claimed by SDMI must be proved to be those that have arisen from a breach of the NAFTA, and not form other causes; damages for breach of any one NAFTA provision can take into account any damages already awarded under a breach of another NAFTA provision; there must be no "double recovery".'

55) The economic loss of the claimant investor might be regarded as either a condition of admissibility of the investor's claim or a condition for the jurisdiction of the Tribunal, depending on the drafting of the specific BIT at stake, and/or the arbitration rules selected.

56) *Merrill & Ring Forestry L.P. v. The Government of Canada*, UNCITRAL, ICSID Administered Case, Award (31 March 2010), paras 244 (where the citation is located), and 245.

57) *Ibid.*, para 266.

58) On the concept of indirect expropriation under international law see Anna De Luca, 'Indirect Expropriations and Regulatory Takings: What Role for the "Legitimate Expectations" of Foreign Investors?,' in Giorgio Sacerdoti, Pia Acconci, Mara Valenti, and Anna De Luca (eds), *General Interests of Host States in International Investment Law* (CUP 2014) 58, 59–60, and references therein.

59) *Biwater Gauff (Tanzania) Ltd v. United Republic of Tanzania*, ICSID Case No ARB/05/22, Award (24 July 2008), paras 466 and 804 .

60) See International Law Commission, 'Draft Articles on Responsibility of States for Internationally Wrongful Acts' YBILC (2001) Vol II, Part Two, Commentaries to art. 2, 36, para 9, and art 31, 92, para 6.

61) See also James Crawford, The ILC's Articles on Responsibility of States for Internationally Wrongful Acts: A Retrospect, American Journal of International Law, 2002, p. 874 ff., p. 879.

Investor-State Arbitration as a 'Sub-System' of State Responsibility

(Member of the ICSID panel of conciliators and Professor at Bocconi University)

共通論題① 投資紛争解決制度の再考察── WTO 紛争解決・国際商事仲裁との比較が与える示唆

国際投資仲裁判断の執行
──国際商事仲裁との比較──

高杉　直

Ⅰ　はじめに
Ⅱ　国際投資仲裁（ISA）と ICSID 条約
　1　ICSID 条約に基づく仲裁（ICSID 仲裁）
　2　ICSID 条約以外の仲裁（非条約 ISA）
　3　小　括
Ⅲ　ICSID 判断の執行
　1　仲裁判断の拘束力（53条）
　2　仲裁判断の承認・執行（54条）
　3　執行免除（55条）
　4　小　括
Ⅳ　国際投資仲裁判断（ISA 判断）に対する NY 条約の適用可能性
　1　ICSID 判断（国際法上の仲裁判断）に対する NY 条約の適用可能性
　2　非条約 ISA 判断に対する NY 条約の適用可能性
　3　NY 条約に基づく ISA 判断の承認・執行
　4　仲裁判断の取消
　5　執行免除
Ⅴ　日本での国際投資仲裁判断（ISA 判断）の執行
　1　ICSID 判断の執行
　2　NY 条約に基づく執行
　3　仲裁法に基づく執行
Ⅵ　結びに代えて

Ⅰ　はじめに

　近時の投資協定（IIA: International Investment Agreement[1]）において，外国の投資家と投資受入国（ホスト国）との間で生じた投資紛争を仲裁で解決する旨の条項が置かれることが多い。このような，ホスト国と投資家との間の投資紛争の解決方法である仲裁を「国際投資仲裁」（ISA: Investor-State Arbitration）と言う（ISA の手続で言い渡された仲裁判断を，本稿では「ISA 判断」と呼ぶ）。かつてはホスト国と投資家との間の直接の契約に基づく「契約型 ISA」が主流であっ

たが，近時は，IIA の増大に伴い，IIA に基づく「協定型 ISA」の事件数が飛躍的に増加している[2]。

　そもそも「仲裁」という紛争解決方法は，国際売買などの国際的な「商取引」から生ずる紛争を解決するための「国際商事仲裁」（ICA: International Commercial Arbitration）を中心に発展してきたものである（ICA による仲裁判断を，本稿では「ICA 判断」と呼ぶ）。このような伝統的な ICA と比べると，ISA にはいくつかの特徴がある。例えば，第 1 に，ICA の場合には，当事者がいずれも民間企業であるのに対して，ISA の場合には，国家が一方当事者（被申立人）となるのが通常である。第 2 に，ICA の場合には，殆どの事件が当事者間の取引から生ずる紛争を対象とする契約型 ICA であるのに対して，ISA の場合には，前述のとおり，投資家とホスト国の間の契約（コンセッション）などの直接の当事者間の関係から生じた紛争を対象とするもの（契約型 ISA）だけでなく，IIA 上の「義務遵守条項（アンブレラ条項）[3]」にホスト国が違反したこと（例えば，許認可に由来する義務遵守の違反など）を理由に投資家が仲裁申立てをすること（協定型 ISA）も認められている[4]。

　このような ISA の特徴もあり，そもそも投資紛争の解決方法として「仲裁」を利用すること自体が相応しいか否かについての疑問が提起されている[5]。特に，私人間の私的利益の紛争処理に関する ICA とは異なり，ISA の場合には，ホスト国の公的利益が関係してくるからである。同様に，ICA の国際的な発展の基礎となった，1958年の「外国仲裁判断の承認及び執行に関する条約」（ニューヨーク条約ないし NY 条約）[6]が，ISA 判断に対しても適用可能であるか否かという問題も提起されている。すなわち，「IIA 仲裁の判断は，ニューヨーク条約によって承認執行が義務づけられる『仲裁判断』なのか。UNCITRAL 仲裁規則や ICC 仲裁規則に準拠する仲裁であれば，ニューヨーク条約上の仲裁と考えて良いのか。具体的には，それがニューヨーク条約中の『紛争の対象である事項がその国の法令により仲裁による解決が不可能なもの』（5 条 2 項 a）に当たるか，または執行を要請される国が，『その国の国内法により商事と認められる法律関係から生ずる紛争についてのみこの条約を適用する旨』の宣言を行っている場合に，『商事仲裁』に当たるかという問題が起こりうる」[7]

共通論題① 投資紛争解決制度の再考察

と。

　本稿は，この ISA 判断に対する NY 条約の適用可能性の問題を検討すると
ともに，その前提として，ISA 判断の執行に関する現在の法状況について，
ICA と比較しながら考察するものである。ISA の場合には，1966年の「国家
と他の国家の国民との間の投資紛争の解決に関する条約」（ICSID 条約[8]）が実務
上大きな役割を果たしている。そこで，以下では，ICSID 条約を基準として
ISA 判断の類型を整理した後（Ⅱ），ISA 判断に対する ICSID 条約による執行
（Ⅲ）と NY 条約の適用可能性（Ⅳ）を検討する。その上で，最後に，日本にお
ける ISA 判断の執行に関する解釈を論じたい（Ⅴ）。

Ⅱ 国際投資仲裁（ISA）と ICSID 条約

1 ICSID 条約に基づく仲裁（ICSID 仲裁）

　ISA の法規律を理解するためには，ICSID 条約を考察する必要がある。
ICSID 条約は，ISA に関する種々の問題（例えば，仲裁合意，仲裁人の選定や仲裁
廷の構成，仲裁手続，仲裁判断，仲裁判断の取消，仲裁判断の承認・執行などの問題）
を，包括的に規律しているからである。

　第1に，ICSID 条約の適用範囲に関して，ICSID 条約の対象となるのは，
「締約国……と他の締約国の国民との間で投資から直接生ずる法律上の紛争」
（ICSID 条約25条）である。すなわち，投資家の所属国とホスト国の双方が
ICSID 締約国でなければならない。裏から言えば，ホスト国が締約国でない場
合や，投資家が締約国の国民でない場合には，ICSID 条約の適用がないことに
なる[9]。

　第2に，ICSID 条約上，仲裁合意については，両当事者による書面での
ICSID 付託への同意が必要である（ICSID 条約25条）。投資家とホスト国の間の
契約中に ICSID を仲裁機関として指定する仲裁条項を定めている場合（契約型
ISA）には，仲裁合意に関して特別な問題は生じない。問題となるのは，ホス
ト国と投資家との間に直接の仲裁合意はないが，ホスト国が IIA 中で投資家
に対して仲裁付託の事前同意を行っている場合（協定型 ISA）である。この場
合に，投資家が仲裁の申立てを行うことにより，仲裁合意が成立するか否かが

54

問題となる。この問題については，個々の IIA 中の仲裁付託同意条項の解釈問題である。投資家による仲裁申立てがあれば仲裁合意が成立すると解釈される条項であれば，これが仲裁付託の申込みに，そして投資家による仲裁申立てが承諾にそれぞれ該当し，仲裁合意が成立すると解されている。[10]

第3に，ICSID 仲裁における仲裁廷の構成および仲裁手続については，原則として，ICSID 条約および「ICSID 仲裁規則」[11]に従って実行されることになる（ICSID 条約44条）。

第4に，仲裁廷が言い渡した仲裁判断（本稿では「ICSID 判断」と呼ぶ）は，後述Ⅲのとおり，当事者を拘束し（ICSID 条約53条），各締約国は，ICSID 判断を承認する義務を負う（ICSID 条約54条）。

2 ICSID 条約以外の仲裁（非条約 ISA）

前述のとおり，ICSID 仲裁を行うためには，投資家の所属国とホスト国の双方が ICSID 締約国であること等の要件を満たす必要がある。ICSID 仲裁以外の ISA（本稿では，「非条約 ISA」と呼ぶ）は，ICA と同様，アドホックに仲裁人・仲裁手続を当事者間で合意した上で仲裁（個別仲裁）を行うか，あるいは特定の仲裁機関やその仲裁規則を利用した仲裁（機関仲裁）を行うことになる。

ただし，一定の非条約 ISA についても，仲裁機関としての ICSID を利用できる。というのは，1978年に「ICSID 追加規則（ICSID Additional Facility Rules）[12]」が制定され，投資家の所属国またはホスト国のいずれか一方のみが ICSID 締約国である仲裁の場合にも，ICSID の充実した物的・人的設備を用いることができるようになっているからである（ICSID 追加規則2条）。この ICSID 追加規則に基づく仲裁手続は，ICSID 条約に基づく仲裁手続ではなく，ICSID 条約の適用も受けない（ICSID 追加規則3条）。従って，ICSID 追加規則による仲裁は，国家裁判所の監督を前提とする仲裁である。そして特に注目されるのは，ICSID 追加規則による仲裁について，NY 条約の締約国を仲裁地としなければならないとされている点である（ICSID 追加規則19条）。

ホスト国の IIA や国内投資法の中には，ICSID 以外の仲裁機関に仲裁申立てを行うことを投資家に認めるものがある。[13]この場合，投資家は，当該仲裁機

共通論題① 投資紛争解決制度の再考察

表1 ISA と ICA の比較

	ISA		③ ICA
	① ICSID 仲裁	②非条約 ISA	
性　質	超国家性・自己完結性	国家法上の仲裁	国家法上の仲裁
仲裁合意	IIA 上の事前同意／直接の合意	IIA 上の事前同意／直接の合意	直接の合意
仲裁手続	① ICSID 条約 ② ICSID 仲裁規則その他	①仲裁地の国内法 ② ICSID 追加規則／仲裁規則	①仲裁地の国内法 ②仲裁規則
仲裁判断の承認・執行	ICSID 条約など	承認国の国内法，NY 条約など	承認国の国内法，NY 条約など
仲裁判断の取消	ICSID 条約	仲裁地の国内法	仲裁地の国内法

関に仲裁申立てを行うことができる。また，ホスト国と投資家が，紛争発生後に仲裁機関での仲裁を合意することも可能である。このような仲裁機関を利用する場合には，その仲裁機関が定めている仲裁規則によって仲裁手続を実施することが多い。[14]

　非条約 ISA で言い渡された仲裁判断（非条約 ISA 判断）には，ICSID 条約の適用はない。非条約 ISA 判断は，原則として，ICA 判断と同様の枠組みによることになる。そのため，非条約 ISA 判断は，仲裁地の裁判所によって取り消される可能性がある。また，非条約 ISA 判断の執行に関して，NY 条約の適用可能性が実務上も大きな問題となる。[15]

3　小　括

　以上の通り，① ICSID 仲裁，②非条約 ISA，③ ICA の概要を一覧表にすれば，表1の通りである。①の ICSID 仲裁が，②および③と大きく異なることが分かる。これに対して，②と③の間には，②に IIA 上の事前同意による仲裁合意が認められる点を除き，大きな違いは見当たらない。

Ⅲ　ICSID 判断の執行

　ISA は，① ICSID 条約のほか，② ICSID 追加規則，③ UNCITRAL 仲裁規

56

則，④ICC や SCC などの仲裁機関の仲裁規則の下で行われることが多い[16]。その中でも，最も重要な役割を果たしているのが ICSID である。まずは ICSID 判断の執行について考察する[17]。

1　仲裁判断の拘束力（53条）

ICSID 条約は，仲裁判断の承認・執行についても規定を置き，自律的な規律を行っている。すなわち，第1に，当事者は，ICSID 条約に従って執行が停止された場合を除き，ICSID 判断に拘束され，ICSID 判断を遵守する義務を負う（ICSID 条約53条[18]）。条約に従った執行停止がないにもかかわらず，ホスト国が ICSID 判断に従わない場合には，ICSID 条約上の義務違反となり，ホスト国の国家責任を導き得ることになる[19]。

第2に，ICSID 条約に従って執行が停止される場合としては，仲裁判断の解釈[20]，再審[21]または取消[22]の請求があった場合に限定されている。特に，ICSID 判断の取消を行うことができるのは，特別委員会だけであって，国内裁判所による ICSID 判断の取消その他の再審査が認められていないことに注意を要する。

2　仲裁判断の承認・執行（54条）

第1に，ICSID 判断の「承認」に関して，ICSID 条約54条[23]は，締約国が，ICSID 判断を拘束力があるものとして承認する義務を負う旨を定める。特別な承認要件や公序などの伝統的な承認拒否事由の定めもなく，当事者が締約国の権限ある当局に対して ICSID 判断の謄本を提出することだけで，その締約国において ICSID 判断が法的効力を有することになる[24]。また，ICSID 判断の承認については，執行とは異なり，主権免除の抗弁も認められない[25]。

第2に，ICSID 判断の「執行」に関して，同条は，締約国が，ICSID 判断を自国の裁判所の確定判決とみなし，その判断が課す金銭上の義務をその領域において執行しなければならないと定め，執行の対象となるのが「金銭上の義務」だけであることを明示する。仲裁廷が非金銭上の義務（例えば，原状回復その他の特定履行や差止めなどの作為・不作為）を命ずる判断を言い渡すことは可能であり，その判断も承認の対象とはされるが，執行の対象とはならない点に留

意すべきである。そのため，ICSID 判断の内の非金銭上の義務の部分について
は，後述のように，NY 条約の適用可能性が問題となる。

　第 3 に，同条は，ICSID 判断の執行が，執行国の判決執行に関する法令に
従って行われる旨を規定する。これは，執行国の法令が ICSID 判断の執行の
手続法上の側面だけを規律することを意味するのであって，執行国の法令が，
ICSID 判断の取消判断の基準となったり，ICSID 判断の終局性などに影響を与
えたりするものではない。また，執行国の法令上の利用可能な手続や救済だけ
が，ICSID 判断にも適用されるのであって，ICSID 判断の執行のための新たな
手続を制定する義務を締約国が負うわけではない。[27]

3　執行免除（55条）

　ICSID 条約55条は，「第54条のいかなる規定も，いずれかの締約国の現行法
令でその締約国又は外国を執行から免除することに関するものに影響を及ぼす
ものと解してはならない」と規定し，執行免除の可能性を容認する。

　第 1 に，同条が適用されるのは執行免除のみであり，裁判権免除には適用が
ない。ICSID 仲裁に関する仲裁合意が有効に成立していれば，ICSID 仲裁廷で
の仲裁に関して，裁判権免除を放棄したものと解される。[28]

　第 2 に，同条が適用されるのは ICSID 判断の執行のみであり，その承認に
は適用されない。同条の執行免除が実際上の役割を果たすのは，金銭上の義務
を執行するための具体的な措置が執られる場合である。[29]

　第 3 に，同条によって執行免除が認められたとしても，ICSID 条約53条の仲
裁判断の遵守義務が免除されるわけではない。ICSID 判断の執行を求められた
ホスト国が，自国の国内法上の執行免除を主張する場合，ICSID 条約53条には
違反する。[30]

　このようなことから，ICSID 条約55条は，ICSID 条約の「アキレス腱」と呼
ばれている。国内裁判所の介入を排除するという条約の自己完結性は，執行手
続の局面には及んでいないからである。[31]実際に，投資家による ICSID 判断の
執行の申立てに対して，ホスト国による執行免除が成功した事例も多い。[32]

4 小 括

以上の通り，ICISD 条約は，ICSID 判断の承認・執行に関しても自律的な規律を行い，締約国に ICSID 判断の承認・執行義務を課すとともに，NY 条約 5 条のような承認・執行の拒否事由を一切規定していないことから，ICSID 判断の承認・執行可能性は高いとの評価がなされている。しかし他方で，ICSID 判断の執行が執行国の国内法令に委ねられ，執行国法が認める執行免除も利用可能とされているため，執行を求められた締約国の国内法令の内容いかんによっては ICSID 判断の執行が行われないことになる。[33]

また，実際には，ICSID 判断で敗れたホスト国は，その判断の取消を ICSID 事務局長に求めることができ，その手続には相当の時間を要するのが実情であって，必ずしも実効的な解決が円滑に得られるとは限らないことも指摘されている。[34]

さらに，執行義務の対象が金銭上の義務に限定されていることから，金銭以外の義務を命じる ICSID 判断の執行を求める場合には，ICSID 条約ではなく，執行国の法令によって執行を求めるほかない。また，ICSID 条約の非締約国で ICSID 判断の執行を求める場合も，執行国の法令によって執行を求めるほかない。このような場合，執行国が NY 条約の締約国であるときには，ICSID 判断に対する NY 条約の適用可能性が問題となる。[35]

NY 条約の適用可能性は，ICSID 判断だけでなく，非条約 ISA 判断でも問題となるため，以下，ISA 判断に対する NY 条約の適用可能性について検討する。

IV 国際投資仲裁判断（ISA 判断）に対する NY 条約の適用可能性

1 ICSID 判断（国際法上の仲裁判断）に対する NY 条約の適用可能性

ICSID 判断が超国家的な条約に基づくものであるため，NY 条約 1 条(1)の「仲裁判断（awards）」に該当するか否かが問題となる。言い換えれば，同条の「仲裁判断」には，国家法上の仲裁判断だけでなく，国際法上の仲裁判断をも含むのかという問題である。

この点につき，① NY 条約 5 条(1)(a)や同条(1)(e)の規定が仲裁地「国」の法

令を参照していることなどを理由に，NY 条約は，国家法に基づく仲裁判断だ
けを前提としていると解する説がある[36]。しかし，多数説は，① NY 条約 1 条
(1)後段が執行国で内国判断と認められない仲裁判断をも NY 条約の適用対象
としており，文言上も国家法に基づく仲裁判断に限定していないこと，② NY
条約 5 条(1)(d)も仲裁機関の構成や仲裁手続を当事者の合意に委ねており，国家
法に基づくものに限定していないことなどを理由に，国際法に基づく仲裁判断
も NY 条約の対象となり得ると主張する[37]。イラン米国紛争仲裁廷（Iran-US
Claims Tribunal）の仲裁判断に対して NY 条約の適用を肯定した，米国の第 9
巡回区控訴裁判所による *Ministry of Defense of Islamic Republic of Iran v.
Gould Inc.*事件の判示も，多数説を支持するものである[38]。私見も，多数説を支
持し，ICSID 判断にも NY 条約が適用されると解する。

　もっとも，ICSID 判断については，①当事者の一方が国家であって，②私法
的行為だけでなく，国家の主権的行為に関する請求についての判断である場合
があるから，この点についても NY 条約の適用可能性が問題となる。この①
および②の点は，非条約 ISA 判断についても同様であるから，以下，非条約
ISA 判断に対する NY 条約の適用可能性として，この問題を検討する。

2　非条約 ISA 判断に対する NY 条約の適用可能性

(1)　国家を当事者とする仲裁判断：「法人」（NY 条約 1 条(1)）に国家が含まれ
るか

　第 1 に，国家を当事者とする仲裁判断にも NY 条約が適用されるか。言い
換えれば，NY 条約 1 条(1)の「法人」に，国家が含まれるか。この問題につい
ては，NY 条約の起草過程における議論を根拠に，「少なくとも，条約は私法
的行為を行う国家が『法人』に含まれることを前提としていたように解され
る」との主張がされており[39]，この点について，特に異論は見当たらない[40]。従っ
て，当事者の一方が国家である，投資に係る契約の成立や効力に関する仲裁判
断（契約型 ISA 判断）について，NY 条約が適用されることについては争いがな
い。

(2) 協定型 ISA 判断：国家の私法的行為に限定されるか

　第2に，国家の主権的行為に関する請求についての判断に，NY 条約が適用されるか。例えば，ホスト国による公権力行使の結果生じた損害の賠償を投資家が求めた仲裁において，投資家の請求を認める仲裁判断が下された場合，この仲裁判断に NY 条約の適用があるか。この問題については，学説・裁判例において争いがある。[41]

　主権的行為に関する仲裁判断に対する NY 条約の適用を否定する説は，NY 条約の起草過程での議論から見て，NY 条約は私法的な性質を有する請求に関する仲裁判断だけを対象としていることや，NY 条約の作成当時，国家が主権的行為に関して私人に訴えられるという発想がなかったことなどを理由とする。[42]

　これに対して，NY 条約の適用を肯定する説は，NY 条約の立法過程での議論によれば，「国家間」の主権的行為をめぐる紛争を条約の対象としないことは明らかであるが，国家の主権的行為により被った私人の損害賠償をめぐる紛争を条約の適用から排除していると断定することはできないこと，[43] そして，「仲裁の国際的利用の円滑化および外国貿易の発展に寄与する，という同条約の目的に照らすと，今日，企業の国際的活動が進展する中，外国投資の発展および外国投資から生じる紛争の仲裁による円滑な解決に寄与することも同条約の目的の1つであると解され，投資紛争を同条約の適用対象から除外すべきではなく，したがって，外国投資において，国家の私法的行為，主権的行為，いずれであっても，それによって損害を被ったと主張する投資家と投資受入国との間の紛争を解決する仲裁判断に同条約が適用されることになると解するのが妥当な解釈である」と主張する。[44]

　この問題について，多数説は，ISA 判断に対しても NY 条約が適用されることを前提としているように思われる。[45] この点は，ICSID 追加規則に基づく仲裁の仲裁地を NY 条約の締約国に限定する，同規則（別表C）19条からも読み取れる。[46] また，仮に条約作成当時には主権的行為に関する仲裁判断への適用を想定していなかったとしても，現在では，数多くの IIA が，ISA 判断に NY 条約の適用が可能であることを前提としていることから，条約法条約31条の

共通論題① 投資紛争解決制度の再考察

「後の合意」が成立していると解することもできる。[47] NY 条約の文言上も，主権的行為に関する ISA 判断に適用しない旨を明示していない以上，私見も多数説に従い，NY 条約の適用を肯定する説を支持したい。

(3) ホスト国による NY 条約適用の同意と主権的行為に関する紛争についての仲裁合意

仮に主権的行為に関する仲裁判断に対して NY 条約の適用を否定する説に立ったとしても，当該仲裁判断に対する NY 条約の適用をホスト国自体が同意する場合には，少なくともホスト国においては，主権的行為に関する仲裁判断に対しても NY 条約の適用が肯定されることになる。[48]

この点に関連して，ホスト国が NY 条約の締約国であり，かつ，ホスト国が IIA 中で ICSID 追加規則や UNCITRAL 仲裁規則による仲裁に同意している場合には，これら仲裁手続に基づく仲裁判断についても NY 条約の適用に同意したものと解されるとの主張や，少なくとも ICSID 追加規則による仲裁への同意は，前述の追加規則19条との関係で NY 条約適用の同意と解されるとの主張がなされている。[49] また，ホスト国は，そもそも主権的行為に関する民事上の請求について裁判権免除の放棄が可能であり，また，仲裁合意をすることにより，一般に，仲裁手続においても裁判権免除を放棄したものと解されている。[50]

(4) 商事の留保 (NY 条約 1 条(3))

以上のように，非条約 ISA 判断についても NY 条約の適用可能性が認められると解されるが，締約国の中には，NY 条約 1 条(3)により，「執行国の国内法により商事と認められる法律関係から生じる紛争についてのみ条約を適用する」旨の「商事の留保」を行っている国がある。この商事の留保を行っている NY 条約の締約国で ISA 判断の執行を求める場合には，投資紛争が「商事」の紛争に該当しないとして，NY 条約の適用が認められない余地がある。[51]

実際にも，原告会社のチェコでの事業展開に対してチェコが介入したことから仲裁に付された *Diag Human v. Czech Republic* 事件に関して，米国コロンビア特別区連邦地裁は，「チェコによる介入は当該会社に商事上の影響を与えたし，仲裁廷は，最終的に商事上の損失に対して損害賠償を認める仲裁判断を

62

下したが，そもそも原告会社とチェコの間には商事の取引は存在しておらず，商事を対象とする既存の法律関係が存在していなかった」と判示し，本件仲裁判断が「商事」の紛争から生じたものでないとして，NY条約の適用を認めなかった。[52]

いずれにせよ，投資紛争を商事と解するか否かは各締約国の国内法のいかんによる。もっとも，「国際商事仲裁に関するUNCITRALモデル法」（UNCITRALモデル法）は，投資紛争も商事の紛争に該当すると解しており，[53]各国の国内法もこれと平仄を合わせることが期待される。

3 NY条約に基づくISA判断の承認・執行

(1) 執行の認容

NY条約の締約国の裁判所で，NY条約が適用されるISA判断についての執行の申立てがあった場合，裁判所は，NY条約3条に基づき，仲裁判断を承認・執行する義務がある。ISA判断の執行の申立てについても，NY条約の下で，その大半が認容されている。[54]

もっとも，NY条約5条は，仲裁判断の承認・執行の拒絶事由を定めている。即ち，①仲裁合意の無効または当事者の無能力，②仲裁人の選任若しくは仲裁手続に関する一方当事者への通知の瑕疵，その他の防御の機会の不十分，③仲裁付託外の事項の判断，④仲裁廷の構成または仲裁手続の不適当，⑤判断の取消または停止，⑥仲裁の不適格，並びに，⑦公序違反のいずれかの事由があれば，裁判所は，仲裁判断の執行を拒絶することができる。

この点は，ICSID条約と異なる点である。

(2) 仲裁適格（NY条約5条(2)(a)）と公序（NY条約5条(2)(b)）

これらの執行拒絶事由の内，投資仲裁判断との関係で問題となることが多いのが，仲裁適格と公序である。

第1に，執行地の法令によれば，投資紛争を仲裁によって解決することが禁じられている場合には，仲裁適格（仲裁可能性）が認められないとして，NY条約5条(2)(a)によって，投資仲裁判断の執行が拒絶されることになる。[55]

第2に，NY条約5条(2)(b)は，執行国の公序を理由とする仲裁判断の執行拒

絶を認めている。NY 条約上，「公序」は定義されておらず，その内容および適用は，各国の解釈に委ねられている。多くの国は，公序を狭く解釈するが，ロシアやインドの裁判所は，広い公序概念を採用しているとの指摘がなされている。[56]

もっとも，多くの国の仲裁法は，事前の権利放棄や禁反言の原則を認めており，ホスト国が仲裁合意をして仲裁手続に参加した以上，仲裁判断の執行段階において，このような事由を理由として，NY 条約第 5 条(2)に基づく仲裁適格や公序を争うことができないと解されている。[57]

4　仲裁判断の取消

ICSID 条約とは異なり，NY 条約には，仲裁判断の取消の規定は置かれていない。仲裁判断の取消は，原則として，仲裁地国の裁判所に委ねられている。多くの国は，UNCITRAL モデル法に基づき，NY 条約 5 条と類似する，限定列挙の取消事由を定めている。

ISA 判断に対して取消の申立てがなされた例として，少なくとも10カ国で28の例が存在する。その内，少なくとも 2 例で，仲裁判断の全部または一部が取り消された。例えば，米国のコロンビア特別区巡回控訴裁判所は，*BG Group plc. v. Republic of Argentina* 事件の非条約 ISA 判断について，連合王国とアルゼンチンの間の二国間投資協定には，仲裁開始の18か月前にアルゼンチン裁判所での投資家による訴え提起を要求する規定があったのに，仲裁廷がこれを見落としたという理由で，仲裁判断を取り消した。もっとも，この判決については，同様の規定を定める二国間協定の解釈に関する国際的な裁判例の趨勢に反するとして，強く批判されている。[58]

5　執行免除

以上のような，裁判所による不誠実な投資仲裁判断の執行拒絶や取消のほか，ISA 判断の執行に対する最大の障碍は，国家の財産に対する執行からの主権免除（執行免除）である。[59] この点は，ICSID 判断に関する執行免除の問題と同様であり，その対応については各国の国内法に委ねられている。

ホスト国は，執行免除についても放棄することが可能である。ただし，執行免除の放棄は，裁判権免除の放棄とは別個独立のものでなければならないと解されている[60]。

V　日本での国際投資仲裁判断（ISA 判断）の執行

最後に，日本における ISA 判断の執行についても検討したい。

1　ICSID 判断の執行

第 1 に，日本は ICSID 条約の締約国であるから，日本の裁判所は，ICSID条約を直接に適用することになる。そのため，ICSID 条約54条に従い，ICSID判断を我が国の裁判所の確定判決とみなしてその仲裁判断によって課される金銭上の義務を我が国の領域内において執行する義務を負う。

日本国内では，ICSID 判断は，民事執行法に従って強制執行が行われることになる[61]。「強制執行は，執行文の付された債務名義の正本に基づいて実施する」（民事執行法25条 1 項本文）ため，①「執行文」と②「債務名義」が必要とされる。これに関連して問題となるのは，ICSID 仲裁判断がそのまま「債務名義」（民事執行法22条）となるのかという点である。

この点については，ICSID 条約54条を根拠に，ICSID 判断が，民事執行法22条 7 号の「確定判決と同一の効力を有するもの」であるとして，執行文付与の申立てを行うことによって強制執行がなされるとの見解が主張されている[62]。私見もこの見解を支持する。ICSID 条約54条(1)は，「各締約国は，この条約に従って行われた仲裁判断を拘束力があるものとして承認し，また，その仲裁判断を自国の裁判所の確定判決とみなしてその仲裁判断によって課される金銭上の義務をその領域において執行するものとする」と規定しているからである[63]。

なお，我が国で ICSID 判断の強制執行がなされる場合にも，外国国家の執行免除が認められる。具体的には，「外国等に対する我が国の民事裁判権に関する法律」によることになろう[64]。

2 NY条約に基づく執行

日本はNY条約の締約国（相互主義の留保のみで，商事の留保は行っていない）であるから，わが国の裁判所はNY条約の適用範囲内の事項については，NY条約を適用しなければならない。従って，NY条約に関する前述・Ⅳが妥当する。

なお，NY条約7条(1)は，仲裁判断の承認・執行に一層有利な国内法や条約を当事者が援用することを認めている。そのため，当事者は，ICSID判断の場合にはICSID条約の直接適用を求めることもできるし，また，ICSID判断を含むISA判断一般について，仲裁法45条以下の規定の適用を主張することが考えられる。

3 仲裁法に基づく執行

問題となるのは，ISA判断に仲裁法の適用があるか否かという問題である。

この点について，① 協定型ISA判断は，民事上の紛争ではなく行政上の紛争に該当すること，② 我が国においては，行政庁の公権力行使等によって発生した行政問題については，仲裁適格（ないし仲裁可能性）が認められていないこと，などを理由に，仲裁法の適用を否定する見解がある。[65]

これに対して，①「民事上の紛争」の範囲は相当広く，私法上の法律関係に関する紛争であるとしても，私人間の法律関係に限定されないのであって，国家賠償請求をめぐる紛争は，国家の公権力行使の違法性という公法的性格を有するが，国，公共団体に対する私人の被った損害の塡補という私法上の請求権の当否を内容とするものでもあり，『民事上の紛争』であると解することができるから，IIA違反に基づく損害賠償請求をめぐる紛争もまた，わが国仲裁法上民事上の紛争に当たると解されること，② わが国の現行法上，国家と私人との間の投資紛争を仲裁に付託することを禁じる旨の規定はなく，逆にむしろ，わが国が締結している投資協定において仲裁による投資紛争の解決が定められているということは，わが国の国内法上，投資紛争が仲裁合意の対象となることを前提としていると解されることなどを理由に，ISA判断に対して仲裁法の適用を肯定する見解もある。[66]

ここでも，仲裁適格の問題と仲裁法の適用可能性の問題が別問題であること
を指摘すべきであろう。その上で，ISA 判断についても「民事上の紛争」を対
象とするものであり，仲裁法の適用可能性が認められると解すべきであろう。

　ISA 判断に仲裁法が適用されると解した場合，仲裁法45条によって承認さ
れ，同46条によって仲裁判断の執行決定を求める申立てを行うことになる。そ
の上で，「確定した執行決定のある仲裁判断」（民事執行法22条6の2号）が債務
名義となるが，この債務名義に基づいて強制執行する場合にも，「対外国民事
裁判権法」による執行免除が問題となる。

VI　結びに代えて

　以上の通り，ISA 判断と ICA 判断の執行に関する法状況を比較概観した。
この比較概観から分かったのは，ICSID 判断の強力性・優位性であり，その原
因は，ICSID 仲裁の超国家性・自律性に求められる。他方，ICSID 自体はホス
ト国に判断遵守義務を課しているが，投資保護の観点だけに基づく紛争解決に
対して疑問が提起されており，ICSID 判断の拘束力から逃れるため，ICSID 条
約から脱退する国も出現している[67]。

　ICSID 条約以外の場面，例えば，非金銭上の義務を命ずる ICSID 判断の執
行や，非条約 ISA 判断の執行については，ICA 判断の執行と同様，NY 条約
が大きな役割を果たすことが期待されている。しかし，ISA 判断に対して NY
条約の適用があるか否かについては，前述の通り，議論があるところである。
ただ，この点については，NY 条約の適用を肯定する解釈を採用することで，
ISA 制度の信頼維持が可能となろう。

　ICSID 判断と非条約 ISA 判断のいずれについても，執行免除がその具体的
な執行にとっての最大の障碍となっている。国際法および国内法の現状を前提
とする限り，ホスト国が，ISA 判断に対して任意の履行を拒む場合には，現実
の執行は極めて困難である。その意味では，ホスト国にインセンティブを与え
て任意の履行を促進する制度構築が求められる[68]。

　以上，私見をまとめれば，①解釈論として，ISA 判断にも NY 条約が適用
されると解すべきであり，②本稿では論ずることができなかったが，今後の課

題・制度論として，投資保護だけでなく国家の種々の政策をも考慮した上でホスト国と投資家の間の紛争解決を図ることができる制度や，ホスト国に任意履行のインセンティブを与えるような制度の構築を図るべきである。②については，今後の研究課題としたい。

1) IIA を「投資条約」と訳することもある。濱本正太郎「投資条約仲裁」谷口安平・鈴木五十三編『国際商事仲裁の法と実務』（丸善雄松堂，2016年）491頁。

2) 濱本「前掲論文」（注 1）492頁，小寺彰「投資協定の現代的意義——仲裁による機能強化——」小寺彰編『国際投資協定——仲裁による法的保護——』（三省堂，2010年）2頁，3頁を参照。

3) 「義務遵守条項（アンブレラ条項）」とは，「一方の締約国は，他の締約国の投資家の投資財産について義務を負うこととなった場合には，当該義務を遵守する」旨の IIA 中に置かれる条項である。義務遵守条項により，契約上または国内法上の義務違反が IIA 上の義務違反となり，IIA の紛争解決条項（例えば，ICSID 仲裁）の利用が可能となる。濱本正太郎「義務遵守条項（アンブレラ条項）」小寺編『前掲書』（注 2）137頁，特に140頁および151頁を参照。

4) 横島路子「ICSID 仲裁判断の承認・執行——その手続と実効性を中心に——」『上智法学論集』53巻 4 号（2010年）307頁，308頁は，我が国での訴訟手続に関する民事訴訟法と行政事件訴訟法の区別を前提に，ICSID の紛争類型を「民商事的とも言える契約上の紛争」（契約上の紛争）と「行政的ともいえる国家ならではの公権力の行使についての紛争」（行政上の紛争）に分類する。おそらく前者が契約型 ISA，後者が協定型 ISA に相当するものと思われる。

5) 小寺「前掲論文」（注 2）12頁。

6) NY 条約の解説として，阿川清道「外国仲裁判断の承認及び執行に関する条約について（上・下）」『ジュリスト』231号（1961年）18頁，232号（1961年）42頁，小島武司・高桑昭編『注解・仲裁法』（青林書院，1988年）359頁以下などを参照。

7) 小寺「前掲論文」（注 2）15頁。

8) ICSID 条約の解説として，池田文雄『投資紛争解決法の研究』（アジア経済研究所，1969年），阿部克則監修『国際投資仲裁ガイドブック』（中央経済社，2016年），河野真理子「投資紛争解決センターの制度と活動」『国際商事法務』26巻 6 号（1998年）601頁以下などを参照。

9) ICSID 条約25条については，伊藤一頼「投資家・投資財産」小寺編『前掲書』（注 2）18頁以下，濱本「前掲論文」（注 1）503頁以下などを参照。

10) 小寺「前掲論文」（注 2）15頁，濱本「前掲論文」（注 1）495-496頁，同「前掲論文」（注 3）138-139頁，岩月直樹「管轄権と受理可能性」小寺編『前掲書』（注 2）214頁，216頁などを参照。

11) ICSID 仲裁規則の邦訳については，阿部監修『前掲書』（注 8）193頁以下を参照。ま

た，ICSID 仲裁手続については，同58頁以下を参照。

12) 2006年版の ICSID 追加規則が最新版である。ICSID 追加規則に基づく仲裁手続については，阿部監修『前掲書』(注 8) 20頁以下を参照。

13) P. Polasek & S. T. Tonova, "Enforcement against States: Investment Arbitration and WTO Litigation". in J. A. Huerta-Goldman, A. Romanetti, *et al.* eds., *WTO Litigation, Investment Arbitration, and Commercial Arbitration*, Global Trade Law Series, Vol. 43 (Kluwer, 2013), p. 371.

14) 仲裁機関によっては，例えば UNCITRAL 仲裁規則などの自己以外の仲裁規則による手続実施を認めることもある。個別仲裁では，UNCITRAL 仲裁規則が利用されることが多い。

15) *See*, J. Lew *et al.* eds., *Comparative International Commercial Arbitration* (Kluwer, 2003), para. 28-118.

16) Polasek & Tonova, *supra* note (13), p. 371; 濱本「前掲論文」(注 1) 497-498頁などを参照。

17) 以下，Christoph H. Schreuer, *The ICISD Convention: A commentary*, 2nd ed. (CUP, 2009) を中心に参照する。なお，黒田秀治「ICSID 仲裁判断の承認・執行の法構造」『早稲田法学会雑誌』44巻173頁 (1994年) も参照。

18) ICSID 条約53条(1)は，「仲裁判断は，両当事者を拘束し，この条約に規定しないいかなる上訴その他の救済手段も，許されない。各当事者は，執行がこの条約の関係規定に従って停止された場合を除き，仲裁判断の条項に服さなければならない」と規定する。

19) Schreuer, *supra* note (17), Art. 53, para. 13.

20) ICSID 条約50条。仲裁判断の意味または範囲に関し当事者間に紛争が生じた場合に，当事者の一方は，仲裁判断の解釈を請求することができる。ICSID 仲裁廷は，事情により必要と認めるときは，決定を行うまで仲裁判断の執行を停止することができる。阿部監修『前掲書』(注 8) 122頁以下を参照。

21) ICSID 条約51条。仲裁判断に決定的な影響を及ぼす性質の事実を発見した場合，当事者の一方は，仲裁判断の再審を請求することができる。ICSID 仲裁廷は，事情により必要と認めるときは，決定を行うまで仲裁判断の執行を停止することができる。阿部監修『前掲書』(注 8) 125頁以下を参照。

22) ICSID 条約52条。取消原因は，(a)裁判所が正当に構成されなかったこと，(b)裁判所が明らかにその権限をこえていること，(c)裁判所の構成員に不正行為があったこと，(d)手続の基本原則からの重大な離反があったこと，(e)仲裁判断において，その仲裁判断の基礎となった理由が述べられていないこと，の 5 つの事由に限定されている。特別委員会は，事情により必要と認めるときは，決定を行うまで仲裁判断の執行を停止することができる。阿部監修『前掲書』(注 8) 127頁以下を参照。なお，ICSID の歴史上，これら取消事由がかなり広く解釈されていた時期があり，事実上は，法令と事実の論点に関する上訴のような結果を招いていた。しかし，近年，特別委員会は，取消事由を狭く解するアプローチをとっており，ICSID 判断の取消は，一層稀になっている。Schreuer, *supra* note (17), Art. 52, para.; 濱本「前掲論文」(注 1) 527頁。

23) ICSID 条約54条は,「(1)各締約国は,この条約に従って行われた仲裁判断を拘束力が
あるものとして承認し,また,その仲裁判断を自国の裁判所の確定判決とみなしてその
仲裁判断によって課される金銭上の義務をその領域において執行するものとする。……
(2)いずれかの締約国の領域において仲裁判断の承認及び執行を求める当事者は,その締
約国がこのために定める管轄裁判所その他権限のある当局に対し,事務局長により証明
された仲裁判断の謄本を提出しなければならない。……(3)仲裁判断の執行は,執行が求
められている領域の属する国で現に適用されている判決の執行に関する法令に従って行
われる。」と規定する。

24) ICSID 条約54条の承認・執行義務は,仲裁の当事者(ホスト国)だけでなく,ICSID
条約の全ての締約国が負う。むしろ同条は,仲裁の当事者以外の第三国を主対象として
いる。水島朋則「投資仲裁判断の執行に関する問題」経済産業研究所『RIETI
Discussion Paper Series 13-J-078』(2013年) 3 頁。これに対して,アルゼンチンは,
ICSID 条約54条を,「被申立国」の国内裁判所において仲裁判断の承認を求めることを
要求するものであるとの解釈を主張している(Rosatti doctrine)。しかし,当然ながら,
このような解釈は否定されている。Nigel Blackaby *et al.* ed., *Redfern and Hunter on
International Arbitration*, 6th ed. (OUP, 2015), para. 11-129.

25) 阿部監修『前掲書』(注 8) 134頁。

26) Schreuer, *supra* note (17), Art. 54, paras. 72-80; 阿部監修『前掲書』(注 8) 134頁。
執行対象を金銭上の義務に限定した理由としては,54条(3)で執行手続が執行国法による
とされていることを前提に,金銭上の義務の執行については全ての国で実行可能である
のに対して,それ以外の義務の執行については,国によって実行できないことを考慮し
たものであると説明されている。Schreuer, *id*, Art. 54, para. 74.

27) *Id*, Art. 54, paras. 112-113.

28) *See, id*, Art. 55, para. 5.

29) *Id*, Art. 55, para. 6.

30) *Id*, Art. 55, para. 7. それ故,ICSID 条約27条による外交的保護の復活をもたらし,同
64条に従い,国際司法裁判所への付託も可能となる。阿部監修『前掲書』(注 8) 137頁
も参照。

31) *Id*, Art. 55, para. 8.

32) 具体的な事例については,水島「前掲論文」(注24) 4 - 6 頁を参照。

33) 黒田「前掲論文」(注17) 75頁。投資家の側から執行可能性を高める 1 つの方策とし
て,ホスト国から主権免除を放棄する旨の合意を得ておくことが考えられる。阿部監修
『前掲書』(注 8) 137頁以下,水島「前掲論文」(注24) 12頁以下などを参照。

34) 道垣内正人「投資紛争仲裁へのニューヨーク条約(外国仲裁判断の承認及び執行に関
する条約)の適用可能性」財団法人国際貿易投資研究所公正貿易センター『投資協定仲
裁研究会報告書(平成21年度)』(2010年) 93頁,93頁。

35) Schreuer, *supra* note (17), Art. 54, para. 5; 阿部監修『前掲書』(注 8) 135-136頁。

36) van den Berg, *The New York Arbitration Convention of 1958* (Kluwer, 1981), pp.
34-40.

37) 中村達也「投資協定仲裁とニューヨーク条約」同『仲裁法の論点』（成文堂，2017年）497頁以下［初出は，「投資仲裁の基本的問題（上・下）」『JCA ジャーナル』55巻9号（2008年）28頁，10号（2008年）20頁］，阿部監修『前掲書』（注8）135頁などを参照。中村・498頁は，「条約の文言上，適用範囲を国家法に基づく仲裁判断に限定していると は解されず，また，投資受入国の主権的行為による投資財産の侵害をめぐる紛争の解決 手続という点において，国際法仲裁と国家法仲裁に本質的な違いはなく，条約の趣旨・ 目的に照らしても，前者を条約の適用から排除すべきではない」と主張する。

38) 887 F.2d 1357. 中村『前掲書』（注37）498頁も参照。

39) 中村『前掲書』（注37）491頁。

40) Wolff ed., *New York Convention on the Recognition and Enforcement of Foreign Arbitral Awards: Commentary* (Beck, 2012), Art.1, para.139; 水島「前掲論文」（注24）7頁，道垣内「前掲論文」（注34）103頁などを参照。

41) この問題については，道垣内「前掲論文」（注34）100-104頁のほか，中村『前掲書』（注37）479頁以下が詳細な検討を行っている。

42) 道垣内「前掲論文」（注34）103頁。道垣内・同上101頁は，NY 条約が「私法上の紛争 （そのうち，締約国で仲裁付託適格性を認めているものについての仲裁に限られる）を 適用対象とする」と述べるが，NY 条約の適用可能性の問題と仲裁適格の問題は別問題 であるとの批判につき，中村『前掲書』（注37）494頁。また，*SEEE v. Yugoslavia* 事件に関するオランダのハーグ控訴裁判所1972年9月2日判決（1 *Yearbook Commercial Arbitration* 197 (1976)）は，フランス企業と旧ユーゴスラビア政府との間の鉄道敷設契 約に関する仲裁判断について，本件鉄道敷設契約の締結は国家の主権的行為に該当する ものではないとして，仲裁判断に対する NY 条約の適用を認めたが，主権的行為に関す る仲裁判断に対して NY 条約の適用を否定する説を採ったものと考えられる。

43) *See,* Lionello Cappelli-Perciballi, "The Application of the New York Convention of 1958 to Disputes Between States and Between States Entities and Private Individuals: The Problem of Sovereign Immunity" in 12 *International Lawyer* 197 (1978).

44) 中村『前掲書』（注37）493頁。

45) 中村『前掲書』（注37）490頁の注26，水島「前掲論文」（注24）7頁の注38などを参 照。

46) 同規則19条は，ICSID 追加規則に基づく仲裁判断が，NY 条約に基づき執行されるこ とを前提とするものである。濱本「前掲論文」（注1）528頁。

47) 濱本「前掲論文」（注1）528頁を参照。

48) 道垣内「前掲論文」（注34）104頁の注30，中村『前掲書』（注37）492頁の注35を参 照。

49) 中村『前掲書』（注37）492頁の注35。これに対する反論については，道垣内「前掲論 文」（注34）104頁。

50) 例えば，2004年「国及びその財産の裁判権からの免除に関する国際連合条約」（国連 国家免除条約）［未発効］7条・17条などを参照。なお，執行免除については，別途の 考慮を要するのは当然である。同条約19条・20条を参照。

共通論題① 投資紛争解決制度の再考察

51)　中村『前掲書』（注37）492-493頁。

52)　64 F.Supp.3d 22 (D.D.C. 2014). ただし，コロンビア巡回控訴裁判所（2016年5月31日判決）は，逆に，当事者間に商事関係が存在するとして，連邦地裁の判決を取り消している。824 F.3d 131 (2016).

53)　UNCITRAL モデル法1条(1)の脚注2を参照。また，中村『前掲書』（注37）493頁の注37も参照。

54)　Wolff, *supra* note (40), Art. 1, para. 160; Polasek & Tonova, *supra* note (13), p. 381.

55)　Kronke *et al.* eds., *Recognition and Enforcement of Foreign Arbitral Awards: Global Commentary on the New York Convention* (Kluwer, 2010), pp. 69-70, p. 349 and pp. 349-353.

56)　*Id.*, pp. 365-369.

57)　*Id.*, pp. 406-408; Polasek & Tonova, *supra* note (13), p. 373.

58)　Polasek & Tonova, *supra* note (13), pp. 382-384. 最終的に，連邦最高裁は，2014年3月5日の判決で，仲裁廷の管轄権を適法と認めた。134 S.Ct. 1198.

59)　Polasek & Tonova, *supra* note (13), p. 384. 例えば，Sedelmayer 事件では，ロシアに対する非条約仲裁判断について，投資家がその執行を求めて，ドイツ，スウェーデンその他の国の裁判所で80以上の手続を試みたが，執行免除が障害となり，限定的な成功しか収めていないことが報告されている。水島「前掲論文」（注24）8頁を参照。

60)　例えば，国連国家免除条約20条を参照。また，Wolff, *supra* note (40), Art. 1, para. 145; 井上裕子「投資紛争解決における執行免除——契約的規律の可能性——」『立命館法制論集』10号（2012年）145頁。

61)　横島「前掲論文」（注4）308-309頁は，ICSID 仲裁判断を，我が国の訴訟手続を前提に，契約上の紛争と行政上の紛争に分類した上で，我が国での仲裁判断の承認執行を考えるべきであると主張する。しかし，その外国においては行政上の紛争と見えるからといって，我が国において行政上の紛争と扱う必然性はない。むしろ日本における行政上の紛争は日本国の政府に関係する紛争だけであり，我が国からみて外国の政府は，一法人でしかない。

62)　横島「前掲論文」（注4）335-336頁。

63)　民事執行法22条6の2号の「確定した執行決定のある仲裁判断」に該当するとも考えられるが，同号は，仲裁法を前提とする規定であり，ICSID 条約の直接適用による場合には，同号ではなく7号によるべきである。

64)　「外国等に対する我が国の民事裁判権に関する法律」（対外国民事裁判権法）は，国連国家免除条約（前掲注（50）を参照）に基づく国内法である。この法律における執行免除については，飛澤知行編『逐条解説 対外国民事裁判権法——わが国の主権免除法制について——』（商事法務，2003年）78頁以下を参照。

65)　横島「前掲論文」（注4）329頁。

66)　中村『前掲書』（注37）498-500頁。

67)　Redfern and Hunter, *supra* note (24), para. 11-128.

68)　ICSID 紛争の大半も，和解で解決されている。Lucy Reed *et al.* eds., *Guide to ICSID*

Arbitration（Kluwer, 2010），p. 179. ICSID 条約32条以下で，調停手続が定められている
が，仲裁判断が判断が言い渡された後にも，第三者の関与の下での調整ができないもの
であろうか。

（同志社大学大学院法学研究科教授）

> 共通論題②　国際カルテルと東アジア競争法の域外適用

座長コメント
── 競争法の国際的適用・国際礼譲・国際的二重処罰 ──

土田和博

Ⅰ　はじめに
Ⅱ　国際的適用の可能性
Ⅲ　外国の管轄権への配慮
Ⅳ　国際的二重処罰の問題
Ⅴ　残された課題

Ⅰ　は じ め に

　かつて競争法の域外適用といえば，アメリカ反トラスト法や EU 競争法がその領域外で日本や韓国等の企業によって行われた行為に適用される事態をさすことが多かった。ところが，近年，東アジア，特に日本，韓国，中国の競争法は，外国で形成されたカルテルに適用され，当該カルテルに参加した外国事業者に金銭的サンクション（課徴金，行政制裁金，刑事罰金）を賦課するようになってきている。

　2016年度の本学会セッションⅡでは，このような現況を踏まえて，「国際カルテルと東アジア競争法の域外適用」という共通テーマのもと，泉水文雄教授，権五乗名誉教授，王暁曄教授による報告と質疑応答が行われた。[1]本稿は，①日本，韓国，中国の競争法[2]は，どのような場合に国際的適用が可能か（Ⅱ），②可能だとしても国際礼譲等を考慮して適用を差し控える必要があるか（Ⅲ），③複数の法域が同一の事業者に金銭的サンクションを賦課する場合，国際的二重処罰（international double jeopardy, international *ne bis in idem*）に該当し，何らかの調整が必要と考えられるか（Ⅳ）について，当日の報告と質疑に基づいてコメントすることを目的とする。

Ⅱ　国際的適用の可能性

　３法域の競争法が領域外で行われた行為に対して適用されるかについて，韓国は「外国で行われた行為であっても国内市場に影響を及ぼす場合」に競争法が適用されると規定し（２条の２），中国も「国外で行われた行為のうち，国内市場における競争を排除又は制限する影響を及ぼす行為」に適用されるという規定を有する（２条）。日本の独禁法にはこれらに相当する規定がない。以上を前提にして行われた３法域の国際的適用の可能性に関する報告については，以下の点を指摘することができる。

　第１に，韓国最高裁は，2004年改正により導入された上記規定について，領域外の行為が「国内市場に直接的かつ顕著な効果を有することが合理的に予見可能であること」(direct and significant effects on the domestic market, which can be reasonably foreseen)」を要すると限定的に解している（国際航空貨物運送カルテル事件[3]）。この最高裁判決は，明らかに米国シャーマン法6a条の文言に依拠しているが，同条に関しては，Minn-Chem 事件控訴審判決や液晶パネル刑事事件控訴審判決以降[4]，積極的な解釈が有力となりつつあることを視野に収めておく必要がある。シャーマン法6a条も上記韓国最高裁の判旨も，①直接的，②実質的（ないし顕著な）かつ③予見可能な効果が域外適用をしようとする国の領域に及ぶ必要があるとするが，これらのうち，特に焦点となる①「直接的（direct)」効果の意義について，2017年１月に改訂された司法省と FTC の共同ガイドラインは，「合理的に考えて（領域外の行為を）主たる原因とする因果的連鎖 (reasonably proximate causal nexus)」があることだとしている[5]。これによれば，国際カルテルの対象である商品がカルテル参加者から中間に商社等を介在しない形で国際的適用をしようとする国の事業者等に販売される場合だけでなく，中間に商社等が介在しても国際カルテルが主たる原因となって，当該国において反競争的効果が生じれば，その効果は直接的 (direct) だということになる。同様に，国際カルテルの対象である部品が完成品に組み付けられて外国に輸出された場合，完成品価格に占める部品の費用が相当に大きい等の場合には，通常，部品価格の引上げは完成品価格の引上げとなって生じるから，当

該外国に反競争的効果が生じると考えることになる[6]（これは部品に関する反競争的効果を問題にしていることに注意）。もっとも控訴審裁判所の中には，direct effect の意味について，なお「即時的かつ無媒介に生じる効果（immediate consequences）」の意味だと解するものもあり[7]，韓国がいずれの立場に立っているかは必ずしも明らかでない。

第2に，日本の国際的適用に関する最重要事件はテレビ用ブラウン管事件であるが，これに関する3つの東京高裁判決の中では，サムスンマレーシア判決（平成28年1月29日）が最も管轄権を意識したものとなっている。同判決は「本件合意に基づいて，我が国に所在する我が国ブラウン管テレビ製造販売業者との間で行われる本件交渉等における自由競争を制限するという実行行為が行われたのであるから，これに対して我が国の独占禁止法を適用することができることは明らかである」と説示しているのである。この説示の「実行行為」という語は，EU 競争法のウッドパルプ事件・欧州司法裁判所判決を想起させる[8]。ただ，サムスンマレーシア判決のいう「実行」がウッドパルプ判決の「実施（implementation）」と同じ意味内容かは議論の余地がある。いずれもカルテル合意の実行・実施を問題にしているが，ウッドパルプ判決のいう「実施」は主にカルテル価格での販売であり，それは EC 域内で行われているのに対して，サムスンマレーシア判決のいう「実行」については，泉水報告は，カルテル対象部品の契約，配送，支払が日本の領域外で行われたのではないかと指摘した[9]。

これに対して，MT 映像判決（平成28年4月13日）とサムスン韓国判決（平成28年4月22日）は，専ら2条6項の要件解釈で国際的適用の可否に対応しようとしている。すなわち，前者は，問題となる行為が「一定の取引分野における我が国に所在する需要者（2条4項1号にいう需要者）をめぐって行われるもの」である場合に（判決書38頁），後者も，独禁法が我が国の自由経済競争秩序を維持確保することを目的とするから，「我が国における『一定の取引分野における競争を実質的に制限する』行為」に（判決書80頁），3条後段が適用されるとしている。共通するのは，供給者（カルテル参加者）と交渉して購入先，購入価格，購入数量を実質的に決定していた「我が国ブラウン管テレビ製造販売業

者」も本件の「一定の取引分野」に含まれるとしていることである。このように要件の一部の解釈で国際的適用の可能性を判断するのは，管轄権規定がない独禁法においてはやむを得ないことかもしれないが，管轄権の議論よりも技巧的な解釈をせざるを得ず，本件ではともかく，一般的には外国事業者にとって予見可能性が乏しいということになるのではないかと思われる。

第3に，中国については，国家発展改革委員会が日本企業による自動車用部品の価格カルテルに対して反壟断法を適用し，制裁金を賦課した事件が重要である。2014年8月15日付決定によれば，本件自動車部品カルテルが「関連自動車部品価格に直接影響を与え，間接的に関係ブランドの完成車価格を引き上げ，川下の自動車メーカーの合法権益と消費者利益に損害を与えた」とされる。反壟断法2条に簡単な管轄権規定があるものの（効果主義），域外適用のより具体的な基準は，この決定からは必ずしも明らかでない。

Ⅲ　外国の管轄権への配慮

Ⅰでみたような判断過程を経て，外国で行われた反競争的行為に自国の競争法を適用できるとされても，直ちに当該行為を行った事業者に何らかのサンクション・ペナルティを賦課することは，通常行われない。一般的には国際礼譲，特に外国政府の強制等の事情の有無を考慮しなければならないからである。

この関係でも注目されるのは，韓国の国際航空貨物運送カルテル事件である。この事件では日本の国際航空貨物運送事業者らは，日本発韓国着の航空貨物運送サービスに係る燃油サーチャージに関する協定が，航空法110条に基づき，国土交通省の認可を受けており，日本の独占禁止法の適用も除外されているとして，当該行為への韓国競争法の適用は控えるべきであると主張したようである。国土交通省も当該行為に日本の独占禁止法は適用されない旨の意見書を提出したとされる。

韓国最高裁は，外国法（日本法）と国内法（韓国法）が両立し得ないほどに衝突する場合には，両法の適用を受ける企業に国内法を遵守せよと命じることは不可能であるから，韓国競争法の適用が控えられるべきであるとした。また外

国法を遵守すべきとする要請が国内法を尊重すべきとする要請を著しく凌駕する場合にも，韓国競争法の適用は抑制されるべきであるとした（これについては，当該行為の韓国市場に及ぼす影響，外国政府の当該行為への関与の程度，国内法と外国法の衝突の程度，国内法を当該行為に適用した場合に生じる外国事業者の不利益および外国政府の正当な利益追求の妨害の可能性を考慮しなければならないとした[14]）。本件においては，日本政府は日本の国際航空貨物運送事業者らが届け出た燃油サーチャージに関する協定を受動的に認可したにとどまること，航空法は一定の取引分野における競争を実質的に制限することにより利用者の利益を不当に害することとなるときには適用除外が否定される旨規定しているから，両法の衝突の程度は大きくなく，事業者は両法を同時に遵守することが不可能ではないこと，本件の行為が韓国市場に及ぼす影響は小さくないことから韓国競争法の適用を控える理由はないとした[15]。

　韓国最高裁の判旨は，アメリカ連邦最高裁のハートフォード火災保険会社事件判決[16]を思い起こさせる。同事件では，イギリス法は問題となる行為（アメリカでの漏出，汚染事故に係る保険契約，再保険契約を共同して引き受けない協定）を許容していたが，強制まではしていたわけではなかった。連邦最高裁は，イギリス法とアメリカ法の間に真の衝突（true conflict）はなく，私人（保険会社）は両法を遵守することができたから，国際礼譲を考慮しても反トラスト法の域外適用を差し控える理由はないと判示した[17]。他方，ビタミンＣを製造する中国企業らのカルテル協定に対して，アメリカの購入者（事業者）がシャーマン法１条等に違反するとして３倍賠償を請求した事件で，第２巡回控訴裁判所は，本件価格および数量カルテルが中国商務部によって事実上強制されたものであり，中国法とアメリカ法の間に真の衝突があるとして，反トラスト法の域外適用を差し控えなければならないとした[18]。外国法が問題となる行為を強制しているか否かを中心に域外適用の差し控えを判断するというアプローチは，上記の韓国最高裁判決とアメリカの２判決に共通している。

Ⅳ　国際的二重処罰の問題[19]

　日本，韓国，中国の３法域が金銭的サンクションを賦課した事件のなかに

は，他の法域が既にサンクション，ペナルティを課（科）したものも含まれている（米国，日本，韓国等が賦課したベアリング・カルテル事件，米国，EU，日本，中国等が賦課した自動車部品カルテル事件など）。このように，複数の法域が同じカルテルに関して同一の事業者に対して金銭的サンクションを賦課することは，「法の一般原則（a general principle of law）」ないし国際慣習法に違反して無効であると主張されたケースがある。あるいは同一の事業者の同一の違反行為に対して複数の法域の賦課するサンクション，ペナルティの総計が罪刑均衡原則ないし比例原則に反するかどうかという問題もあり得る。

　この問題は，競争法を有する主要国が締結した国際条約等のない現時点では，各法域の法実務があるのみであり，特に EU で一定の判例法の形成が認められるにとどまる。その到達点ともいうべき昭和電工事件欧州司法裁判所判決は，異なる法域（例えば EU とアメリカ合衆国）が賦課した金銭的サンクション，ペナルティについて，問題となる行為が「同一である（identical）」と評価されるのでなければ，[20]①欧州人権条約の定める二重処罰禁止は欧州共同体と非加盟国が競争法を適用した場合には妥当しないこと，②欧州委員会が非加盟国の賦課したペナルティを考慮しなければならないという他の法原則も国際条約も存在しないこと，③手続的にも同一人（自然人，法人）が同じ事実につき複数の法域で裁かれるという負担が許されないという国際公法上の原則もないこと，④比例原則との関係でも欧州委員会はその裁量で他国が賦課した金銭的不利益を考慮することは可能であるが，そうしなければならない義務はないことを判示した。[21]

　その意味では，王暁曄教授が「競争法の域外適用は法域間に対立抗争を生み，国境を越えた経済・取引活動に副次的効果を生じさせるおそれもあるが，しかし，競争法にとって域外適用は必須であり，さもなければ外国で行われた競争制限を有効に防止することができないであろう」，「一般に世界各国の競争当局は，国際カルテルの処罰と抑止の必要から，これに対して厳格である」として，[22]国際的な調整を不要と示唆されることも理解可能である。

　他方，権名誉教授は，この問題に関して，主要な影響が生じた国のみが問題となる行為を規制し，他の国はこれに協力するという提案をしている。[23]泉水教

授は，国内の売上のみに基づいて課徴金を算定することにより，算定の基礎が重なることを避け，二重処罰問題を回避しようとしているようにもみえる。[24]いずれにせよ，国際的調整が必要ないし望ましいとする見解においても，かつてのように国際条約や国際的協定の提案によるのではなく，各国競争当局間の相互協力や各国競争法の解釈による調整の可能性を追究しようとする点が注目に値すると思われる。[25]

V 残された課題

許された紙幅を超過しているため，残された課題を手短に述べて結びに代えたい。様々な課題があり得るが，私訴に関連する論点のみ記す。[26]例えば上記のブラウン管事件における日本国内に所在するテレビ製造業者が東アジア，東南アジア地域に所在するブラウン管メーカーを相手方に，国内の裁判所に損害賠償請求を行った場合，どのような争点があり得るか（民法や排除措置命令が確定後の独禁法25条による訴訟を想定），逆に韓国の国際航空貨物運送事件や中国の自動車部品事件で，被害者がそれぞれ国内裁判所に損害賠償を求めて提訴する場合，どのような争点があり得るか。あるいはマレーシアのように事件当時，競争法が制定されていなかった国に所在する被害者（ブラウン管TVを製造する現地法人）が日本の裁判所に提訴するとした場合には，どのような争点があり得るか。おそらく，管轄権（規律管轄権，裁判管轄権）や準拠法など，複雑な争点があるものと推測されるが，実際に訴訟が提起されていないこともあって，これらの問題は未解明である。

1) 当日の通訳は，洪淳康会員（金城学院大学准教授），王威駟氏（早稲田大学博士後期課程大学院生）が担当した。
2) 日本の「私的独占の禁止及び公正取引の確保に関する法律」（以下，独占禁止法ともいう），韓国の「独占規制及び公正取引法」，中国の「中華人民共和国反壟断法」を指す。
3) 権名誉教授・当日レジュメ18頁。
4) *Minn-Chem. Inc. v. Agrium Inc.*, 683 F. 3d 845 (7th Cir. 2012) (en banc); *U.S. v. Hsiung*, 758 F.3d 1074 (9th Cir. 2014), amended by, 778 F.3d 738 (9th Cir. 2015).
5) U.S. Department of Justice& Federal Trade Commission, Antitrust Guidelines for

International Enforcement and Cooperation 22 (January 13, 2017). 本ガイドラインは，オバマ政権下で発出された最後のガイドラインの１つであり，後掲の Hartford 最判や Alcoa 判決等と1982年外国通商反トラスト改善法（FTAIA）との関係，FTAIA によって導入されたシャーマン法6a 条と FTC 法５条 a 項３号が訴えの実体的要件該当性（a claim's merits）に関する規定か裁判所の事物管轄権（subject-matter jurisdiction）に関する規定か，これらの規定にみられる輸入留保と効果例外の関係等にも言及しており，DOJ/FTC の考え方を知る上で極めて重要な資料である。

6 ）　完成品の価額に占める部品の費用の割合がどの程度かは，DOJ/FTC ガイドラインによれば，問題となる行為が域外適用をしようとする国における反競争的効果の主たる原因であるか否かの判断にとって，関連する（relevant）が，決定的（dispositive）ではない（23頁）。部品の完成品コストに占める割合が大きくとも，当該部品を組み付けない別の完成品の競争により，問題となる完成品のアメリカへの輸入取引に影響を及ぼさないことがあり得るし，逆に，完成品のコストに占める部品の割合が小さくとも，市場状況や契約上の取決めにより，完成品の価格が部品の価格と密接に関連付けられている場合には部品価格の引上げと完成品の輸入取引に及ぼす効果との間に「direct」と評価できる関係があり得るからである（23頁）。

7 ）　*United States v. LSL Biotechnologies*, 379 F. 3d 672 (9th Cir. 2004).

8 ）　*Ahlström Osakeyhtiö and others v. Commission of the European Communities* (Wood Pulp), [1988] ECR 5193.

9 ）　泉水教授・当日レジュメ30頁。越知保見「テレビ用ブラウン管事件東京高裁３判決に対する批判についての総合的検討」公正取引793号64頁は，EU 競争法の域外適用でいう「実施」が領域内での販売に限らないことを１つの論拠に，値上げに向けた「交渉」が国内で行われた本件でも日本の管轄権を肯定する。確かにインテル事件第１審判決もいうように，implementation は領域内での販売に限らないが（拙稿『公正取引』778号（2015年）62頁注16を参照），何でもよいわけではなく，管轄権を肯定するに足る密接な関連性を有する必要がある。国内交渉がこれを満たすと考えるかどうかの相違であろうか。本判決については，小原喜雄「テレビ用ブラウン管国際カルテル事件——東京高裁平成28年１月29日判決——」判例時報2330号175頁以下も参照。

10)　「オーストラリアにおける市場」の競争が実質的に減殺されることがカルテルの成立要件となっている同国競争法の域外適用に関しても同様の問題があることについて，拙稿「競争法と国際的二重処罰」『経済法の現代的課題——舟田正之先生古稀祝賀——』（2017年）480頁以下参照。

11)　川島富士雄「中国独占禁止法の運用動向——『外資たたき』及び『産業政策の道具』批判について——」RIETI Discussion Paper Series 15-J-042, 25頁。

12)　権名誉教授・当日レジュメ25頁。

13)　換言すれば，一方の国の法を遵守すれば，必ず他方の国の法を破ることになる場合である。

14)　権名誉教授・当日レジュメ23頁。

15)　同上26-28頁。

共通論題② 国際カルテルと東アジア競争法の域外適用

16) *Hartford Fire Insurance Co. v. California*, 509 U.S. 764 (1993).

17) 509 U.S. at 799.

18) In re Vitamin C Antitrust Litigation (*Animal Science Products, Inc. v. Hebei Welcome Pharmaceutical Co. Ltd*), 837 F.3d 175 (2nd Cir. 2016). 商務部は，初めて合衆国裁判所に意見書を提出し，ビタミンCの輸出価格と数量を統制したと述べたようである。その結果，中国企業は反トラスト法上の責任を免れたが，中国商務部は，GATT11条1項（輸出制限の禁止）違反を問われる可能性が表面化した。このような問題を夙に指摘するものとして，D. T. Wang, *When Antitrust Meet WTO: Why U.S. Courts Should Consider U. S.-China WTO Disputes in Deciding Antitrust Cases Involving Chinese Exports*, 112 Colum. L. Rev. 1096 (2012)を参照。

19) 詳細は，拙稿「前掲論文」（注10）を参照。

20) 昭和電工判決が踏襲していると考えられるベーリンガーマンハイム事件判決（*Boehringer Mannheim v. Commission*, [1972] ECR 1281）では，「同一である」といえるかどうかについて，「一連の同一の取決めから生じただけでは足りない」としており，運送サービスに関する事件等を除けば，各法域が取り上げる国際カルテル事件の大部分は「同一である」とはいえないことになると思われる。

21) *Showa Denko v. Commission*, [2006] 5 CMLR 840, at paras. 56-60.

22) 王教授・当日レジュメ13頁。

23) 権名誉教授・当日レジュメ31頁。

24) 泉水教授・当日レジュメ14頁，26頁。

25) これらについては，土田和博編著『独占禁止法の国際的執行──グローバル化時代の域外適用のあり方──』（日本評論社，2012年）334頁以下を参照。

26) 例えば，TV用ブラウン管事件で現実化している排除措置命令を無視する外国事業者（拙稿「国際カルテルと独占禁止法」『公正取引』778号（2015年）54頁注2を参照）に対する措置のあり方，権名誉教授が示唆した東アジア（あるいはこれに東南アジアを加えた地域）を対象とする国際的二重処罰回避のための法的枠組みのあり方等が考えられる。

（早稲田大学法学学術院教授）

> **共通論題②　国際カルテルと東アジア競争法の域外適用**

競争法の域外適用とその課題
——日本法について——[1]

泉 水 文 雄

　　Ⅰ　独占禁止法の規制
　　　1　独占禁止法の内容
　　　2　域外適用に関する規定の不存在
　　　3　外国で販売された商品と課徴金
　　Ⅱ　国際カルテルと域外適用
　　　1　市場分割カルテル
　　　2　部品カルテル
　　　3　交通サービスカルテル
　　　4　指標カルテル
　　　5　小　括
　　Ⅲ　市場分割カルテル——マリンホース事件
　　　1　事　案
　　　2　市場画定，競争の実質的制限
　　　3　課徴金
　　Ⅳ　ブラウン管カルテル事件
　　　1　カテゴリー3
　　　2　問題の所在
　　　3　不当な取引制限の適用の基準
　　　4　課徴金について
　　Ⅴ　国際礼譲，課徴金等の二重賦課

Ⅰ　独占禁止法の規制

1　独占禁止法の内容

　独禁法は，カルテル等を不当な取引制限とし，これを禁止する（3条後段）とともに，不当な取引制限を，「事業者が，契約，協定その他何らの名義をもつてするかを問わず，他の事業者と共同して対価を決定し，維持し，若しくは引き上げ，又は数量，技術，製品，設備若しくは取引の相手方を制限する等相互にその事業活動を拘束し，又は遂行することにより，公共の利益に反して，一定の取引分野における競争を実質的に制限すること」（2条6項）と定義して

いる。

また，独禁法は，不当な取引制限に対して課徴金を課す制度を設けている（7条の2）。事業者が，「不当な取引制限……をしたときは，公正取引委員会は，……当該事業者に対し，当該行為の実行としての事業活動を行つた日から当該行為の実行としての事業活動がなくなる日までの期間（当該期間が3年を超えるときは，……3年間とする……）における当該商品又は役務の政令で定める方法により算定した売上額……に百分の十……を乗じて得た額に相当する額の課徴金を国庫に納付することを命じなければならない」とする。

2 域外適用に関する規定の不存在

諸外国の競争法には，競争法の中に効果理論を採用することを明示する国[2]が見られる。しかし，日本の独禁法に，域外適用に関する明示の規定はなく，解釈問題とされている。しかし，外国に所在する事業者が行った不当な取引制限[3]，私的独占[4]，企業結合[5]，不公正な取引方法[6]に独禁法を適用した例はある。外国所在の会社間の企業結合が審査された事例は多い。それらには，行為の一部が日本で行われ属地主義により説明できるもの[7]，厳格な属地主義では説明が難しいもの（客観的属地主義や効果主義では説明ができるもの）[8]がある。したがって，外国で行われた行為に日本の独禁法が適用できる場合があるという意味で域外適用ができること自体は現在は異論がない。

なお，公取委が域外適用について，属地主義，効果理論，客観的属地主義等のうちいずれを採用するか述べたことはない。ただし，1990年の公取委『独占禁止法渉外問題研究会報告書』[9]は，域外適用が可能であることを示し，報告書は，属地主義，効果理論を検討した上で，(1)外国企業が日本国内に物品を輸出するなどの活動を行っており，その活動が我が国独占禁止法違反を構成するに足る行為に該当すれば，独占禁止法に違反して，規制の対象となる，(2)外国企業の支店，子会社が日本国内に所在することは，必要条件ではない，(3)我が独禁法違反を構成するに足りる事実があれば，外国所在企業も独禁法による規制の対象となると考えられるとした。手続については，外国に所在する企業に直接送達する文書送達規定の整備，または送達が可能な範囲を広げるように法律

の解釈をすることによる対処が必要だとした。[10] (1), (3)はⅢ, Ⅳで述べる考え方の基礎になったと考えられる。

3 外国で販売された商品と課徴金

外国に所在する事業者が行った不当な取引制限（価格カルテル）において, 当該事業者が「日本で販売した商品の売上額」に課徴金が課された例はあり, [11] 課徴金が課せることに異論はない。これに対し,「外国でのみ販売され, 日本では販売されていない商品の売上額」が課徴金の対象になるのか。これは,「当該商品又は役務の政令で定める方法により算定した売上額」の要件の解釈問題であるが, この文言には, 手がかりとなる情報はなく,「政令」にもそのような情報はない。[12]

判例は,「当該商品」とは「違反行為である相互拘束の対象である商品, すなわち, 違反行為の対象商品の範ちゅうに属する商品であって, 違反行為である相互拘束を受けたものをいう」とする。[13] しかし, この判例にも, この問題を解決する手がかりとなる情報はない。

このような中で, Ⅲ以下で見るマリンホース事件とブラウン管テレビ事件が起こった。

本稿では, わが国でとくに争点になっている国際カルテルに対する競争法の適用範囲とその基準——いわゆる域外適用の問題——および国際カルテルに対し課される課徴金等の対象・範囲について, とくにブラウン管カルテル事件を中心に見ていきたい。

Ⅱ　国際カルテルと域外適用

1 市場分割カルテル

わが国における国際カルテルの問題をみても, いくつかの種類のものが見られ, それぞれに課題がある。国際市場分割カルテルでは, わが国独特の市場の捉え方をし, 課徴金の算定方法に課題がある。Ⅲで取り上げる。

共通論題②　国際カルテルと東アジア競争法の域外適用

2　部品カルテル

　外国においてある商品を対象にカルテルがなされ，その商品が外国で販売されたり，転々譲渡されたものがわが国に輸入される場合に，わが国の独禁法を適用できるかという問題がある。外国でカルテル対象部品が販売され，外国でその部品を組み込んだ完成品が製造され，それが国内に輸入される例があり，「部品カルテル」とも呼ばれる。Ⅲ以下の検討の準備作業として整理すれば，一般に，次の分類がある。LCD パネルカルテルにおいて，米国の *Motorola Mobility LLC, v. AU Optronics Corp.*, et al., 746 F.3d 842 (7th Cir. 2014) (amended Jan. 12.2015) (ポズナー判事) が採用した分類であり，カテゴリー1，2，3と分けられる。[14]①自国所在の完成品メーカーに対して直接販売されたもの (カテゴリー1)，②自国所在の完成品メーカーの外国子会社に対して販売された部品で子会社が当該部品を組み込んだ完成品を自国所在の完成品メーカー (親会社) に引渡すもの (カテゴリー2)，③外国子会社に対して販売された部品で子会社が当該部品を組み込んだ完成品を外国で販売するもの (カテゴリー3) である。これらにわが国独禁法が適用できるのか，適用できるとして課徴金がどの売上額に課されるのかが問題となる。Ⅳ，Ⅴでは，カテゴリー3または一部がカテゴリー2といえるカルテルが検討される。

3　交通サービスカルテル[15]

　交通サービスカルテルでは，市場をどう画定するのか，課徴金はどの売上額に課されるのかという問題がある。公取委は，[16]AMS チャージについては米国を仕向地とする取引に関する合意を違反行為の対象としており，米国等では米国を仕向地とするカルテルとして構成し罰金を科していることから，二重賦課がされている可能性が指摘される。[17]自動車等運搬船カルテルについて，日本では，[18]課徴金の対象は，いずれも日本に所在する荷主を需要者とし，日本の港で荷積みをし，外国の港で荷揚げする新車に限定されているようである。

4　指標カルテル

　外国市場で指標 (index) の取引がなされ，そのカルテルがなされたが，その

86

指標は世界中で使用されていたり，その市場で決まった指標がわが国の取引に影響をあたえる場合に，わが国の独禁法を適用できるのか，できるとすると課徴金はどの売上額に課されるのかという問題がある。日本で法的措置がとられた事例はなく，この問題は本稿では取り上げない。

5　小　括

競争法の域外適用の立法管轄については，属地主義（行為地主義），効果主義（効果理論），さらに客観的属地主義がある。上記の国際カルテルは，何らかの形で日本国内における競争が制限され，日本国内において顧客や消費者が購入する商品等の価格が高くなったり，購入量が減少していそうであり，効果主義の立場からは独禁法が適用できる可能性がある。また，これらは客観的属地主義の立場でも行為の一部が日本国内で行われたといえる場合があろう。

もっとも，部品カルテルや指標カルテルにおいて，一定の取引分野がわが国を含んでいない場合には，効果主義等によってはわが国独禁法は適用できるにしても，課徴金の対象となる「当該商品又は役務」（7条の2第1項）が存在せず，課徴金が課せないのではないかという問題がある。

Ⅲ　市場分割カルテル――マリンホース事件

1　事　案

マリンホース事件は，市場分割カルテルである。8社（2社は日本，1社は英国，1社はフランス，3社はイタリア，1社は米国に本店を置く）はマリンホースの製造販売業者であり，マリンホースが使用される地（使用地。米国を除く4ヶ国）ごとに，使用地となる国に本店を置く者を受注予定者とする等とし，受注価格は受注予定者が定め，他の者は受注予定者が受注できるように協力するとの合意をし，それを実施した。この事件は，欧米の競争当局も摘発しており，高額の制裁金・罰金が課されている。

2　市場画定，競争の実質的制限

欧米の事件では，市場が世界市場とされ，日本等に市場分割したとされた。

これに対し，公取委は，一定の取引分野を「特定マリンホースのうち我が国に所在するマリンホースの需要者が発注するものの取引分野」とする。公取委は，国際市場分割カルテルであるにもかかわらず，「我が国に所在するマリンホースの需要者が発注するもの」に限定することにより，分割されたわが国の市場，つまりわが国所在の需要者向けの市場を切り取って市場画定をした。[22]

　効果主義の「効果」という場合にも，さまざまな考え方がありうる。米国外国取引反トラスト改善法（Foreign Trade Antitrust Improvements Act, FTAIA）の(1)は，「直接的，実質的，および合理的に予見可能な効果（a direct, substantial, and reasonably foreseeable effect）」とする。たとえば，カテゴリー1や2において，カルテル対象商品がわが国に輸入され，価格が高くなれば通常，このような「効果」があると捉えられる。しかし，そのほかに，地理的市場（地理的範囲）について，わが国という「一定の取引分野」やわが国を「含む」一定の取引分野（独禁法2条6項）を画定し，その一定の取引分野において競争の実質的制限（同項）が生じた（国内または国内を「含む」市場で市場支配力が形成，維持，強化された）といえるならば，域外適用に係る「効果」という考え方をとらなくても，また域外適用という概念を用いなくても，わが国の独禁法が適用され，わが国の自由競争経済秩序（独禁法1条）が侵害されるといえる。これはI2の報告書の立場でもあり，本件で公取委はこのような立場をとったといえる。また，IVのように，その後の事件でもこの方法によっている。

3　課徴金

　課徴金については，本件では，上記の市場において売上額を有する者は日本の事業者2社のみとなる。なお，2社のうち1社は課徴金減免制度（7条の2第10項）により課徴金が免除され，残りの1社に238万円の課徴金が課された。一方，外国事業者は，上記の市場では売上額がないために，課徴金が課されていない。

　市場分割カルテルでは，このように(a)市場をわが国に限定して切り取り，かつ(b)課徴金の対象となる「当該商品又は役務」（7条の2第1項）をわが国での売上額に限定するならば，外国の事業者はわが国に売上額がなく，課徴金が課

せない。

　EU をはじめほとんどの国・地域の立場である(b)の立場では，外国を自己の地域に割り当てられた事業者は，その者がカルテルに参加しなければカルテルが成立しないという意味でわが国に生じる競争制限効果（競争の実質的制限）の形成に貢献しているにもかかわらず，課徴金を課せなくなる。しかし，それではカルテル抑止として十分でない。EU で行われているように，その事業者の（世界などの）市場全体のシェアを計算し，それをもってわが国におけるシェアと擬制または推定し，わが国での売上額にシェアを乗ずるなどの方法によりわが国における売上額を計算し課徴金を課すことが必要となる[23]。本年になり，公取委『独占禁止法研究会報告書』（2017年 4 月）は，「基礎売上額がない場合は，……基礎利得額……を類型別に法定」することを提案し，その例に，「国際市場分割カルテルにおいて，我が国市場を一定の取引分野とした場合に，我が国市場で売上額が発生しない違反行為者」（13頁，16頁）をあげ，このような方向での法改正を提案している。

　この点については，もう 1 つの問題がある。Ⅳで見るように，公取委および東京高裁は，(b)について，一定の取引分野を日本のという地理的市場（地理的範囲）に限定しない（切り取らない）場合には，「当該商品又は役務」はわが国での売上額に限定されず，公取委の裁量で限定することもできないという立場を明らかにした。そうすると，市場分割カルテルにおいて世界市場を画定すれば，全世界での売上額がわが国独禁法の課徴金の対象となり，公取委は裁量で減額することもできない。しかし，これでは過大な課徴金になるし，公取委は外国事業者の売上額等の立証等の困難にも直面する。本件で，市場を切り取って市場画定をした背景には，審査官が外国の市場の状況を把握できなかったこ[24]とだけでなく，義務的で一律かつ画一的な課徴金制度[25]のもとでは，このように世界での売上額に課徴金を課さざるを得なくなるが，それでは課徴金額があまりに過大となるという問題を回避しようと考えられる[26]。

Ⅳ　ブラウン管カルテル事件

1　カテゴリー3

　マリンホース事件は，少なくとも日本事業者の行為はカテゴリー1である。Ⅱで紹介した米国の Motorola 事件判決の事実関係はカテゴリー2に属し，多くの国際カルテル事件はカテゴリー2について国内競争法の適用が論じられている。米国 Motorola 事件判決においてポズナー判事はカテゴリー3には反トラスト法は適用されないと短く述べている。これに対して，実態としてカテゴリー3（あるいは一部はカテゴリー2[27]）に属すると考えられるものについて，親会社等がわが国に所在することを手がかりにカテゴリー1と構成し独禁法を適用したのがブラウン管カルテル事件である。

2　問題の所在

　ブラウン管カルテル事件については，3つの審判審決が平成27年5月22日にでたあと[28]，それぞれ審決取消訴訟が提起され，3つの判決がでた。東京高判平成28・1・29判時2303号105頁，審決集62集419頁（サムスンマレーシア）（①判決），同・平成28・4・13（MT 映像ディスプレイ）（②判決），同・平成28・4・22（サムスン韓国）（③判決）である。ブラウン管カルテル事件では，マリンホース事件の域外適用を意識しない法律構成を価格カルテルでも維持しながら，新たな立場によっている。

　本件の合意内容（価格カルテルの内容）は，審決と3つの判決でほぼ同じである。②判決によれば，「原告MTほか4社並びに原告MTインドネシア，サムスンSDIマレーシア，中華映管マレーシア及びLPディスプレイズ・インドネシアは，本件ブラウン管の現地製造子会社等向け販売価格の安定を図るため，遅くとも平成15年5月22日頃までに，日本国外において，本件ブラウン管の営業担当者による会合を継続的に開催し，おおむね四半期ごとに次の四半期における本件ブラウン管の現地製造子会社等向け販売価格の各社が遵守すべき最低目標価格等を設定する旨合意した（以下，この合意を「本件合意」という。）。」のである。

本件合意は外国でなされ，合意の対象商品（ブラウン管）は東南アジアで販売，受領，使用収益され，わが国に輸入されていないから，わが国独禁法の保護法益である「わが国における自由競争経済秩序」（独禁法1条）を侵害していないようにみえる。しかし，審決は，事業者が日本国外において独禁法2条6項に該当する行為に及んだ場合であっても，「少なくとも，一定の取引分野における競争が我が国に所在する需要者をめぐって行われ，かつ，当該行為により一定の取引分野における競争が実質的に制限された場合には，同法第3条後段が適用される」とし，不当な取引制限（2条6項）に該当するとした。つまり，(i)一定の取引分野における競争がわが国に所在する需要者をめぐって行われ，かつ，(ii)当該行為により一定の取引分野における競争が実質的に制限されたことを要件とし，わが国独禁法が適用されるとした。ここでも域外適用や「効果」に言及することなく，本件合意（価格カルテル）が2条6項の要件をみたすかのみを問題にしている。また，一定の取引分野（市場）は，商品市場（商品の範囲）と地理的市場（地理的範囲）で構成されるとされるが[29]，地理的市場（地理的範囲）という考え方が，(i)(ii)にはないという特徴も持つ。そして，審決は，現地製造子会社または製造委託会社（以下，「現地子会社等」という）と親会社等とは，①交渉，購入先，購入価格，購入数量等の重要な取引条件の決定，指示，②「統括」，「一体不可分」の関係にあることから，わが国ブラウン管テレビ製造業者を需要者と理解するようである。

また，審決は，課徴金の算定対象については東京高判平成22・11・26審決集57巻（第2分冊）194頁（出光興産事件）が先例であるとし，独禁法，独禁法施行令，上記判決からは，ブラウン管が東南アジアでのみ取引されたことは課徴金の算定の対象から外す根拠にならないとする[30]。3つの判決は，いずれも，本件審決の認定が実質的証拠を欠いているとはいえないとしている。

3　不当な取引制限の適用の基準

(1)　①判決

①判決は，審決，②③判決と異なる法律構成をする。まず，審決，②③判決が本件合意の対象を現地子会社等とするのに対し，①判決は「我が国ブラウン

管テレビ製造販売業者を対象にするもの」とする[31]。そして，①判決は，わが国ブラウン管テレビ製造販売業者との間で行われる本件交渉等を本件行為の「実行行為」とし，その自由競争を制限する実行行為には独禁法が適用できるとする。本件の独禁法違反行為（不当な取引制限）は「本件合意」（カルテルの合意）であり，外国でなされた。判決は，メーカー間の合意に基づくメーカーと顧客との個別の交渉等を不当な取引制限の「実行行為」とし，属地主義の立場から独禁法の適用を肯定するようである。

　しかし，属地主義にいう行為地は，通常，違反行為自体が行われる場所を意味する[32]。これに対し，上記の意味での「実行行為」が独禁法違反行為（不当な取引制限）に含まれるとは解されていない[33]。また仮に独禁法違反行為と別の交渉等（実行行為）をもって行為地とできる場合があるとしても，交渉等が現実になされた場所を行為地とするのはともかく，交渉等を行う相手方の「所在地」が単にわが国にあればわが国が属地主義にいう行為地となるというのは一般的な理解ではない。さらに，判決は，EUにおいて実施行為主義がとられており，EUのこの理論の下でも実施行為はわが国に認められるとさえ指摘する[34]。実施行為理論とは，"implementation doctrine"を意味すると考えられる。しかし，EUではカルテル対象商品が，地理的な意味での域内の購入者に直接に販売する場合を実施と呼び（域内の購入者に販売する者は子会社，代理人，支店かどうかを問わないとする[35]），契約の締結，商品の引渡し，代金の収受，完成品の引渡しのいずれも国外（域外）でのみ行われた場合に「実施」を認める例は確認できなかった[36]。また，「交渉」の相手方の所在地を手がかりに実施を認める例も確認できなかった。本判決がEUの理論でも実施行為はわが国に認められるというのは疑問といわざるをえない。

(2)　②③判決

　②判決は審決の(i)の，③判決は審決の(ii)または(i)(ii)の基準を採用している[37]。そして，(a)供給者と取引交渉をして意思決定をするもの（意思決定者（②判決），決定権者（③判決）。以下，「意思決定者」）と，(b)意思決定に基づき，対価を支払って商品等の供給を受け，これを使用収益するもの（使用収益者（②判決），商品等受領者（③判決）。以下，「使用収益者」）のいずれが「需要者」かを問題に

する。②判決は，使用収益者が需要者であることを原則としつつ，意思決定者がわが国に所在するものの使用収益者がわが国に所在しない場合，「両者が一体不可分となって供給を受けたと評価できる場合は」意思決定者も需要者だとする。その理由として，「自由競争経済秩序の維持を図る上で保護されるべき需要者の属性として重要なのは，意思決定者としての面」だとしている。これに対し，③判決は，使用収益者は取引条件を実質的には決定せず，使用収益者と親子会社関係等一定の関係にある意思決定者が決定し，その決定に従って供給を受ける関係が成立している場合，使用収益者のみならず意思決定者も需要者に当たるとする。

　②判決は，「一定の取引分野における競争を実質的に制限する」については，理由は不明であるが，言及していない。(i)に加え(ii)を要件とする審決や③判決とは異なる立場なのであろうか。③判決は，(ii)について，11社がその意思で販売価格をある程度自由に左右することができる状態をもたらし，この状態は，当該販売価格が我が国に所在するわが国ブラウン管テレビ製造販売業者との交渉によって決定されていたから，日本国内で生じていたとする。販売価格がある程度左右される状態がもたらされる場所は東南アジア（「現地製造子会社等が……テレビ用ブラウン管を購入するという市場」）であるが，この状態は我が国所在の会社との交渉で決定されていたから，我が国で競争の実質的制限が生じているといえると考えるようである。

(3)　検　討

　②③判決は「一定の取引分野における競争を実質的に制限する」の要件において，わが国所在の需要者に競争の実質的制限が及んでいるかを問題にしており，この点では，諸外国の効果主義の考え方とほぼ重なる。ただし，カテゴリー１，２では，わが国を含まない一定の取引分野で競争の実質的制限が生じ，それによりわが国に効果が及ぶ場合にも国内法の適用を認める点で，効果主義のほうが射程は広い。しかし，原審決，本件判決はいずれも本件をカテゴリー１のうちで国内で「一定の取引分野における競争を実質的に制限」したとするから，効果主義の論点は検討不要となる。

　いずれの判決も，本件合意（不当な取引制限）が成立した後で，カルテル行為

共通論題② 国際カルテルと東アジア競争法の域外適用

者と意思決定者が交渉等をしていることを根拠に，意思決定者を需要者とする。しかし，意思決定者を需要者とすることには疑問がある。つまり，不当な取引制限の要件である「一定の取引分野において競争が実質的に制限する」，すなわち「当該取引に係る市場が有する競争機能を損なうこと[38]」に該当するか否かを判断する際には，だれが意思決定者であるかは本質的でない[39]。この点は，原審決における小田切委員の意見において課徴金について指摘しているが，これは不当な取引制限の要件についても同様に妥当する。独禁法にいう「競争」や「取引」は法律行為ではなく事実行為である。そして，不当な取引制限の主体である事業者にいう事業（2条6項，2条1項）とは，「なんらかの経済的利益の供給に対応し反対給付を反復継続して受ける経済活動[40]」を指す。「一定の取引分野」の「取引」もそのような経済活動を意味するのであり，取引の相手方（需要者）は「経済的利益の供給」を受け，「反対給付」を支払うという「経済活動」を行う者，つまり使用収益者・対価支払者というべきであろう[41]。この点では，②判決が「原則」について述べる部分は比較的穏当といえる[42]。

　また，国際カルテルではカルテル当事者と意思決定者とが交渉等を行うことは多くない。指標カルテル，数量制限カルテル[43]，外国で一度販売され転売されたり，加工されてわが国に輸入される商品（カテゴリー2）では，通常，違反行為者と直接交渉する意思決定者はいない。

　より重要なのは，独禁法は，わが国における「競争」（自由競争経済秩序（独禁法1条））を保護するのであり，わが国の国籍を持つ者や本店等のわが国に係る属性を持つ「競争者」（日本人，日本企業）を保護するのではない点である。わが国の自由競争秩序の侵害があるというためには，需要者をめぐって競争していることだけでは足りず[44]，一定の取引分野のうち「わが国と評価できる場所において」「競争を実質的に制限する」，すなわち，わが国において「当該取引に係る市場が有する競争機能を損なうこと」，当該需要者（「わが国所在の需要者」）をめぐる競争が「実質的に制限」されることが必要であり，「わが国所在の需要者」をめぐる競争機能が「実質的」といえる程度まで制限されなければ[45]ならない。そのためには，単に意思決定を行うだけでは，通常，足りないと思

94

われる。(i)競争が需要者甲をめぐってなされており，(ii)その競争を「含む」競争が行われている一定の取引分野において競争が実質的に制限されている，といえたとしても，そこでの競争や競争制限には濃淡があるから，需要者甲が市場の端になんとかいたり，需要者の本質的でない機能の一部（意思決定）しかもたない場合，需要者甲にその競争の実質的制限の効果が及んでいることを認定する必要がある。②判決は(ii)には触れてもなく，①③判決は，(ii)について，合意の対象から競争の実質的制限，一定の取引分野を認定するという，多摩談合事件で調査官解説が「論理が逆である[46]」としたのにも類似する形式的な判断しか行っていないように見える。わが国において使用収益，商品等受領や現実に引渡しをも受けていること等がなければ，通常，みたされないと考えるべきである。[47]

4 課徴金について

いずれの判決も，課徴金については，審決を支持し，出光興産事件判決が先例であり，独禁法，独禁法施行令，上記判決からは，ブラウン管が海外でのみ取引されたことは課徴金の算定の対象から外す根拠とならないとする。しかし，出光興産事件は，外国事業者とわが国所在の需要者との取引にかかる事例ではない。7条の2および独禁法施行令も，わが国事業者間の取引を前提としており[48]，このような事例は想定していないと考えられる。本件のような，立法者が想定しなかった事例に明示の規定や先例がないのは当然であって，そのような場合には別の基準を適用したり，解釈により，わが国のおける競争を「実質的に」制限する部分に限定することが合理的ではある。[49]

なお，いずれの審決・判決も採用していないが，効果主義によるならば，本件合意対象の部品を用いた完成品が仮にわが国に一部輸入されており，それにより「直接的，実質的」等の効果が生じているならば，不当な取引制限に該当しうる。しかし，その場合の「当該商品」（7条の2第1項）の売上額は，輸入された完成品に組み込まれた部品の売上額が基準とされよう。

V　国際礼譲，課徴金等の二重賦課

いずれにせよ，(1)カルテル等の当事者が，外国所在の日本企業グループを取引の相手方とし，日本に所在する購入部門が実質的な決定権を有しているのであれば，世界中のいずれの場所で行われた取引に対しても，日本の独禁法が適用され，(2)外国でなされた取引にも課徴金が課される結論は，3判決に共通する。このような広範な域外適用を行う競争法は，世界中で知られていない。さらに，受益者のいる国・地域と意思決定者のいる国（日本）は二重に課徴金等を課すことになる。さらに，グローバルサプライチェーン等が進む中で，そのような法適用を他の国・地域も行うようになるならば，大きな国際問題が生じよう。[50]

では国際礼譲，協調による解決は可能か。3判決は，課徴金の多重賦課や国際礼譲をどう捉えているだろうか。いずれの判決も，本件について法解釈により二重（多重）付加の問題を考慮したり，調整をしたりすることを否定している。②判決は「仮に，競争法が重複して適用されることにより何らかの弊害が生じるとしても，その弊害の回避は，法執行機関間における協力，調整等によって図り得る余地がある」とし，①判決も同様である。もっとも，わが国の課徴金制度は，義務的で一律かつ画一的であるから（Ⅲ3），いったん不当な取引制限が成立し，排除措置命令を出すならば，海外の競争当局との間で課徴金額について調整する余地がないことを指摘したい。[51]

これに対し，③判決は「本来，条約その他の国家間の取決めにより図られるものであるが，これがない場合には，各国の競争当局及び裁判所がそれぞれその国内法に基づいて判断すべき問題である」とし，裁判所による解決があるとするが，「我が国における競争を制限する行為を対象にしてその限度で独占禁止法を適用するにすぎず，独占禁止法の適用の国際的調和の趣旨に反するものとはいえない」とする。①②は二重賦課の問題は生じえても条約や執行調整で解決すべきとするのに対し，③は判決の規範を用いれば，国際的調和の問題は生じないと考えるが，これまでに検討したように，それは誤りであろう。

なお，公取委は，より柔軟な課徴金制度・課徴金減免制度および事業者と公

取委が協力して審査を行うことのできる制度を提案する前掲『独占禁止法研究会報告書』において、「基礎売上額が課徴金制度の趣旨・性格に照らして必要な範囲を超えると認められる場合、公正取引委員会の判断により……一定の基礎売上額を控除できる規定を法定する」とし、「②外国ユーザー向けに販売された違反対象商品等の売上額が外国の競争当局により行政制裁金や罰金等の算定対象とされた場合」をあげる。[52] 本判決を踏まえて、二重賦課の問題が生じることを前提に、調整制度を提案するものである。もっとも、公取委が課徴金納付命令を出した後に、外国等の競争当局が制裁金等を科せばその金額を控除することは予定されていないと考えられるが、カルテル事件等では、通常、公取委は欧米等より早い段階で排除措置命令・課徴金納付命令を出す。したがって、課徴金納付命令を出す段階で、それらの国や地域の競争当局が制裁金等を科している例は少ないと考えられ、この制度が導入されても利用例は多くないと考えられる。

1) 筆者は、本シンポジウムに提出した報告資料をもとに、泉水文雄「国際カルテルをめぐる諸問題」法時89巻1号（2017年）52頁を公表した。本稿は、これをもとに、加筆等をしたものである。
2) ドイツ競争制限禁止法、米国FTAIA（後述）、中国反壟断法、韓国法等。
3) 最判平成17・9・13民集59巻7号1950頁（機械保険カルテル事件）、公取委排除措置命令平成20・2・20審決集54巻512頁（マリンホース国際市場分割事件）。
4) 公取委勧告審決平成10・9・3審決集45巻148頁（ノーディオン事件）。
5) BHPビリトン・リオ・ティント生産ジョイントベンチャー設立事例（公取委「2000年度主要な相談事例」1）等多数。
6) 公取委審判審決平成20・9・16審決集55巻380頁（マイクロソフト非係争条項事件）。
7) 前掲の事件では、BHPビリトン事件、マリホース事件以外はこれに当たる。
8) BHPビリトン事件など企業結合事件に多い。
9) 公正取引委員会事務局編『ダンピング規制と競争政策、独占禁止法の域外適用――独占禁止法渉外問題研究会報告書――』（大蔵省印刷局、1990年）51頁以下。
10) 国際法からの検討に、小寺彰「独禁法の域外適用・域外執行をめぐる最近の動向」『ジュリスト』1254号（2003年）64頁。
11) 前掲・東京高判平成13・11・30（機械保険カルテル事件）。なお、私的独占等は当時は課徴金の対象外であった。
12) 私的独占の禁止及び公正取引の確保に関する法律施行令5条から8条。
13) 東京高判平成22・11・26審決集57巻第2分冊194頁（出光興産事件）。

14) 泉水文雄『NBL』1062号（2015年）68-69頁で簡単に紹介している。そこでの引用文献も参照。

15) 交通サービスカルテルや指標カルテルが課徴金等の二重賦課をもたらす問題について，経済産業省『国際カルテル事件における各国競争当局の執行に関する事例調査報告書』（2016年）40頁以下。

16) 公取委課徴金納付命令平成21・3・18審決集55巻781頁，782頁（国際航空貨物利用運送事業事件）。

17) 経済産業省『前掲報告書』45頁。

18) 公取委課徴金納付命令平成26・3・18審決集60巻第2分冊492頁，493頁（自動車運送業務船舶運送事業者事件）。

19) たとえば，Swiss Franc Interest Rate Derivatives, Commission Decision of 21.10.2014 Case AT.39924(LIBOR).

20) 米国に輸入された商品について民事訴訟で反トラスト法の適用が認められたものに，*Minn-Chem, Inc. v. Agrium, Inc.,* 683 F.3d 845 (7th Cir. 2012)(en banc).

21) 公取委排除措置命令・課徴金納付命令平成20・2・20審決集54巻512頁，623頁。

22) 審査官解説として，大川進・平山賢太朗「マリンホース販売業者に対する排除措置命令及び課徴金納付命令について」『公正取引』693号（2008年）69頁，71頁。

23) 独占禁止法研究会第1回配布資料「課徴金制度の概要と見直しの視点（資料編）」6頁，論点整理6頁もその方向を示唆する。

24) 公取委職員による解説書である菅久修一編著『独占禁止法〔第2版〕』（2015年）38頁（品川武）（「立証上の制約」とする）。

25) 公取委に課徴金を課さない裁量はなく（7条の2第1項），課徴金額は単純な計算方法で一律に決まり，法定の場合しか減額できず（7条の2第6項，10項から12項），公取委に裁量がない。前掲・独占禁止法研究会第1回配布資料6-16頁。

26) 本年になり，『独占禁止法研究会報告書』は減額の方法を提案している（Ⅴ6）。

27) Ⅳ4および（注50）参照。

28) 審決集62巻27頁，61頁，87頁。

29) ほとんどの国でそうである。日本では，公取委「企業結合審査に関する独占禁止法の運用指針」第2。

30) 筆者は，審決は，「本件合意」，商品市場を「本件ブラウン管」，需要者を「現地製造子会社等」と定義によって限定し，そのうえで，「『一定の取引分野』は，原則として，違反行為者のした共同行為が対象としている取引及びそれにより影響を受ける範囲を検討して画定すれば足りる」とし，「本件ブラウン管」を定義する別紙3も集中購買の拠点が日本であるものに限定し，定義によって一定の取引分野を切り取っているとし，本審決のいう一定の取引分野は，競争や競争制限が行われている場として「市場」とは異なると指摘したことがあるが（泉水「前掲論文」(注14)64-65頁），本稿では判決を検討するので，この点は触れない。

31) ①判決のいう「対象」を「ターゲット」と読み替え，①判決が，現地子会社等でなく，「我が国ブラウン管テレビ製造販売業者」を「ターゲット」とすることから，判決

の射程を限定する見解もある（川島富士雄『NBL』1078号（2016年）90頁，92頁，座談会「最近の独占禁止法違反事件をめぐって」『公正取引』790号（2016年）24頁（岸井大太郎発言））。しかし，世界市場で全世界の需要者を対象としたカルテルであってもわが国事業者を「対象」にするが，そのようなカルテルを排除し，わが国所在の需要者（完成品メーカー）「のみ」を「ターゲット」にするカルテルのみを判決の射程とするのは判決からは当然には出てこないと思われる（同24頁（川濱発言）も参照）。

32) その意味で，違反行為地が日本であり独禁法の適用が肯定されうる事例は多い。Ⅰ2であげた事例のうち企業結合（少なくとも効果主義では説明できる）を除くものはすべてこれに属する。

33) 滝澤紗矢子『法学』80巻（2016年）294頁も参照。入札談合に係る刑事事件において，基本合意に基づく個別調整（個別談合）を基本合意（相互拘束）の「遂行」（2条6項）とする例はあるが（東京高判平成19・9・21審決集54巻773頁，782頁（橋梁談合刑事事件）等），価格カルテルでそのような構成をとる例はなく，①判決も「実行行為」を「遂行」要件で捉えてはいない。

34) 審決の批評にも，EUの実施行為理論によるべきとの主張があり（上杉秋則「独禁法の国際適用を巡る議論の現状と問題点」『国際商事法務』42巻7号（2014年）1015-1016頁（ただし，国内の実行行為というには，カルテルの価格交渉が国内で行われたことも求める），越知保見・審決研究『ジュリスト』1488号（2016年）111頁），判決は後者の見解を採用したと想像される。そのほか，越知『公正取引』793号（2016年）59頁。

35) 事例等は，Bellamy & Child, European Union Law of Competition 59-60 (V. Rose & D. Bally ed., 7th ed. 2013); R. Whish & D. Valley, Competition Law 528 (8th ed. 2015); A. Jones & B. Safrin, EU Competition Law 1275-1277 (5th ed. 2011).

36) 白石忠志『NBL』1075号（2016年）11-13頁，伊永大輔『ジュリスト』1494号（2016年）99頁，座談会（前掲注(31)20頁（川濱昇発言），小畑徳彦『公正取引』791号（2016年）78頁，白石・平成27年度重要判例解説（2017年）263頁，小原良雄・判時2330号（判例評論701号）（2017年）177頁も同旨。

37) 「『一定の取引分野における競争』における『需要者』に当たるか」の問題にする。滝澤紗矢子『ジュリスト』1495号（2016年）7頁も参照。

38) 最判平成24・2・20民集66巻2号796頁（多摩談合（新井組）事件）。

39) 座談会（前掲注(31)21頁（川濱発言），伊永大輔『ジュリスト』1494号（2016年）98頁，滝澤「前掲論文」（注37）7頁等。

40) 最判平成元・12・14民集43巻12号2078頁（都営芝浦と畜場事件）。

41) か判決が使用収益者が原則として需要者だとするのは適切であり，域外適用の基本的考え方にも整合的である。

42) 筆者は，原審決の批評において以下の例をあげ，疑問を提示したことがある（泉水「前掲論文」（注14）66頁）。日本所在のAが，イタリアのシエナのホテルをメールで予約した。価格交渉，内容の決定はAがホテルと直接に行った。高いと思ったがシエナの他のホテルもすべて高いのでやむなく契約した。旅行で現地に赴いたところ，シエナのすべてのホテル11軒は価格カルテルを行っており，Aの契約料金が高額であることが判

共通論題② 国際カルテルと東アジア競争法の域外適用

明した。Aは，現地で料金を支払った。A同様の契約を行った日本人は過去一定期間に一定数いる。本件は，これらとどのように区別するのか。なお，①判決の評釈で，「ターゲット」を強調する見解は，日本人のみをターゲットにした場合に限定しようとする見解といえる。②③判決では(i)の「競争がわが国に所在する需要者をめぐって」行われたか，または(ii)の競争の実質的制限により限定するのであろうか。

43) 座談会（前掲注31）21頁（川濵発言）。

44) ②判決と③判決は，独禁法2条4項の理解が異なっている。②判決は需要者を定義するものとし，③は競争には「売る競争」が含まれることを明らかにする趣旨で，需要者の定義規定ではないとする。筆者は，立法経緯と実質論から後者の見解に立っている（金井・川濵・泉水編著『独占禁止法〔第5版〕』25-27頁（泉水））。これが競争の定義規定だとしても，「供給を受ける」「行為」（2条4項2号）は意思決定だけでよいということの直接の根拠にはならないと思われる。

45) これは2条6項の要件の問題であるが，域外適用の密接関連性に関して効果が直接的か，実質的か等を問題（本特集の韓国，米国等参照）にする点とも共通する。金井貴嗣『公正取引』791号（2016年）65頁は，わが国への取引に一定の影響があるためには，「一定の取引分野における競争の実質的制限」要件の解釈・認定の中で行うべきとし，東條吉純『ジュリスト』1499号（2016年）106頁は，本件でわが国を含む地理的市場に「競争の実質的制限」が生じているといえるだけの密接な関連性が日本国との間に成立するかが問題だとする。

46) 『最高裁判所判例解説民事篇平成24年度（上）』191頁，201頁（古田孝夫）。

47) 座談会（前掲注31）21頁（川濵発言），金井「前掲論文」（注45）65頁。

48) 7条の2，独禁法施行令が制定された当時，外国事業者が外国でのみ行ったカルテル等に課徴金を課す場合をとくに検討した形跡はない。

49) 泉水「前掲論文」（注14）68頁，伊永「前掲論文」（注39）99頁等。

50) 本件の実態はカテゴリー3といえる。判決には完成品が輸入されていることを示唆する短い記述があり，その限りではカテゴリー2の面があるが，審決，判決は結論を導くうえでその事実を考慮していない。①③判決は，米国のMotorola事件判決は事案を異にするとするが，同判決はカテゴリー2について述べるのであり（白石「前掲論文」（注36）12-13頁），同判決においてポズナー判事は，カテゴリー3には反トラスト法が適用されないと短い表現で退けている。米国から見ればカテゴリー2である一連の自動車部品カルテルにおいて，そのカルテルの対象商品の一部についてカテゴリー3の流通経路をたどった売上も米国司法省が罰金の計算に含めた可能性を指摘する弁護士に接したことはあるが，純粋なカテゴリー3の事案に罰金が科された例は聞かない。

51) もっとも，公取委は，調整・協力の結果，わが国独禁法を適用しない（排除措置命令を出さない）こと，および（マリンホース事件でなされたと考えられる）一定の取引分野を切り取り課徴金対象の売上額を限定することにより調整することはできる。

52) 13頁，17頁。

（神戸大学大学院法学研究科教授）

共通論題② 国際カルテルと東アジア競争法の域外適用

Extraterritorial Application of Monopoly Regulation and Fair Trade Act in Korea

Oh Seung Kwon

I Introduction
II History of Extraterritorial Application of the Fair Trade Act
  1 Before implementation of the relevant laws and regulations
  2 After implementation of the relevant laws
III Legal Issues Relating to the Extraterritorial Application
  1 Requirements for the extraterritorial application: meaning of effect on the domestic market
  2 Cases where an activity by a foreign business is in compliance with a foreign law
  3 Concern of double jeopardy
  4 Criminal sanction on foreign businesses
IV Conclusion

I Introduction

In Korea, the Korea Fair Trade Commission (the "**KFTC**") started the extraterritorial application of the Monopoly Regulation and Fair Trade Act (the "**Fair Trade Act**") in 2002. In one international cartel case involving manufacturers of graphite electrode rods (2002) and another international cartel case involving vitamin manufacturers (2003), the KFTC issued a corrective order and imposed a surcharge against foreign businesses that engaged in cartels overseas. However, since there was no provision explicitly providing for exterritorial application at the time, the absence of an applicable provision in the substantive law and poor procedural rules on service of documents, etc. were made an issue.

To resolve the issue, the Fair Trade Act was amended in late December 2004, adding an applicable provision providing for the extraterritorial application (Article 2-2) and a provision on service of documents, etc. (Article 53-3). Since the introduction of the provision explicitly providing for the extraterritorial application of the Fair Trade Act, the KFTC has been more active in the extraterritorial application, giving rise to a variety of legal issues relating to the extraterritorial application. Some of the issues have been resolved through the Supreme Court while others still remain pending.

II History of Extraterritorial Application of the Fair Trade Act

1 Before implementation of the relevant laws and regulations

Before the introduction of the provision explicitly providing for the extraterritorial application of the Fair Trade Act, the basis of the legislative jurisdiction and the existence/non-existence of the procedural jurisdiction were key issues debated.

(1) Discussion regarding the basis for the legislative jurisdiction

In the course of acknowledging the extraterritorial application of the Fair Trade Act in the graphite electrode rods case, the KFTC presented the effects doctrine[1] and the implementation doctrine,[2] which are widely acknowledged by the US and the EU, as their basis.[3] The KFTC ruled: "While Respondents were established under foreign laws and their agreement on sales price, etc. was formed overseas ... since such unfair collaborative activity took place in Korea ... and such agreement and collaborative activity of Respondents affected the Korean market, the law is applicable to Respondents."[4]

In the process, some foreign Respondents refused to accept the KFTC's disposition and filed an action with the court. However, the Seoul High Court and the Supreme Court acknowledged the extraterritorial applicability and dismissed the appeal,[5] thereby officially acknowledging the extraterritorial application of the Fair Trade Act.

The Supreme Court ruled that the Fair Trade Act was applicable "to the extent where such agreement affected the domestic market" on grounds that Article 19 of the Fair Trade Act did not limit the agent of unfair collaborative activities to domestic businesses; the application of the Fair Trade Act was required even in the cases where unfair collaborative activities committed overseas by foreign businesses to satisfy the purpose of the Fair Trade Act, etc. [6]

(2) Discussion regarding the existence/non-existence of procedural juris-diction

In the graphite electrode rods case, the legitimacy of the KFTC's document delivery was also disputed. The KFTC, the defendant of the case, sent a written investigation requesting relevant materials to Showa Denko K.K., the plaintiff, and others on November 13, 2000, and after conclusion of the investigation, the KFTC sent English notices requesting appointment of local counsel on two occasions, with which the plaintiff failed to comply. The defendant referred the case to its full committee meeting, and in February 2002, sent an English notice requesting to submit opinion on the examiner's report and informing holding of a meeting, together with an examiner's report written in Korean to the German address of the plaintiff via registered mail. The same was also posted on the bulletin board of the Gwacheon Government Complex and the defendant's English website. [7]

In light of Article 55-2 (Procedures for Dealing with Cases, etc.) of the Fair Trade Act and the Administrative Procedures Act that is applicable mutatis mutandis according to the KFTC's rules on procedures for dealing with cases based thereon, the service of request for information and notice of opening of a full committee meeting via registered mail by the KFTC is a legitimate service of documents under Article 14 (1) of the Administrative Procedures Act.

共通論題② 国際カルテルと東アジア競争法の域外適用

2 After implementation of the relevant laws

The amendment of the Fair Trade Act in 2004 contains the new provision that states,"In the cases where any act that is performed even abroad affects the domestic market, this Act shall apply to such act," providing a positive legal basis for the extraterritorial application (Article 2-2). The amended law also sets forth, as the procedural rules for the extraterritorial application, the basis for assistance rendered to foreign governments in enforcing laws based on treaties with them or the principle of reciprocity (Article 36-2), as well as the way to deliver documents to enterprisers or enterprisers' organizations that have their domicile, place of business, or office overseas (Article 53-3).

Ⅲ Legal Issues Relating to the Extraterritorial Application

With the introduction of the provision explicitly providing for the extraterritorial application of the Fair Trade Act, the KFTC became more active in the extraterritorial application, giving rise to following legal issues: (ⅰ) in connection with the requirements for the extraterritorial application, the meaning of "cases with domestic effects;" (ⅱ) what should be done about acts committed by foreign businesses that are in compliance with foreign laws; (ⅲ), whether there was any concern of double jeopardy; and (ⅳ) whether criminal sanctions may be imposed against foreign businesses.

1 Requirements for the extraterritorial application: meaning of effect on the domestic market

The KFTC and the court initially viewed anti-competitive agreement among foreign businesses that took place overseas that the domestic market is subject to as the "cases with domestic effects" or cases that have a significant effect on the domestic market[8] unless there were special circumstances. However, in the international cartel case involving air cargo businesses, the Supreme Court viewed the effect on the domestic market as the "direct, significant, and reasonably predictable effect on the domestic market," rendering a restrictive interpretation.[9]

< International cartel case involving air cargo businesses >

In the above case, in light of the fact that the domestic market was subject to the international cartel involving air cargo and was affected by the cartel, the KFTC did not explicitly decide on the existence/non-existence of the jurisdiction but instead rendered a substantive decision on the establishment/non-establishment of unfair collaborative activity, acknowledging the extraterritorial application of the Fair Trade Act, while the parties claimed, in case of air routes departing from foreign countries and arriving in Korea, in particular, in case where it is a foreign forwarder or exporter that is paying the fuel surcharge, the domestic market was not subject to the agreement and its effect on the domestic market was none or indirect, if any.

Meanwhile, the Supreme Court ruled, "While Article 2-2 of the Fair Trade Act only stipulates the "cases with domestic effects" as a requirement for applying the Fair Trade Act to activities that took place overseas, in the modern society where international trades actively take place, as long as there are direct/indirect trades with the country where the activity in question took place, such activity is bound to affect the domestic market in whatever form to some extent, and if we assumed that the Fair Trade Act was applicable to all such activities overseas that affect the domestic market, the scope of application of the Fair Trade Act with regard to activities overseas would be extended to an excessive extent, resulting in unfair outcome, etc., and that therefore the "cases with domestic effects" under Article 2-2 of the Fair Trade Act should be interpreted to be limitedly applicable to cases where activities overseas in question had direct, significant, and reasonably predictable effect on the domestic market."[10] It appears that the KFTC is taking the same approach ever since such decision was rendered by the court.

2 Cases where an activity by a foreign business is in compliance with a foreign law

In the international cartel case involving air cargo businesses, an issue was raised with regard to whether the Fair Trade Act was applicable to the extraterritorial activities by foreign businesses that affect the domestic market when such activities are in compliance with laws or policies abroad.

The Supreme Court is taking an affirmative approach on this matter in principle. That is, the Supreme Court ruled: "Since the requirement under Article 2-2 of the Fair Trade Act is fulfilled in the cases where an activity of a foreign business taking place overseas affects the domestic market, even in the cases where laws or policies overseas governing the relevant activity differ from the domestic law and allows such acts, such is not sufficient to restrict the application of the Fair Trade Act. However, in the cases where domestic laws and foreign laws conflict with each other to the extent where it becomes impossible for a business to determine what is legitimate, it would be inappropriate to force application of the domestic law. Accordingly, where the necessity to respect foreign laws, etc. is significantly larger than that to apply the Fair Trade Act, the application of the Fair Trade Act may be restricted. Whether a case falls under such cases should be determined in overall consideration of the effect of the activity in question on the domestic market, the degree of involvement of the foreign government, the degree of conflict between the domestic law and the foreign law, the disadvantage expected to be caused to the foreign business by the application of the domestic law, and the degree of harm caused to the legitimate profits of foreign governments, etc." [11]

Article 110 of the Japanese Civil Aeronautics Act provides: "The provisions of the Act concerning the Prohibition of Private Monopolization and Maintenance of Fair Trade shall not apply to the case where any domestic air carrier concludes an agreement on joint carriage, fare agreement and other agreements relating to transportation with another air carrier in order to promote public convenience in a route between a point in the country and another point in a foreign country, or between one point and another in foreign countries; provided, however, that the same shall not apply in case where unfair business practices are used or substantive limitations in competition in the specific field of trade unfairly impair the benefits of users." The plaintiff, which was the national carrier of Japan, acquired approval from the Japanese Ministry of Land, Infrastructure, Transport and Tourism (the "**MLIT**") regarding the implementation of the fuel surcharges by the agreement in question, and the MLIT provided an opinion that the agreement in question was excluded from the application of the Act concerning the Prohibition of Private Monopolization and Maintenance of Fair Trade under Article 110 of the Japanese Civil Aeronautics Act. Based on this, the plaintiff of the case claimed that the Fair Trade Act was not applicable to the relevant activity.

However, in light of the fact that (i) the effect of the agreement in question, which changed the fare system of air cargos departing from Japan and arriving in Korea and placed restrictions on key components of the fare, was not small on the domestic market; (ii) the Japanese government merely gave approval for the application filed by the plaintiff, et al., which was the result of the agreement, and accordingly, the Japanese government's involvement in the agreement is not deemed high; (iii) although Article 110 of the Japanese Civil Aeronautics Act provides that the Prohibition of Private Monopolization and Maintenance of Fair Trade is not applicable to fare agreements, etc. approved by the MLIT, it also provides that exemptions apply to cases where substantive limitations in competition are caused in the

共通論題② 国際カルテルと東アジア競争法の域外適用

specific field of trade, which makes it difficult to view that the Japanese law and the Korean law are in conflict with each other or that it is impossible for the plaintiff to comply with both laws, the Supreme Court viewed that the agreement in question didn't constitute a case where the application of the Fair Trade Act should be restricted.[13]

3 Concern of double jeopardy

International cartels can have effects in multiple countries at the same time, and when competition authorities of multiple countries decide to independently regulate such activity, this could lead to the concern of double jeopardy. Especially, when an activity have effects on both the domestic and foreign markets at the same time as in the international cartel case involving air cargo, such concern is likely to materialize.

In fact, in the above international cartel case involving air cargo, the KFTC and the court acknowledged the extraterritorial applicability of the Fair Trade Act without questioning which country was majorly affected in connection with routes departing from foreign countries and arriving in Korea. However, it is questionable whether it was appropriate to take such approach because if foreign competition authorities applied their competition laws to international routes departing from Korea, applying the same logic, the Fair Trade Act and foreign competition laws would be applied at the same time, which is likely to put businesses in double jeopardy.

To resolve such concern, the competition authority of the majorly affected country should be made in charge of regulating the activity while the competition authorities of other countries should take cooperative roles in order to regulate the business that engaged in an illegal activity and avoid the concern of double jeopardy at the same time.[14]

108

Extraterritorial Application of Monopoly Regulation and Fair Trade Act in Korea

4 Criminal sanction on foreign businesses

The Fair Trade Act sets forth punishments for those who violate the Fair Trade Act (Articles 66 to 69). No foreign businesses were punished until 2014, but in the international cartel case involving miniature bearings in 2015, the KFTC filed a complaint with the prosecution against foreign businesses that engaged in the cartel, one of which was indicted by the prosecution and imposed a penalty by the court, applying the penalty provisions in the Fair Trade Act.[15]

In the course of handling the case at hand, in order to strictly deal with those who engaged in illegal activities, the KFTC included foreign businesses in its complaint filed with the prosecution, stating that there was need to materialize the legislative intent of Article 2-2 of the Fair Trade Act concerning the extraterritorial application; filing a complaint against domestic businesses only in an international cartel that brought larger harm to the domestic market would be problematic in terms of fairness and the deterrent effect; and that direct causal relationship was acknowledged between the illegal activity overseas and its effect on the domestic market in the case at hand where there had been explicit agreement on the domestic market, which is why it believed that there were no issues in terms of legal principles in executing criminal jurisdiction.[16]

The case has brought an issue that the imposition of criminal punishment against foreign businesses by the extraterritorial application of the criminal punishment provision under the Fair Trade Act in international cartel cases could violate the principle of statutory criminal punishment, especially, the rule of clarity, due to the unclear wording of Article 2-2 of the Fair Trade Act.[17]

However, the Supreme Court specified the meaning of the "effect on the domestic market" stated in Article 2-2 of the Fair Trade Act as "direct, significant, and reasonably predictable effect on the domestic market" in its

共通論題② 国際カルテルと東アジア競争法の域外適用

decision, reducing the chance of violating the rule of clarity, but this does not mean that such chance has been eliminated completely. Especially, it is unclear how much effect is indicated by the word "significant." Therefore, to fundamentally eliminate all chances, we need to find a way to present clearer standards for criminal punishment.

Ⅳ Conclusion

In Korea, the KFTC first acknowledged the extraterritorial application of the Fair Trade Act in 2002, issuing a corrective order and imposing a surcharge against a foreign business. Since the introduction of the provision explicitly providing for the extraterritorial application of the Fair Trade Act in 2004, the KFTC has been more active in the extraterritorial application, giving rise to a variety of legal issues relating to the extraterritorial application. A significant number of issues have been resolved by the Supreme Court's decision on the international cartel case involving air cargo in 2014. In this sense, the decision on the air cargo cartel is a leading case for the extraterritorial application.

Also, in connection with an international cartel case involving miniature bearings in 2015, the KFTC filed a complaint against foreign businesses, one of which was indicted by the prosecution and imposed a fine by the court, applying penalty provisions in the Fair Trade Act, marking the first criminal sanction against a foreign business. In connection with this, some point out that this may violate the principle of statutory criminal punishment, especially, the rule of clarity, due to the unclear wording of Article 2-2 of the Fair Trade Act which sets forth requirements for extraterritorial application. Accordingly, to fundamentally resolve the issue, there is need to find a way to present clearer standards for criminal punishment.

1) The effects doctrine is a doctrine acknowledging the application of the competition

Extraterritorial Application of Monopoly Regulation and Fair Trade Act in Korea

law to illegal acts committed abroad but having effects in the domestic market. It was established in the 1945 Alcoa decision in the US.

2) The implementation doctrine is a doctrine allowing the application of the EU competition law to agreement implemented in the EU that was formed abroad among foreign businesses. It was established in the Woodpulp case by the ECJ.

3) While maintaining the territorial principle as its basic position, the European Court acknowledges the extraterritorial application of the competition law based on the so-called single economic entity doctrine or the implementation doctrine. According to the single economic entity doctrine, anti-competitive acts committed by companies located abroad, in the cases where its subsidiaries that are considered as a single economic entity is located within Europe, etc., the European competition act may be applied. Case 48/69 etc., *ICI v. Commission* (Dyestuffs) [1972] ECR 619.

4) KFTC Resolution No. 2002-077 rendered on April 4, 2002

5) Supreme Court Decision Nos. 2003*Du*11124, 11148, 11155, 11275 rendered on March 24, 2006. However, the aforementioned decisions were made after the establishment of Article 2-2 of the Foreign Trade Act, which explicitly provides for the extraterritorial application.

6) Supreme Court Decision No. 2003*Du*11124 rendered on March 24, 2006

7) However, the plaintiff did not attend the full committee meeting held by the defendant on March 20, 2002. Following the resolution issuing a corrective order and ordering payment of surcharges to the plaintiff for engaging in an unfair collaborative activity, the English translation of the summary resolution and the Korean original of the resolution were sent to the plaintiff's registered address in Japan. The same was also posted on the bulletin board of the Gwacheon Government Complex and the defendant's English website.

8) Supreme Court Decision No. 2004*Du*11275 rendered on March 24, 2006

9) Supreme Court Decision Nos. 2012*Du*5466, 2012*Du*13665 rendered on May 16, 2014, 2012 *Du* 6216 rendered on December 24, 2014

10) Supreme Court Decision Nos. 2012*Du*5466, 2012*Du*13665 rendered on May 16, 2014, 2012*Du*6216 rendered on December 24, 2014

11) Supreme Court Decision No. 2012*Du*13665 rendered on May 16, 2014

12) While the KFTC viewed that the possibility of conflict with relevant laws in Japan and Hong Kong did not constitute grounds for ruling out the establishment of agreement or responsibilities, the standard rates it set for the imposition of the basic surcharges were rather low.

13) Supreme Court Decision No. 2012*Du*13665 rendered on May 16, 2014

14) Kwon, Oh Seung, Extraterritorial Application of Monopoly Regulation and Fair Trade Act in Korea, *Journal of Competition Law*, Vol. 24 (2011), pp. 162-163.

15) Seoul District Court Decision No. 2015*Godan*5384 rendered on October 30, 2015

共通論題② 国際カルテルと東アジア競争法の域外適用

16) KFTC Resolution No. 2014-056 rendered on November 26, 2014 for Case No. 2014-*Gukka*1578, p. 6.

17) Suk, Kwang Hyun, Extraterritorial Application of Monopoly Regulation and Fair Trade Act, *Case Study*, Vol. 21, No. 2 (2007), p. 44.

(Emeritus Professor of Law School, Seoul National University, Former Chairman of Korea Fair Trade Commission, Member of the National Academy of Sciences, Republic of Korea)

共通論題② 国際カルテルと東アジア競争法の域外適用

International Cartels and the Extraterritorial Application of China's Anti-Monopoly Law

Xiaoye Wang and Qianlan Wu

I Introduction
II The AML's Extraterritorial Application: Theory and Development
　1 The theoretical foundation of the extraterritorial application of China's AML
　2 Development of the AML's extraterritorial application
III International Cartels and the extraterritorial application of the AML
　1 International LCD Panel Cartel
　2 International Auto Parts Cartel and International Bearing Cartels
IV Fine and Leniency in the AML extraterritorial application
　1 Calculation of Fines
　2 10% Fine rate
　3 Leniency
V The AML's Extraterritoriality: Future Improvements
　1 precondition
　2 International Comity and the AML's extraterritoriality
VI Conclusion

I Introduction

Competition laws regulate not only competition restrictions occurring within the domestic market but also restrictions outside the domestic market, which have a restrictive effect on the competition of the domestic market. Hence, competition laws around the world have been equipped with extraterritorial application. This paper aims to examine and critically assess the extraterritorial application of the Anti-Monopoly Law (AML) of China, based on a presentation at the Japanese International Economic Law Conference in Otaru Hokkaido, Japan 2016. First, it reviews the theoretical basis and development of the extraterritorial application of the AML. It then evaluates the extraterritorial application of the AML, against three international cartels. The paper then critically assesses future improvements needed for the AML's extraterritorial application and concludes.

II The AML's Extraterritorial Application: Theory and Development

1 The theoretical foundation of the extraterritorial application of China's AML

The extraterritorial application of China's Anti-Monopoly Law (AML) is influenced by the US Antitrust Law. The US Antitrust Law is the first competition regime that developed the effect doctrine, which enabled the US to apply its Antitrust Law extraterritorially. In *American Banana Co. v. United Fruit Co*, Mr Justice Holmes ruled that "the general and almost universal rule is that the character of an act as lawful or unlawful must be determined wholly by law of the country where the act was done"[1]. He emphasized the point that the territorial principle is a "basic and universal principle"[2]. However, in *the United States v. Aluminium Co. of America* (*'Alcoa'*), in 1945, Judge Hand asserted that the Sherman Act was applicable to agreement among foreign enterprises signed outside the territory of the US, provided that "any state may impose liabilities even upon persons not within its allegiance, for conduct outside its borders that has consequences within its borders which the state reprehends."[3] The *Alcoa* decision established the effect doctrine underpinning the extraterritorial application of the US Antitrust Law. Following *Alcoa*, business behaviour taking place outside the US territory could be subject to the US courts, if it were established that the behaviour had a negative effect on competition in the US market, irrespective of the nationality of the parties involved and of the venue where the restrictive behaviour took place.

The effect doctrine has been further upheld by competition regulation regimes around the world. For example, Art. 130.2 of the German Acts against Restriction of Competition provides that "this Act shall apply to all restraints of competition having an effect within the scope of application of this Act, even if they were caused outside the scope of application of this Act".[4] The EU Competition Law has not explicitly stipulated on extraterritoriality; however, it has purported the law's extraterritoriality in *Dystuff*.[5] The *Dyestuff* case involved the uniform price rises for certain products of dyestuff manufacturers in the European Economic Community (EEC) member states. The agreement involved one British firm which was not an EEC member state manufacturer, at that time. The British firm did the price rise via its subsidiaries in the EEC market. The Commission imposed a fine on the British firm, anyway, and the British firm appealed to the European Court of Justice (ECJ). The ECJ upheld the Commission's decision. However, instead of upholding the effect doctrine, the ECJ favoured the single economic entity doctrine and implementation doctrine. Since then, the EU has applied its competition rules extraterritorially, which can be observed in its decision on Boeing and McDonnell Douglas[6] and on General Motor and Honeywell.[7]

This shows that that the extraterritorial application of the Antitrust Law has been referred to by other competition regimes. The US has hence exported the extraterritorial application of the Antitrust Law to other competition regulation regimes, including China. As professor Mestmäcker, a leading expert on competition law in Europe pointed out, only competition law which upholds market openness and prevents cross-border competition restraints would have extraterritorial application. Hence, he argues that such application takes place irrespective of the fact of whether law-makers expect it or not, or if such application is provided in law or not. According to Mestmäcker, any state cannot effectively regulate business behavior on the domestic market if its antitrust law is not applicable extraterritorially.[8]

共通論題② 国際カルテルと東アジア競争法の域外適用

2 Development of the AML's extraterritorial application

The legal framework of the AML's extraterritorial application is composed of the primary law and secondary legislations adopted by the State Council Anti-Monopoly Commission and competition regulators. Art. 2 of the AML provides that this Law shall be applicable to monopolistic conducts in economic activities within the People's Republic of China (PRC); This Law shall also apply to the conducts outside the territory of the People's Republic of China if they eliminate or have a restrictive effect on competition on the domestic market of the PRC.[9] The State Council Anti-Monopoly Commission issued the Decree on Thresholds for Notification of Concentrations of Undertakings in March 2009 (Decree). The State Council Ministry of Commerce (MOFCOM) issued the Interim Provisions on Standards Applicable to Simple Cases of Concentration of Undertakings issued on 11 February 2014 (Interim Provisions).

Pursuant to Art. 2 of the AML, the law is applicable to foreign enterprises, which have their premise or operation outside China, provided the competition restriction planned or operated by these enterprises have a negative impact on the Chinese market. It further means that the law is not applicable to Chinese enterprises operating on the international market, when these enterprises causes restriction of competition not on Chinese domestic market. In other words, the AML is applicable only to competition restriction having an effect on the Chinese domestic market, irrespective of the nationality, premise and the planning site of the competition restriction. Hence, it can be construed that the extraterritorial application of the AML is based on the effective doctrine.

The State Council Decree has further developed Art. 2 of the AML. Art. 3.1 of the Decree provides that where a concentration of undertakings reaches the following thresholds, the undertaking(s) concerned shall file a notification to the Ministry of Commerce pending the latter's decision:

The combined worldwide turnover of all the undertakings concerned in the preceding financial year is more than RMB 10 billion yuan, and the nationwide turnover within China of each of at least two of the undertakings concerned in the preceding financial year is more than RMB 400 million yuan.

The threshold of 400 million yuan is set out to ensure that the proposed concentration has substantive geographical connections with China. However, concentrations involving undertakings with a combined worldwide turnover of more than 10 billion yuan is most likely to involve cross-border concentrations.

The MOFCOM Interim Provision provides for the simplified scrutiny procedure for joint ventures set up by Chinese enterprises outside the territory of the P.R.China, when the joint ventures do not have market operations on the Chinese market; and for the acquisition of international business by the Chinese enterprises, when the international business does not operate within the Chinese market. The provision thus confirms that the AML catches overseas cross-border concentrations on the part of Chinese enterprises outside China.

From August 2008 to the end of 2016, the MOFCOM, as the concentration regulator, received more than 1,800 concentration applications and made decisions regarding over 1,600 applications. The MOFCOM has so far made 2 rejection decisions and 28 decisions with commitment requirements from the applicants. Some significant MOFCOM decisions involve applications put forward by international investors, for e.g., Google's application to acquire Motorola; Microsoft's application to acquire Nokia; and Nokia's application to acquire Alcatel-Lucent. Moreover, such concentrations often take place outside China's territory.

In June 2014, the MOFCOM decided to reject the P3 network

concentration among Danish A.P. Møller-Maersk A/S, MSC Mediterranean Shipping Company S.A.and the French CMA CGM S.A.[10] The MOFCOM defined the relevant service market as the international container liner transportation service market, and the relevant geographical market as Asia-Europe routes, routes across the Atlantic and trans-Pacific routes. The MOFCOM analyzed the parties to the concentration and the proposed network, including the market shares held by each party, market power and market concentration ratio, market entry and the impact of the proposed concentration on consumers and relevant undertakings. It concluded that the proposed P3 network would eliminate or restrict competition in the Asia-Europe international container liner transportation service market.[11] In fact, the US and the EU have granted unconditional approvals to the P3 network.[12] However, the MOFCOM ruled the opposite, mainly on the ground that the proposed concentration would have the effect of restricting competition on the Chinese market, as a part of the Asia-Europe route. As professor Säcke, a leading German scholar on competition law has rightly pointed out, "China is absolutely right to reject the P3 network application. The decision was made with the same rational upheld by the US and EU competition regulators, namely the regulator has the right to regulate the business behaviour extraterritorially, when it finds that the latter would exert a negative impact on the competition within the regulator's own market.[13]

The above discussion shows that, on the one hand, China has become an important market for multinational companies and a global concentration regulatory regime of equal importance as that of the US and the EU. On the other hand, it reaffirms the extraterritorial application of the AML, which regulates competition restrictions with an effect on the Chinese market, although the restrictions may not necessarily take place within the Chinese territory.

Ⅲ International Cartels and the extraterritorial application of the AML

International cartels which aim to fix price, undertake bid rigging, restrict output or set out geographical territorial bans for sales or distribution, may fall under the extraterritorial application of China's competition regulation. Pursuant to the OECD Recommendation concerning Effective Action against Hard Core Cartels, international cartels as such are hardcore competition restrictions.[14] Competition regulators, in general, regard such hardcore restrictions as unlawful by applying the *per se* rule. Although the AML has not explicitly provided the *per se* rule, such international cartels cannot be exempted under Art. 15 of the AML, as parties to the cartel would find it difficult to prove that the cartel would not significantly restrict competition and that they would generate interests shared by consumers.[15]

In the context of economic globalization, the Chinese market has suffered from the negative impact exerted by international cartels. Since the AML has taken effect in 2008, the National Development and Reform Commission (NDRC), one of the three competition regulators and responsible for price-related competition regulation, has dealt with three international price cartels.

1 International LCD Panel Cartel

In 2013, the NDRC investigated the international price cartel among the LCD panel producers. This was the first international cartel that the Chinese competition regulator had dealt with. The case involved a price cartel among 6 LCD panel producers including Samsung SDI, LG, Chi Mei, AU Optronics and Chunghwa Picture Tubes and Hann Star Displays, from 2001 to 2006, during which time the producers in question convened crystal meetings in Korea and Taiwan to exchange information and coordinate price. As the cost of LCD panels accounted for nearly 70 percent of the cost for manufacturing TV sets, the cartel had severely affected Chinese consumers and Chinese domestic TV set manufacturers. As a result, the NDRC ruled to confiscate 36.75 million RMB revenue of the producers in question; to order the producers to pay damages of 172 million RMB to domestic Chinese TV set manufactures; and to impose on the producers a fine of 144 million RMB. Among the producers, the Samsung SDI was imposed the highest fine of 118 million RMB with Hann Star imposed the lowest fine of 240,000 RMB. The producers in question have further committed to provide high-tech products to Chinese TV set manufacturers in a fair and non-discriminatory manner, and to extend the product warranty from 18months to 36 months.[16]

Prior to the investigation by the NDRC, the international LCD cartel had been investigated and fined by the US and the EU competition regulators. In comparison, the US and EU regulators imposed more stringent sanctions on the producers. For example, the European Commission imposed a total fine of 648 million Euro against the six producers.[17] The Commission's fine decision was made pursuant to Art. 23 of the Council Regulation 1/2003, where the Commission may by decision impose fines on undertakings and associations of undertakings where, either intentionally or negligently: (a) they infringe Article 101 or Article 102 of the Treaty......; and where for each undertaking and association of undertakings participating in the infringement, the fine shall not exceed 10% of its total turnover in the preceding business year.[18] In making its decision the Commission also considered the infringing undertakings' sales within the European economic area, and the significance and duration of the infringement in the European economic area.[19]

What should be noted is that the NDRC applied the Price Law but not the Anti-Monopoly Law in the investigation, mainly because the international LCD cartel happened during 2001-6, before the AML was effective in 2008. Art. 2 of the Price Law provides that the law is applicable to pricing

International Cartels and the Extraterritorial Application of China's Anti-Monopoly Law

behavior taking place within the territory of the P.R.China. However, the definition of the place where the pricing behavior takes place can be understood either as the place where the concerted practice takes place or where the pricing cartel is practiced. Hence, pricing cartel practiced within China is caught by the Price Law although the cartel can be formed outside China. Therefore, Art. 2 of the Price Law is broadly interpreted and does not eliminate the law's extraterritorial application. Art. 14 of the Price Law provides for the law to catch a series of unlawful pricing behaviours, including collusion in price-setting, i.e., price cartels. Art. 50 of the Price Law provides that parties infringing Art. 14 will be imposed a fine of less than five times of the illegal gains, among others.[20]

In calculating the illegal gains obtained by the infringing producers, the NDRC used the following method. It defined the illegal gain for selling one single LCD panel as 40 RMB, multiplied the quantity of LCD panels sold by the 6 producers with 40 RMB and reached the figure of illegal gains.[21] It further applied leniency in accordance with each producer's cooperation with the investigation and reached the final fine figure for each producer. Among the 6 producers, AU Optronics was the whistleblower to the NDRC and was exempted the fine. Samsung received the fine double the figure of its illegal gain, which showed that Samsung SDI market operation in the Chinese market differs substantially from that in the EU market.[22] The other four producers were imposed the fine at the half value of its illegal gain, which showed that the four producers have turned themselves in to the NDRC, although the NDRC has not revealed further information on the timing and order of their turning in.

2 International Auto Parts Cartel and International Bearing Cartels

(1) International Auto Parts Cartel

In August 2014, the NDRC imposed the fine of 832 million RMB on 8

共通論題②　国際カルテルと東アジア競争法の域外適用

Japanese auto parts makers including Hitachi, Denso, Furukawa Electric, Yazaki, Sumitomo, Asian Industry, Mitsuba and Mitsubishi. The NDRC found that the 8 auto parts makers held bilateral or multilateral meetings to fix price quotation and implemented the price-fixing agreements, with an aim to eliminate competition. 13 products covered by these agreements were relevant to the Chinese market, including the starters, alternating current generators, throttle bodies and wire harnesses. These products were used in more than 20 different automobile brands including Toyota, Honda, Nissan, Suzuki and Ford. The NDRC found that these products continued to be sold on the Chinese market in accordance with the price fixing agreements even by the end of 2013.[23]

Given the high frequency and long duration of these price fixing agreements and the severe impact of the agreements on competition in the Chinese market, the NDRC imposed the fine of 10% of the producers' annual sales in 2013.[24] However, by taking into consideration the cooperation from the 8 different producers in question, the NDRC applied leniency pursuant to Art. 46. 2 of the AML and Art. 14 of the NDRC Rule on Anti-Pricing Monopoly Enforcement Procedure. Hence, Asian, Mitsuba and Mitsubishi were imposed the fine of 8% of its sales in 2013 with a 20% discount. The discount was granted on the ground that these three producers reported to the regulator on the price fixing agreements and provided important evidence and stopped the infringement.[25] Furukawa Electric, Yazaki, Sumitomo were each imposed the fine of 6% of respective sales in 2013 with a 40% discount. The discount was granted on the ground that the producers reported to the regulator on the price fixing agreements and provided important evidence and stopped infringement.[26] Denso was imposed a fine of 4% if its sales in 2013 with a 60% discount. The discount was granted on the ground that Denso was the second producer that reported to the regulator, provided important evidence and stopped infringement.[27] Hitachi was waived

International Cartels and the Extraterritorial Application of China's Anti-Monopoly Law

the fine because it was the first producer that reported to the regulator on the agreements, provided important evidence and stopped the infringement.[28]

(2) International Bearing Cartel

In August 2014, the NDRC investigated and imposed a fine on the international bearing parts agreements among four Japanese producers namely Nashi Fujikoshi, NSK, NTN, JTEKT. The NDRC found that the producers in question had reached and implemented agreements which fix or change the price of bearing parts sold on the Chinese market. The NDRC found that the agreements breached Art. 13.1 of the AML and imposed the fine of 403.44 million RMB.

The NDRC found that from 2000 to June 2011, the four producers had convened frequent Asia Conferences in Japan and export market conferences in Shanghai China, during which the four producers discussed strategy, timing and ratio of price rise of bearing parts on the Chinese market, and implemented relevant pricing behavior in accordance with the agreements or information exchanged among them. The NDRC ruled to impose fines of 10% of each producer's annual sales in 2013, on the ground that the agreements had lasted for more than 20 years and caused severe impact on the competition in the Chinese market. The NDRC applied leniency in this decision too. Nashi Fujikoshi was exempted the fine on the ground that it was the first producer that reported to the regulator on the infringement, provided important evidence and stopped the infringement.[29] NSK was the second producer that reported to the NDRC, provided evidence and stopped the infringement. Hence it was imposed a fine of 4% which was a 60% reduction of its fines.[30] NTN reported to the regulator on the infringement and provided important evidence. Furthermore, it withdrew from the Asia Conference in September 2006 and stopped the infringement in June 2011. It was imposed a 6% fine with a 40% discount. JTEKT conducted the most severe infringement and was imposed the fine of 10%. However, it reported

日本国際経済法学会年報第26号 (2017) 123

共通論題② 国際カルテルと東アジア競争法の域外適用

to the regulators, provided important evidence and stopped the infringement and its fine was discounted to 8%.[31]

IV Fine and Leniency in the AML extraterritorial application

Some scholars may concerned that one international cartel can be subject to regulations by multiple competition regulators and be imposed fines of up to 10% of its global sales revenue multiple times, and there would be the potential risk of excessive regulation of international cartels by competition regulators. For example, the international auto parts cartel was regulated by China and competition regulators in the US, the EU, Germany, France, Japan, Australia, Brazil, India, Korea etc.[32] While this paper does not intend to comment on decisions by regulators other than the Chinese competition authorities, it argues that the NDRC has reached correct decisions in terms of fines and leniency in its extraterritorial regulation of the three international price cartels.

1 Calculation of Fines

Art. 46 of the AML provides that

Where business operators reach a monopoly agreement and perform it in violation of this Law, the anti-monopoly authority shall order them to cease doing so, and shall confiscate the illegal gains and impose a fine of 1% up to 10% of the sales revenue in the previous year. Where they reached monopoly agreement has not been performed, a fine of less than 500,000 yuan shall be imposed.

However, the AML has not clearly defined whether the sales revenue refers to revenue within the Chinese market or in the global market. The NDRC decisions on the international auto parts and bearing parts cartels

124

International Cartels and the Extraterritorial Application of China's Anti-Monopoly Law

show that the sales revenue used as the basis for its fine calculation was revenue within the Chinese market.

Nonetheless, how to calculate the sales revenue of last business year has remained an unanswered question for many competition regulators. For example, the European Commission imposed the fine based on the sales revenue of producers on the EU market. Practitioners have argued that the Commission can impose the fine up to 10% based on the global market sales of the parties in question.[33] In fact, the Commission has used global market annual sales revenue as the basis to calculate the fines.[34]

However, such an approach is not unproblematic. First, in the extraterritorial application of competition law against international cartels, the competition regulator aims to remove the restriction of competition on the home market. Hence the calculation of the fine should be based on the sales on the home market. In other words, the competition regulator does not have the jurisdiction to regulate the illegal gains the parties in question have obtained, in markets outside its own. Second, if each competition regulator imposed fines based on the infringing parties' annual sales, it is likely to cause over regulation among regulators and result in disproportionate penalties on the infringing parties. The imposition of fines on the infringing parties is to deter these parties from restricting or eliminating competition again. Even for hard core international cartels, not all business behavior on the part of the parties to the cartel would be unlawful. Hence, different from implementing environmental protection law where the regulator aimed to use a high amount fine to force the polluting business to exit the market, in the context of competition regulation, the regulator should regulate with an aim to deter future competition restriction in a proportionate manner within its own jurisdiction.

2 10% Fine rate

The administrative fine rate in the competition law enforcement has increased globally since the 1990s. For example, the Sherman Act increased its fine against business from up to 10 million US dollars to 100 million US dollars and against natural persons from 350,000 US dollars to 1 million US dollars.[35] The European Commission has increased its administrative fine against undertakings from 1 million Euro to 10% of annual sales revenue in the last business year.[36]

The substantial increase of the fine ratio is based on the experiences gained by competition regulators globally. For example, in its decision on the graphite electrode cartel in 2001, the European Commission stated that the price of graphite electrode is 50% higher in the European Community market than that in its competitive markets. In considering the fact that the cartel had run for 6 years from 1992 to 1998, that the sales revenue within the European Community market was 480 million Euro, and other factors including leniency, the Commission imposed a fine of 218 million Euro against the 8 undertakings to the cartel.[37]

This shows that the fine imposed was below the 10% of annual sales of the undertakings. The Council regulation 1/2003 increased the fine ratio to 10% of the annual sales in the previous business year. Such a benchmark has been adopted by EU member states including France, Hungary, Italy and Sweden. Further, the UK has provided that the administrative fine can be imposed up to 10% of 3 times of the annual sales in the previous business year.[38]

Pursuant to the Commission Guidelines on the method of setting fines imposed pursuant to Article 23 (2) (a) of Regulation No 1/2003, the Commission can, as a general rule, impose a fine of up to 30% of the value of sales.[39] In its decision on the flat glass cartel in 2007, the Commission decided that although the cartel was only for one year, the sales revenue in the

International Cartels and the Extraterritorial Application of China's Anti-Monopoly Law

previous year of the cartel was as high as 1.7 billion Euro. The Commission [40] imposed the fine of 487 million Euro which was 29% of the value of sales in the previous year.

Similarly, Art.46 of the AML provides for the 10% benchmark, by following other and especially the EU competition regulation regimes. However, what should be noted in the NDRC decisions on the international auto part and bearing parts cartels, is that the highest amount of fines were imposed upon all the infringing undertakings. There are two reasons for this. First, the infringement in the two cases both involved international price cartels which practiced hard core competition restriction with considerable duration. The imposition of high fines would be useful not only to penalize the infringing parties but also to increase the credibility of China's competition regulation. Second, despite the fact that the NDRC has imposed the highest rate of fines, the NDRC's fines against the above two cartels were not as high as the penalties imposed by other competition regulators. For example, in the international auto parts cartel, the US imposed a fine of 250 million US dollars and the EU imposed a fine of 110 million Euro. [41]

The reason is that the NDRC based its calculation of fines on the sales value of infringing parties within the Chinese market, which tended to be smaller than the sales value by the same parties within the US and the EU markets. Hence, by sticking to the 10% fine ratio, the NDRC's penalties to the infringing parties were not as stringent as that by the US and the EU regulators. The Chinese competition regulator should reflect on the calculation method used for imposing fines by referring to the EU competition law model. It should further consider other factors in imposing penalties. For example, with the further implementation of the AML, parties which undertake repetitive or continuous infringement should be imposed with more severe penalties.

日本国際経済法学会年報第26号（2017） 127

共通論題②　国際カルテルと東アジア競争法の域外適用

3　Leniency

Leniency has been applied by the NDRC in both the auto part and bearing parts cartels. The legal basis for the application is the NDRC rule on the implementation procedure of Anti-Pricing Monopoly. The NDRC rule provides that the first infringing party that reports to the regulator on the infringement and provides important evidence can be exempted from penalties. The second party that reports to the regulator and provides important evidence will receive penalty discount of no less than 50%; other parties reporting to the regulator and providing important evidence will receive a penalty discount of no higher than 50%.[42] The rule provides the legal basis and certainty for the NDRC to refer to when applying leniency.

In the cases of the auto part and bearing parts cartels, the fines imposed reached the 10% cap set out by the AML. Nonetheless, the application of leniency policy on the infringing parties created the needed space for the regulators to apply the 10% fine to more serious infringements.

The NDRC decisions on the two international cartels however can be improved. This paper argues that the decisions issued by the NDRC were oversimplified. For example, the same ground of "reporting to the regulator on the infringement and provided importance evidence and stopped the infringement" was used in the respective decisions issued to 6 different auto parts producers involved in the international auto parts price cartel. Further, a 20% reduction and 40% reduction of fines, imposed on two different producers, respectively, were significantly different. More information should be provided as to why such conclusions were made in order to provide transparency and legal certainty.

V　The AML's Extraterritoriality: Future Improvements

Whether to confer extraterritorial application to competition law is subject to the state's sovereign decision. However, the application of the extraterritoriality of competition laws around the world reveals the potential risks for conflicts of jurisdictions, and for intergovernmental tensions. In order to reduce or avoid conflicts with other competition regulators and states, China needs to make the following improvement regarding the AML's extraterritorial application.

1 "direct, substantial and reasonably foreseeable effect" test as precondition

In *Timberlane Lumber* in 1976, the US 9TH Circuit Court argued that the extraterritorial application of the US antitrust law, should not only consider whether the competition restriction would affect or intend to affect the US's foreign trade, but also consider the degree of damage caused by the restriction on the US's foreign trade.[43] Based on this, the US adopted the Foreign Trade Antitrust Improvement Act in 1982, which clarified the preconditions for the extraterritorial application of the Sherman Act and Federal Trade Commission Act, namely the defendant's behavior has caused "direct, substantial, and reasonably foreseeable effect" on US's domestic trade, foreign trade or exportation opportunities. Further, Art 7 of the Clayton Act provides its regulation towards the stock and asset acquisitions of persons engaged in trade and commerce "with foreign nations".[44] Based on this, the US Federal Trade Commission and Department of Justice amended the Antitrust Enforcement Guidelines for International Operations in April 1995. Art. 3.14 of the Guideline provides that mergers or acquisitions with business in the third country which have direct, substantial or reasonably foreseeable effect on US's domestic trade, foreign trade or exportation opportunities will need to be subject to S7 of the Clayton Act to obtain approval.[45]

Hence the test of "direct, substantial or reasonably foreseeable effect" has become the precondition for competition regulators to satisfy, and a

共通論題② 国際カルテルと東アジア競争法の域外適用

fundamental principle to uphold in order to apply competition rules extraterritorially. For example, in Germany, one key condition to decide if the German Anti-Restrictive Competition Law can be applied extraterritorially, is to assess if the restriction taking place outside Germany has a substantial and direct effect on the German market. In other words, if the effect is remote and indirect, the German Anti-Restrictive Competition Law cannot be applied.[46] The Recommended practice for Merger Notification Procedure as publicized by the International Competition Network (ICN), in September 2002, provided that "the Notification should not be required unless the transaction is likely to have a significant, direct and immediate economic effect within the jurisdiction concerned" and that "Jurisdiction should be asserted only over those transactions that have an appropriate nexus with the jurisdiction concerned".[47]

However, there have been a few cases where the applications of extraterritoriality of competition law have aroused attention. This can be seen in the Japanese Fair Trade Decision on the International Television Cathode Ray Tube Cartel in 2009, and the European Commission Decision on the International LCD Panel Cartel in 2010.

(1) Japan Fair Trade Commission Decision on Television Cathode Ray Tube ("CRT") Cartel

In October 2009, the Japan Fair Trade Commission (JFTC) imposed the fine of 332 million Japanese Yen on producers of TV Cathode Ray Tube (CRT) including Panasonic, Samsung and LG.[48] The fine was imposed on the ground that the producers in question participated into an international price cartel in South East Asia. What should be noted is that the producers in question have never sold any products within the Japanese market and that less than 10% of its outputs were exported through third countries to the Japanese market. However, the JFTC argued that the Japanese producers such as Sanyo, Sharp and Orion have purchased products via their respective subsidiaries in South East Asia from the producers in question. The JFTC subsequently ruled that such business behavior of the producers in question was detrimental to the competition in the Japanese market.[49]

However, as argued by Japanese scholars, the JFTC's ruling in the CRT cartel reflects excessive application of extraterritoriality of the Japanese competition law. This was mainly because the CRT producers located in South East Asia sell their products globally and their exportation including through third parties into the Japanese market accounted for a small percentage of their global sales. However, the JFTC imposed fines based on the global sales revenue of the producers in question. Second, although some Japanese TV manufacturers purchased CRT from South East Asia, these CRT products have no material impact on the competition of the Japanese market. In other words, the JFTC has failed in satisfying the test of "direct, substantial and reasonably foreseeable effect" when applying its competition law extraterritorially in this case.

(2)　European Commission Decision on International LCD Price Cartel

In December 2010, the European Commission imposed a 300 million Euro fine on Chi Mei an LCD panel producer in Taiwan for its participation in the international price cartel with other LCD panel producers. The Commission's decision was made on the following three grounds: First Chi Mei sold its LCD panel directly to EU undertakings; Second, Chi Mei sold LCD panels to downstream businesses in Taiwan and Japan. These downstream businesses then exported transformed products back to the EU by using the LCD panels. The Commission found the first and second categories of sales as direct sales. Third, Chi Mei sold LCD panels to businesses outside the EU, which then exported back to the EU the transformed products by using the LCD panel. The Commission found such sales to be indirect sales. In deciding the fines, the Commission considered the first two categories of direct sales but not the indirect sales. It claimed that it was able to calculate the indirect sales, however, using direct sales as the basis for fines would be sufficiently deterring to Chi Mei.[50]

Chi Mei had its main dispute with the Commission with respect to the calculation of the second category of direct sales. Chi Mei appealed to the European Union General Court (GC) with an aim to reduce the fine imposed by the Commission.[51] The EU GC rejected the appeal in 2014 but reduced the fine from 300 million Euro to 288 million Euro.[52] Chi Mei appealed for the second time to the ECJ. The ECJ rejected the appeal on 9 July 2015 and endorsed, fully, the Commission's decision.[53]

In the appeal to the EU GC, Chi Mei held that the European Commission did not have jurisdiction over Chi Mei's sales in non-EU markets. The Advocate General Wathelet supported Chi Mei's argument and held that the Commission had exceeded the Completion law's extraterritorial application, when it included the products exported by the downstream manufacturers on the non-EU market in the calculation of fines.[54] However, the ECJ did not take the Advocate General's opinion and held that the calculation of fine was a matter different from jurisdiction. In this case, the ECJ held that the delineation of sales volume was important as it could reflect the economic significance of the unlawful behavior and the signifi-cance of Chi Mei's involvement in the unlawful behavior.[55]

With respect to the calculation of fines, Chi Mei held that the Commission's approach in calculating fines had literally acknowledged that a price cartel existed in non-EU markets and would put Chi Mei at risk of being fined by non EU competition regulators, apart from being fined by the Commission. In other words, the Commission's ruling has two consequences. First, multiple competition regulators would have conflicts of law or tension over the jurisdiction of one case. Second, Chi Mei was inevitably to be overregulated globally. However, in response, the ECJ argued that the Commission bore no obligation to consider the legal actions to be taken by

International Cartels and the Extraterritorial Application of China's Anti-Monopoly Law

non-EU competition regulators and the fines imposed by the latter.[56)]

Hence, the European Commission when applying the EU competition rules extraterritorially, has jurisdiction over not only sales of the cartel undertakings within the EU market, but also over transformed products exported by non--EU businesses to the EU markets by using the products sold by the cartel undertakings to these non-EU downstream business.

However Advocate General Wathelet held that these two sales were fundamentally the same and that the Commission should hold jurisdiction over neither of the two types of the sales, mainly because the cartel took place outside the EU during these two types of sales. Further, the Advocate General pointed out that the Commission's regulation of the LCD cartel's activities outside the EU had not only expanded the extraterritorial application of the EU Competition Law, but also put the producer in question at the risk of being double fined. Based on this, the Advocate General and legal scholars have argued that the extraterritorial application of the EU competition law should be compatible with the EU case law, namely the evaluation of the competition restriction extraterritorially must satisfy the test of having "direct, substantial and reasonably foreseeable effect " on restricting the competition on the EU market.[57)]

(3) Implications on China

In reviewing the NDRC's regulation of the three international cartels, it can be seen that the extraterritorial application of competition regulation in China has satisfied the test of having "direct, substantial and reasonably foreseeable effect on the competition of the Chinese market". First, the parties to these cartels have sold their products directly on the Chinese market. Second, the three international cartels regulated by the NDRC have lasted for a considerable period of time and have had a d severe effect on competition. Third, these products were sold directly to the downstream manufacturers in China, for e.g., Chinese TV set manufacturers, automobile

共通論題② 国際カルテルと東アジア競争法の域外適用

manufacturers or other enterprises. Such sales enabled the final products to be sold directly to the consumers in China, which showed a reasonably foreseeable restrictive effect on competition. Hence, the NDRC have established its jurisdiction over the three international cartels in question.

However, Art. 2 of the AML as the legal basis for the extraterritorial application of the law, has not explicitly stipulated on the requirements of direct, substantial and reasonably foreseeable effect, as the precondition for the regulators to apply the AML extraterritorially. Instead, the provision seems to suggest in a broad way that all restrictions taking place outside China could potentially fall under the AML, as long as the restrictions would eliminate or restrict competition on the Chinese market.

In order to improve legal certainty and transparency it is, therefore, imperative for the Chinese competition regulators to adopt further secondary legislations or guidelines on this. The secondary legislations should clearly define the local nexus of the jurisdiction requirement in the extraterritorial application of the AML, and should set out the principle of direct, substantial and reasonably foreseeable effect as the precondition to apply the AML extraterritorially.

So far the extraterritorial application of the AML has not considered the sales of cartel products outside China. However, it would only be a matter of time for the Chinese competition regulators to take this into account. This would, potentially, incur more significant penalties to be imposed by Chinese regulators upon the infringing parties. The possibility of such a scenario further urges Chinese competition regulator to refer to and comply with the local nexus principle, upheld by leading international competition regimes on the extraterritorial application of competition law.

2 International Comity and the AML's extraterritoriality

When the extraterritorial application of the competition laws touches

134

upon international relations, the principle of international comity should be applied. The US Antitrust Enforcement Guidelines for International Operations in 1995 provided that *Comity itself reflects the broad concept of respect among co-equal sovereign nations and plays a role in determining "the recognition which one nation allows within its territory to the legislative, executive or judicial acts of another nation."* [58]

In *Trugman-Nash, Inc. v. New Zealand Dairy Bd*, the US court recognized that the price of exported products from the New Zealand Dairy Bd was regulated by the New Zealand government and that the New Zealand government has the sovereign power to regulate the price. As a result, the court applied comity and ruled the price fixing agreement among New Zealand diary producers was exempted from the Antitrust Law. [59] Hence, the extraterritorial application of competition law needs to take into consideration the interests of other sovereign states. Competition regulators in general would not have jurisdiction over a competition restriction caused by sovereign acts of states.

In its decision on the wire harnesses cartel in 2013, the Commission found that some producers exported cartel products to its downstream business in the US and Japan and the end products were then be sold on the EU market. [60] However, in calculating the fines, the Commission did not consider the exportation of the end product into the EU market. The Commission did this because it was aware that the cartel had been investigated and fined by the US and the Japanese competition regulators and applied the principle of comity. [61]

In his criticism of the abuse of the extraterritoriality of competition law, Stanford argued that the problems arising from the cross-border competition regulation reflected, in essence, the conflicts among policies of different states. It should be admitted that there was no applicable international law which could be used to resolve the problem. Hence, these problems should be resolved through negotiation and coordination. If one state applies its domestic law as it likes and resolves the problem in its own court, it is not the application of a principle of law but rather the application of economic power in the disguise of law.[62] Hence, international comity is the principle that should be respected by competition regulators and the application of such a principle would be beneficial for domestic competition regulators to protect the lawful rights of domestic businesses in question.

In order to reduce or avoid conflicts among competition regulators, worldwide, mature competition regulation regimes have signed bilateral and multilateral agreements on comity cooperation. The Agreement between the Government of the United States of American and the Commission of the European Communities Regarding the Application of Their Competition Laws, signed in 1998, has remained the most influential one.[63] Art. 6 of the Agreement defined the international comity as "Within the framework of its own laws and to the extent compatible with its important interests, each Party will seek, at all stages in its enforcement activities, to take into account the important interests of the other Party".[64] The agreement provided that the EU and the US competition regulators have obligations to inform each other on the case investigation, procedural cooperation and coordination.[65]

The Chinese competition regulators have signed the Antimonopoly Cooperation Memorandum with many international competition regulators, e. g. the US-China Anti-Trust and Anti-Monopoly Cooperation Memorandum[66] However, in comparison with the international comity agreement between the US and the EU, China's bilateral AML cooperation agreements suffer from being overtly general and unclear and being weak in implementation.

VI Conclusion

The extraterritorial application is one important component of the Anti-

Monopoly Law. This is because no competition regulation regime could effectively regulate and enforce competition in its own market, while restrictions happening outside its territory yet exerting a restrictive effect on competition in the domestic market remain unregulated. However, the extraterritorial application of competition laws should not be abused. Such abuse would not only generate more burdens for the international business community but also cause state tensions and restrict international trade. Two general principles have been advocated and upheld by the international competition community, with an aim to avoid or reduce the negative consequences resulting from abuse. Namely, the principle for the restrictions in question to have "direct, substantial and reasonably foreseeable effect" on the domestic market, as the precondition to be satisfied by competition authorities in order to apply competition rules extraterritorially; the principle of international comity to be upheld by competition authorities during the extraterritorial application of competition rules.

China has *de facto* upheld these two general principles in its extraterritorial competition regulation. For example the NDRC has sufficiently considered the impact of the restriction on the Chinese market in the three international cartel cases. Hence, it has satisfied the local nexus test. However, in order to improve transparency and legal certainty, China should adopt further legislations to explicitly uphold the two principles within the AML legal framework. Further, in order to avoid and reduce conflicts over law and jurisdiction, with other competition authorities, China should improve its AML and proactively participate in international competition regulation collaboration. Nonetheless, it should be noted that as the fundamental goal of the AML is to protect competition in the Chinese market and achieve the maximization of efficiency and social welfare within Chinese society, the international collaboration, coordination and comity on competition regulation nonetheless face certain limits when they are used to overcome the conflicts over jurisdiction or law in the extraterritorial application of the AML.

1) *American Banana Co. v. United Fruit Co.* 213 U.S. 347 (1909).

2) *Supra.*

3) *United States v. Aluminium Co. of America* 8F. 2d 416 (2d Cir. 1945).

4) Act against Restraints of Competition (Competition Act - GWB), § 130 (2), available at http: //www. gesetze-im-internet. de/englisch_gwb/englisch_gwb. html #p1147

5) *Imperial Chemical Industries Ltd. v. Commission* (Dyestuffs) [1972] ECR 619

6) Commission Decision of 30 July 1997 declaring a concentration compatible with the common market and the functioning of the EEA Agreement Case No. IV/M.877 - Boeing/McDonnell Douglas, C(97) 2598 final

7) Commission Decision of 03/07/2001 declaring a concentration to be incompatible with the common market and the EEA Agreement

8) E.-J. Mestmaecker, Wirtschaftsrecht, RabelsZ 54 (1990), S. 421.

9) Art.2 the Anti-Monopoly Law.

10) MOFCOM Notice [2014] No46 http://fldj.mofcom.gov.cn/article/ztxx/201406/201406 00628586.shtml

11) Shang Ming, Comprehensively Summarizing Enforcement Experience and Improving Regulatory Efficiency, in *2014 Annual Report on Competition Law and Policy Report of China*, Law Press 2014 pp. 7-8.

12) http://finance.ifeng.com/a/20140618/12564142_0.shtml

13) Franz Jürgen Säcker: Chinesisches Aus für eine Reederei-Allianz, WuW 11/2014, S. 1031.

14) OECD: Recommendation concerning Effective Action against Hard Core Cartels, http: //www. oecd. org/competition/cartels/recommendationconcerningeffectiveactio nagainsthardcorecartels.htm

15) Art.15.2 of the AML provides that where a monopoly agreement is in any of the circumstances stipulated in Items 1 through 5 and is exempt from Articles 13 and 14 of this Law, the business operators must additionally prove that the agreement can enable consumers to share the interests derived from the agreement, and will not severely restrict the competition in the relevant market.

16) NDRC Price Supervision and Anti-Monopoly Bureau investigates the 6 international producers of LCD panel on price cartel. http://jjs.ndrc.gov.cn/gzdt/t20130117_523203. htm

17) The imposition of fine on LCD panel producers should not pay too much attention to the amount of the fines, http: //news. xinhuanet. com/yzyd/jiadian/20130115/c_

International Cartels and the Extraterritorial Application of China's Anti-Monopoly Law

114368845.htm

18) See Council Regulation (EC) No 1/2003 of 16 December 2002 on the implementation of the rules on competition laid down in Articles 81 and 82 of the Treaty, Art.23, available at http://eur-lex.europa.eu/legal-content/EN/TXT/PDF/?uri=CELEX:32003R 0001&from=EN

19) European Commission - Press release - Antitrust: Commission fines six LCD panel producers €648 million for price fixing cartel, available at http://europa.eu/rapid/ press-release_IP-10-1685_en.htm

20) Art. 14 of the Price Law provides that Operators are prohibited from undertaking the following unlawful pricing behaviour : (1) price fixing agreement to manipulate the market and damage other operators or consumers' lawful interests....... Art. 40 of the Price Law provides that operators which have undertaken unlawful behavior as provided in Art.14 should be ordered to correct its behavior, to have its illegal gains confiscated and be imposed of the fine of up to 5 times of its illegal gain.

21) Zhang Guodong, *Studies on the LCD price cartel investigation by China*, http://hk. lexiscnweb.com/clr/view_article.php?clr_article_id=930&clr_id=74

22) European Commission - Press release - Antitrust: Commission fines six LCD panel producers €648 million for price fixing cartel, http://europa.eu/rapid/press-release_ IP-10-1685_en.htm

23) Imposition of 1.235billion RMB on 12 Auto Parts Manufacturers, http://news. xinhuanet.com/fortune/2014-08/20/c_1112152206.htm

24) NDRC Decision to Exempt Hitachi from Administrative Fine, NDRC Price Supervision Department (2014) No. 2.

25) NDRC Price Supervision Department Fine Decision on Mitsubishi(2014) No. 5.

26) NDRC Price Supervision Department Fine Decision on Yazaki Group (2014) No. 7.

27) NDRC Price Supervision Department Fine Decision on Denso (2014) No. 3.

28) NDRC Price Supervision Department Decision on Exemption of Fines for Hitachi (2014) No. 2.

29) NDRC Price Supervision Department Fine Decision on Nashi Fujikoshi (2014) No. 10.

30) NDRC Price Supervision Department Fine Decision on NSK (2014) No. 11.

31) NDRC Price Supervision Department Fine Decision on JTEKT (2014) No. 12.

32) Allen & Overy, Global cartel fines reach new high in 2014 as enforcers continue to focus on auto parts sector, http://www.allenovery.com/news/en-gb/articles/Pages/ Global-cartel-fines-reach-new-high-in-2014-as-enforcers-continue-to-focus-on-auto-parts-sector.aspx

33) Hans-Jörg Niemeyer and Boris Kasten and others: Cartel Regulation of European Union 2008, Getting The Deal Through, p. 64.

34) *See* CARTEL STATISTICS by European Commission, Fines Guidelines 2006 - fines

共通論題② 国際カルテルと東アジア競争法の域外適用

as percentage* of global turnover, http://101.96.8.165/ec.europa.eu/competition/cartels/statistics/statistics.pdf.

35) Antitrust Criminal Penalty Enhancement and Reform Act of 2004 (HR 1086), 15 USC §1 (2004).

36) COUNCIL REGULATION (EC) No 1/2003 of 16 December 2002 on the implementation of the rules on competition laid down in Articles 81 and 82 of the Treaty, Art. 23 (2), http://eur-lex.europa.eu/legal-content/EN/TXT/PDF/?uri=CELEX:32003R0001&from=EN

37) Commission fines eight companies in graphite electrode cartel, available at http://europa.eu/rapid/press-release_IP-01-1010_en.htm?locale=zh; Shearman & Sterling LLP: Cartel Detail, http://www.carteldigest.com/cartel-detail-page.cfm?itemID=24.

38) OECD, Fighting Hard-Core Cartels, Harm, Effective Sanctions and Leniency Programme, 2002, p. 81.

39) Guidelines on the method of setting fines imposed pursuant to Article 23(2)(a) of Regulation No 1/2003, para. 21, http://eur-lex.europa.eu/legal-content/EN/TXT/PDF/?uri=CELEX:52006XC0901(01)&from=EN

40) Case COMP/39165 Flat Glass, C(2007)5791 final.

41) Shearman & Sterling LLP Cartel Digest, International Cartels, http://www.cartel digest.com/cartel-page.cfm

42) NDRC rule on the implementation procedure of Anti-Pricing Monopoly, http://jjs.ndrc.gov.cn/zcfg/201101/t20110104_389401.html

43) *Timberlane Lumber Co. v. Bank of America*, 549 F. 2d 597 (9[th]Cir. 1976)

44) S7, Clayton Act , 15 U.S.C. §§ 12-27, 29 U.S.C. §§ 52-53.

45) *See* U.S. Department of Justice and Federal Trade Commission, Antitrust Enforcement Guidelines for International Operations, Sec. 3.14 (April 1995).

46) Volker Emmerich, Kartellrecht, 8 Auflage, S. 25.

47) ICN, Recommended Practices for Merger Notification Procedures, http://www.internatiuonalcompetition network.org/aboutus.html

48) Japan Fair Trade Commission Cease-and-Desist Order and Surcharge Payment Orders against Manufacturers of Cathode Ray Tubes for Televisions, October 7/2009, http://www.jftc.go.jp/en/pressreleases/yearly-2009/oct/individual-000037.html.

49) *Supra.*

50) Commission Decision of 8.12.2010 relating to a proceeding under Article 101 Treaty on the Functioning of the European Union and Article 53 of the Agreement on the European Economic Area COMP/39.309 – LCD - Liquid Crystal Displays.

51) *InnoLux Corp. v European Commission* 2014 T-91/11.

52) *Supra.*

53) *InnoLux v. Commission* 2015 C-231/14 P.

54) Advocate General Opinion on InnoLux Corp., formerly *Chimei InnoLux Corp. v.*

International Cartels and the Extraterritorial Application of China's Anti-Monopoly Law

European Commission, 2015, C-231/14 P.

55) *InnoLux v. Commission* 2015 C-231/14 P.

56) *InnoLux v. Commission* 2015 C-231/14 P.

57) Advocate General Opinion on InnoLux Corp., formerly Chimei InnoLux Corp., v. European Commission, 2015, C-231/14 P.

58) *See* William C. Holmes & Dawn E. Holmes, Antitrust Law Sourcebook, for the United States and Europe, 2000 Edition, p. I-389.

59) *Trugman-Nash, Inc. v. New Zealand Dairy Bd.*, 954 F. Supp. 733 (S.D.N.Y. 1997).

60) European Commission - Press release - Antitrust: Commission fines producers of wire harnesses € 141 million in cartel settlement, http://europa.eu/rapid/press-release_IP-13-673_en.htm

61) Marek Martyniszyn, How High (and Far) Can You Go? On Setting Fines in Cartel Cases Involving Vertically-Integrated Undertakings and Foreign Sales, https://papers.ssrn.com/sol3/papers.cfm?abstract_id=2743292.

62) J. S. Stanford, The Application of the Sherman Act to Conduct Outside the United States: A View from Abroad, 11 Connell Int'l L. J. 195 (1978), p. 213, n. 46.

63) Agreement between the Government of the United States of American and the Commission of the European Communities Regarding the Application of Their Competition Laws, September 23, 1991, 30 I. K.M.1491 (November 1991); corrected at OJ L 131-38 (June 15, 1995).

64) *Supra.*

65) *Supra.*

66) U.S. - China Memorandum of Understanding on Antitrust and Antimonopoly Cooperation [English and Chinese Version], https://www.ftc.gov/policy/cooperation-agreements/us-china-memorandum-understanding-antitrust-antimonopoly-cooperation.

(Distinguished Professor of Hu Nan University, and Law Professor of Chinese Academy of Social Sciences. Member of the State Council Anti-Monopoly Expert Committee)
(Assistant Professor, School of Law, University of Nottingham)

自由論題

サービス貿易規律における最恵国待遇原則

高 橋 恵 佑

Ⅰ　はじめに
Ⅱ　GATS における最恵国待遇免除
　1　免除の導入と初期の方針
　2　廃止から維持へ
　3　現状
Ⅲ　経済統合と最恵国待遇免除
　1　経済統合の要件と約束方式
　2　経済統合における免除リスト
Ⅳ　おわりに

Ⅰ　は じ め に

　GATT 及び WTO を中心とする国際通商体制は，経済活動の自由を保障して公正な競争条件を確保することを最大の目的としている。この目的を実現するにあたり，最恵国待遇原則と内国民待遇原則は最も重要な原則として位置付けられてきた。最恵国待遇原則により WTO 加盟国の間で輸出国は平等に扱われ，内国民待遇原則により輸入された産品が国内の産品と等しく扱われるためである。

　他方，WTO 協定の下 GATS において新たに規律されることとなったサービスの貿易は産品の貿易とは異なり，取引されるサービス自体は有体物ではない。この特徴のために，関税の賦課といった国境における水際措置がサービスの貿易を妨げるとは考えられなかった。サービスの提供に影響を及ぼす各種の規制措置こそがサービス貿易にとっての主な障壁となる。このような各種の規制措置は，外国のサービスやサービスの提供者に対して与えられる市場アクセスや内国民待遇と関連する。そのため，GATS を中心にサービスの貿易が検討される場合，市場アクセスについて規定した第16条と内国民待遇について規

定した第17条に主に焦点が当てられてきた。そのため，GATS の最恵国待遇原則について触れるものはあっても，その実態や具体的な内容までは検討されてはいない。また，サービス貿易の自由化は GATS だけでなく，複数国が自由貿易協定を締結することによっても進められる。こうした自由貿易協定は GATS の最恵国待遇原則の例外に位置付けられる。ここで主に検討されたのは，サービス貿易がそれぞれの協定によってどの程度自由化したのかという問題であった。しかし，複数国間の自由貿易協定におけるサービス貿易の自由化水準の検討も，結局のところは市場アクセスと内国民待遇が中心となる。複数国間の自由貿易協定にも定められる最恵国待遇原則は，それほど多くの関心を集めてこなかった。

　確かに最恵国待遇原則はサービスの貿易との関係ではあまり重要視されていない。しかしながら，これによってサービスの貿易における同原則が意義を喪失したわけではない。むしろ，同原則がサービスの貿易に影響を及ぼすあらゆる措置に対して適用されることが確認されてもいる。[2] そこで本稿では最初に，サービス貿易規律における最恵国待遇原則に関連して，例外措置である最恵国待遇の免除の GATS への導入とその正当化の経緯を明らかにする。これにより，GATS における最恵国待遇原則が従来想定されていたような無条件の最恵国待遇原則とは異なっている点を指摘する。次に，貿易の自由化において近年主流となっている，複数国間の自由貿易協定に定められたサービス貿易規律について概説し，具体的な事例として2種類の自由貿易協定を比較する。自由貿易協定に定められた最恵国待遇原則と免除リストによって，GATS との関係に構造的な問題が創り出されている点を指摘する。最後に，検討事項を踏まえて簡単な見解を述べる。

Ⅱ　GATS における最恵国待遇免除

　サービスの貿易を規律する GATS は，第2条1項において WTO 加盟国に対し無条件の最恵国待遇義務を定めている。これは具体的には「他の加盟国のサービス及びサービス提供者に対し，他の国の同種のサービス及びサービス提供者に与える待遇よりも不利でない待遇を即時かつ無条件に与える」こととさ

自由論題

れる。しかしながら同2項では，「『第2条の免除に関する附属書』に掲げられ，かつ同附属書に定める要件を満たす場合に」，義務からの免除を認めている。

1　免除の導入と初期の方針

　ウルグアイ・ラウンドにおいて，サービス貿易協定に第2条2項の例外を設ける過程で重要な役割を果たしたのがアメリカである。このサービス貿易協定についてアメリカは当初，条件付きの最恵国待遇義務を定めるように主張していた。それまでに貿易の自由化に一定の成果を挙げてきた無条件の最恵国待遇義務を，サービス貿易協定から排除するよう呼び掛けたのである。アメリカの方針の背景には，国際通商体制におけるフリーライダーの問題があった。[3]

　無条件の最恵国待遇義務の特徴は，ある加盟国の約束した自由化の内容が協定の発効に伴って自動的に，そして一律に適用されることである。それにより他のすべての加盟国の平等な扱いが確保される。結果として交渉を通じて大幅な自由化を約束した国家も，あまり自由化を約束しない国家も，等しく自由化の利益を享受できることになる。こうした特徴のために，自国の市場は開放せずに他国の自由化約束による利益は確保するただ乗りが可能となる。アメリカは自国の市場が開放されていると自認していた一方，他の多くの国家は国内市場を自由化する動機に乏しかった。このような貿易の自由化に対する認識の差も摩擦の原因であった。アメリカの主張に対し，交渉当事国の多くは批判的な姿勢を示している。[4]

　しかし，交渉を経て出来上がったGATSには，第2条2項の例外措置が定められた。GATSは無条件の最恵国待遇義務を定めつつも，条件付きで例外を認める規定を内包することとなった。結果的にWTO加盟国の多くが最恵国待遇義務からの免除を広く利用する状況が生まれている。WTO成立の後に新規に加盟した国々も当然のように免除を利用している。[5]他方で，日本や韓国など一部の加盟国は免除リストへの記入を全く，又はほとんど行っていない。これらの国々は最恵国待遇義務からの免除を一時的な例外と捉え，最終的には廃止される措置と考えていた。『第2条の免除に関する附属書』（以下，『附属

144

書』）の第 6 項に，免除の利用期間は10年を超えないよう定められていたからである[6]。

　この第 6 項の規定にもかかわらず，例外の対象となる措置の多くについて，加盟国はその利用期間を具体的に定めていない[7]。そのため，日本や韓国などは，WTO が成立して10年になる2005年以降の，免除リストに記入された措置の扱いについて問題を提起した。実際にはサービス貿易理事会が『附属書』第 4 項の規定に従い， 5 年毎に免除リストに関する審議を行っている。審議はこれまでに 4 回実施されてきた[8]。

　2000年から2001年にかけて実施された第 1 回目の審議では，免除の継続的な利用について否定的な加盟国から以下の要求が示された。第 1 に，免除の対象となる措置について明確性と透明性を向上すること。第 2 に，免除が必要となる状況を検討して明らかにすること[9]。第 3 に，免除の利用が一時的なものであることを確認すること[10]，の 3 点である。これらの要求は加盟国が作成した免除リストの内容を項目毎に明らかにするものである[11]。同時に，一部の WTO 加盟国が GATS 第 2 条 2 項の例外を，あくまで一時的な措置として捉えていたことを示してもいる[12]。

　このとき免除の利用について疑問を投げかけた加盟国は，2004年から2005年にかけて実施された第 2 回目の審議でも引き続き問題を提起している。WTO 成立から10年となる節目であり，『附属書』第 6 項の内容が主な焦点となった。第 6 項の内容に従うならば，免除リストに記入された多くの免除の措置が影響を被ることになるためである[13]。実質的には免除リストに記載された措置の廃止や削減が要求されたと言える。

2　廃止から維持へ

　他方でアメリカや EU など広く免除を利用している加盟国は，免除の必要性について理由を述べつつ利用の継続を求めている。アメリカの場合，友好通商航海（FCN）条約や二国間投資協定（BIT）など，相互主義に基づく措置の維持が理由とされる[14]。EU の場合，免除を必要とする状況が現に存在していることを理由としている[15]。カナダは免除を利用している一部の措置について撤回を

自由論題

表明するなど，前向きな反応を示していた。しかしながら，ここで取り上げられた措置が『附属書』第4項の定める審議プロセスを通じて実際に撤回されたかは明らかではない。これらの加盟国にとって審議の場は，例外措置である免除を利用し続けることを正当化し，釈明するための機会にもなっていた。

それに加えてこれらの国々は，『附属書』の条文の解釈についても異論を提起している。まず，『附属書』の第4項が定める審議の内容が問題となった。第4項は，サービス貿易理事会が審議において検討すべき2点の事柄を明示している。その1つが，免除の必要性を創り出している状況が引き続き存在しているかという点である。そしてもう1つの検討事項は，次回の審議の実施日を決定することである[17]。第4項が指示している検討事項はこの2点のみであり，免除の廃止や免除リストに記載された措置の削減などは検討すべき事柄ではなかった[18]。とりわけ EU がこの点を強調し，アメリカも同様の意見を述べている[19]。その結果，『附属書』第4項が定める審議のプロセスでは，免除の廃止や削減に繋がる議論を続けることが困難になった。

また，免除の利用期間について制限を設けた『附属書』第6項の内容も問題とされた。アメリカは第6項の「原則として」(in principle) という文言と，助動詞として "should" が用いられていることに注目している。『附属書』の他の規定で用いられている助動詞は "shall" である。そのためアメリカによれば，第6項の指示する内容は義務的な要求ではないと考えられた。これにより審議プロセスについても，免除を10年の期限の後も続けて利用するための正当化の作業と判断されている[20]。

しかし，このような EU やアメリカの考えに同意しない加盟国も存在した。例えばノルウェーは，自国の利用する免除の維持を望みつつも，その検討と正当化には慎重に臨む必要があると述べている。最恵国待遇原則は変わらず国際貿易の中心原則であると考えられていたからである。さらに中国が免除の利用を原則からの逸脱と指摘している。中国も最恵国待遇原則が GATS の最も重要な柱の1つであると認識していた[21]。

最終的にはこの問題について見解を問われた事務局が，アメリカの主張に沿う判断を下している。事務局によれば，『附属書』第6項の文言は加盟国に法

的義務を課すものではないことが明らかであった。事務局は「免除の利用期間に関する規定の強制可能性を，法的義務ではなくピアプレッシャーの問題として理解」していた。そのような理解の根拠として，事務局は「ウルグアイ・ラウンドの終盤に免除リストへの記入が事実上，無制限に行われたこと」を指摘している[22]。

以上の指摘を受けて第2回目の審議プロセスを最後に，『附属書』第4項の定める審議プロセスでは，免除の撤廃や削減が議論されていない[23]。現在これらの問題は，第6項第2文の指示に従ってドーハ開発アジェンダ（以下，ドーハ・ラウンド）のサービス貿易自由化交渉に委ねられている[24]。しかしながら，免除リストの問題は自由化交渉の主要な議題ではない[25]。さらに，ドーハ・ラウンド自体も停滞しているため，免除リストに記載された措置の削減は期待できない。

3　現　状

このような経緯から，GATS の例外措置として，免除リストが埋め込まれることとなった。そのため GATS 第2条1項と『附属書』には，「祖父化する条項」（grandfathering provision）の要素があるとも指摘されている[26]。免除リストが GATS に埋め込まれたことによって，無条件の最恵国待遇原則が長期にわたって損なわれることとなった。そのため，GATS に定められた最恵国待遇原則が，加盟国間の無差別待遇を確保していく上で十分に機能するとは考えられない。免除リストによって最恵国待遇原則に基づいた制度が「最不恵国」枠組み（"least-favoured-nation" framework）へと変質するリスクも指摘されている[27]。

これに加えて，最恵国待遇免除の終了に関する手続きが形骸化した可能性も指摘できる。サービス貿易理事会は2002年6月の時点で，『第2条（MFN）免除の終了，削減及び修正の認証に関する手続き』を採択していた[28]。この手続きを通じて加盟国は，免除の削減や修正だけでなく，免除リストに記入した期日よりも前倒しで措置を終了させることができる。免除を終了させる場合，加盟国にはサービス貿易理事会への通知義務が発生する。この通知では免除の終了

自由論題

が効力を得る日付と，終了の理由が明らかにされなければならない。それに応じて事務局が，すべての加盟国に対して当該免除の終了を認証する通達を発行する[29]。しかしながら，免除の削減や廃止は貿易自由化交渉における交渉材料（bargaining tips）にもなるため，加盟国はこの手続きを利用しないと考えられる。

　最恵国待遇原則からの例外である免除は，フリーライダー問題への対処や既存の二国間条約の相互主義的な関係を維持する目的で導入された。新規加盟国も免除を利用することができ，実際に利用されている。しかしながら，免除リストに記入された措置の多くは予定期間が定められていない。その削減と廃止は現在のところドーハ・ラウンドの議題とされているが[30]，その議論は進展していない。結果的にGATSの最恵国待遇原則にはGATTの場合と異なり，例外が広く認められることとなった。

Ⅲ　経済統合と最恵国待遇免除

　以上の経緯から，免除の廃止と削減はドーハ・ラウンドの議題となった。しかしながら，2008年頃にはドーハ・ラウンドの停滞が意識され，複数国間で貿易の自由化を達成するための取組みが目立つようになる。さらに2011年には，ドーハ・ラウンドとは異なる交渉アプローチを模索する必要性が確認されている[31]。2013年に発表された新たな『サービス貿易協定』（Trade in Services Agreement；TiSA）に関する構想も，そのような交渉アプローチの１つである。こうした複数国間による貿易自由化への取組みは，WTO協定の目的に沿う限りにおいて認められる。

　GATTの地域統合と同じく，GATSでは第５条において経済統合という形での最恵国待遇原則からの逸脱を認めている。複数国間でサービス貿易の自由化に取り組む場合，基本的には産品の貿易を主軸とする自由化交渉に付随して行われる。複数国間での貿易自由化においては，当事国のみが自由化の利益を享受できる。そのため，WTO体制の多角主義を損なうブロック経済となる危険性が警戒されていた。サービス貿易において経済統合が認められる場合でも，WTO体制を損なうことは求められていない[32]。サービス貿易と経済統合に

148

関しても，統合を通じて達成される自由化の水準を明らかにすることがしばしば試みられてきた。具体的な検討事項としては，GATS 第5条が定めている経済統合の要件，そして高度な自由化を達成するための約束方式に焦点が当てられている。本稿では経済統合の具体例として，EU と韓国の自由貿易協定，及び韓国とアメリカの自由貿易協定を取り上げる。そのため両協定を比較する前に，GATS の視点に立った上で，最恵国待遇原則の例外に位置付けられる複数国間の自由貿易協定について検討する。この作業を通じて，対照的な2種の協定が一般的にどのように理解されるのか説明する。以下では，GATS における経済統合の要件と約束方式を検討の手掛かりとする。

1 経済統合の要件と約束方式

経済統合に関して GATS 第5条1項(a)は，統合によって「相当な範囲の分野」（substantial sectoral coverage）のサービスが自由化の対象となることを求めている。そしてこの要件は(1)分野の数，(2)影響を受ける貿易の量，そして(3)提供の態様から理解される。しかし，その具体的な基準は明らかでなく，これらの文言が示す内容を明らかにする必要性が訴えられていた[33]。とりわけ「相当な範囲の分野」基準が示す射程については，GATT 第24条の「実質上のすべての貿易」（substantially all the trade）という基準と並べて検討が行われている[34]。こうした検討は，経済統合による自由化から一部のサービス分野やサービスの提供態様を除外することができるのかという問題について，明らかにすることを目的としていた[35]。

しかし，地域貿易協定委員会における一連の検討で加盟国は，GATS 第5条の指示している経済統合による自由化の射程を確定できなかった。結果的に，GATS 第5条に関する検討を再開すべきではないとの結論が出されている。そのため，問題の解決は実質的に棚上げされた。対照的に，ノルウェーや日本は作業の継続を提案したが，支持を得られなかった[36]。そのため，現在まで GATS 第5条の問題は扱われていない。

次に，WTO 体制にとって建設的な経済統合を探る上で問題となるのが，高度自由化を達成するための約束方式である。サービス貿易の自由化に際して

は主に2種類の約束方式が用いられている。1つは，自由化を約束するサービス分野を約束表に記載するポジティブ・リスト方式で，GATSの約束表で採用されている。もう1つは，自由化を約束しないサービス分野のみを約束表に記載し，それ以外はすべて自由化を実現するネガティブ・リスト方式である。これは北米自由貿易協定（NAFTA）など，主にアメリカが当事国となる地域貿易協定で利用されている。どの約束方式を採用するべきかという問題については，ウルグアイ・ラウンド当時から議論されていた。[37]

WTOは，地域貿易協定について提出された資料を基に統計を作成し，サービス貿易の自由化水準を数値化して公表している。[38]それらの統計などによると，ネガティブ・リスト方式を採用した地域貿易協定の場合は，ポジティブ・リスト方式を採用した協定に比べ，当事国がより多くの自由化を約束していることが分かる。そのため，サービス貿易の効率的な自由化を達成する視点からは，ネガティブ・リスト方式に高い評価が与えられる。[39]

しかし，ネガティブ・リスト方式にも問題点がある。それはGATSマイナス（GATS-minus）の要素と呼ばれる。基本的には地域貿易協定によってサービス貿易の一層の自由化が約束される。そのため，地域貿易協定の自由化約束表には，GATSよりも前進したことを意味するGATSプラスの要素を確認できる。他方で，地域貿易協定の約束表に記載された内容の一部が，結果的にGATSで約束した自由化よりも後退する場合がある。このようなGATSマイナスの要素は多くの協定で確認されている。ネガティブ・リスト方式を採用した協定の場合，ポジティブ・リスト方式を採用した協定に比べ，このGATSマイナスの要素を多く含む傾向がある。経済統合は利害の一致する加盟国が一層の自由化を進展させることを条件として例外的に認められる。そのため経済統合の結果，GATSよりも制限的な貿易協定が成立する事態はWTOの目的に反する。このような要素については，GATSの約束表を適用することで無効化されるか，当事国間で個別に解決されると考えられる。[40]

2　経済統合における免除リスト

最恵国待遇義務の免除について見ると，地域貿易協定で免除リストが利用さ

れている例を確認できる。ここでは(1)EUと韓国のFTA，及び(2)韓国とアメリカのFTAを取り上げ，その特徴を紹介する。これらのFTAには，比較検討する上で重要な長所が3点ある。第1に，どちらも主要な国家によって締結された最近の協定として広く重要性が認められている。[41] アメリカとEUはウルグアイ・ラウンド当時，規律を策定する交渉において大きな影響力を持った国と地域である。他方，OECD加盟国である韓国も，国際経済において重要な関与者である。第2に，サービスの貿易を自由化する際に，異なる約束方式が採用されている。EUと韓国のFTAでは，ポジティブ・リスト方式が用いられている。[42] 対照的に，韓国とアメリカのFTAではネガティブ・リスト方式が用いられている。その点でこれら2種の協定が締結されたことは，規律の策定において両方式が依然として並び立っていることを示している。少なくとも現時点では，どちらか一方の方式の普及が確定しているとは言えない。それにもかかわらず，これらの協定が共に韓国を一方の当事国としている点は，比較を行う上で重要な共通項として評価できる。第3に，GATSの免除リストに対する当事国の姿勢が，FTAで変化したことを確認できる。『附属書』第4項の審議プロセスではEUとアメリカは免除リストの維持と利用の継続を要求していた。他方，韓国は免除リストへの記入も少なく，その継続的な利用に対して否定的な意見を示している。そのためこれらのFTAは，経済統合における免除リストの作成状況を確認するのに適切な事例である。

(1) EUと韓国のFTA

2011年7月に発効したEUと韓国のFTAは，産品の貿易に関して大部分の関税が撤廃される貿易協定である。また，競争政策，政府調達，知的所有権，規制の透明性，及び持続可能な開発も規律対象とされる。サービスの貿易はFTAの第7章において規律され，以下に挙げる5つの節から構成される。A節「一般条項」，B節「サービスの越境取引」，C節「設立」，D節「ビジネスに関わる自然人の一時的な滞在」，そしてE節「規律枠組み」である。GATSでは(1)越境取引，(2)国外消費，(3)商業拠点，そして(4)人の移動という4つの提供態様を定めていた。FTAで除外されたかに見える(2)国外消費については，B節「サービスの越境取引」について規定した第7.4.3条(a)(ii)項に含められ

自由論題

ている。[43]

　このFTAではGATSと異なり，最恵国待遇義務は包括的に規定されていない。最恵国待遇義務はB節の第7.8条とC節の第7.14条に定められているが，A節とD節では設けられていない。それに伴い，最恵国待遇義務の免除もそれぞれ第7.8.3条(c)項と第7.14.3条(c)項に同じ文言を用いて規定されている。[44]そしてこれらの規定に従って，GATSと類似する内容の免除リストが作成されている。

　EUの場合，このFTAで合計44件の措置を免除リストに記載している。その内訳は，すべてのサービス分野に関して8件，運輸サービスに関して22件，その他の個別のサービス分野に関して13件である。[45]GATSの免除リストでは全体で28件の措置が記載されているため，[46]大幅に増加したことが分かる。これとは別に，EUがドーハ・ラウンドで提案している免除リストでは，50件もの措置が記入されている。[47]FTAにおけるEUの免除リストの特徴として，ドーハ・ラウンドの免除リストとほぼ同じ説明が記入されている点が挙げられる。そのためFTAにおけるEUの免除リストは，ドーハ・ラウンドで作成した免除リストを基にしていると考えられる。

　FTAの免除リストは，ドーハ・ラウンドで提案された免除リストよりも記載されている措置が少ない。その原因は，オーディオ・ビジュアルサービス分野に関する措置が免除リストから除外されたことにある。EUと韓国のFTAの第7.4.1条では，オーディオ・ビジュアルサービス分野が自由化の例外に位置付けられている。[48]そのため，免除リストに記載する必要もなくなったと言える。このような例外に位置付けられるサービス分野には，国内海上貨物輸送サービス，国内航空運輸サービスなどが含まれる。

　免除リストに記入される措置の増加については，EUの拡大に理由を求めることができる。追加された措置の多くは，チェコやポーランドなどの東欧諸国，そしてリトアニアなどのバルト海諸国が実施する規制措置である。また，措置の多くは，サービスの提供者に対して与えられる許認可に関連している。[49]そのためこれらの措置は，規制権限の温存を望む移行経済国によって記入されたものと考えられる。GATSの免除リストには，現在のEU構成国の作成し

た免除リストが統合されていない部分がある。EU の拡大に伴って各国の免除リストが統合されたため，記入される措置の数が増加したと言える。

韓国の場合，FTA で合計14件の措置を免除リストに記入している。その内訳は，すべてのサービス分野に関して 2 件，運輸サービスに関して 6 件，その他の個別のサービス分野に関して 6 件である。韓国は GATS の免除リストをほとんど利用していない。そして，ドーハ・ラウンドでも免除リストに記入された措置の削除を提案しており，追加もしていなかった。FTA における免除リストの作成は，韓国の最恵国待遇義務に対する姿勢に変化が生じたことを示している。

韓国の免除リストは，EU が作成した免除リストとは異なる書式で作成されている。EU の免除リストは GATS の免除リストに倣い，5 つの項目を備えている。対象となる「分野」，実施する「措置の説明」，「適用対象となる国」，「予定期間」，そして「免除の必要性を創り出している状況」の 5 項目である。ところが，韓国の免除リストには「分野」と「措置の説明」以外の記入項目がない。免除リストに関して WTO で実施された議論を考慮すると，「予定期間」などの除外された項目について記入を行う必要性はないと言える。

(2) 韓国とアメリカの (KORUS) FTA

KORUS FTA は2012年 3 月に発効した。USTR の説明によると，KORUS FTA はこの20年で商業的に最も重要な協定と位置付けられている。サービスの貿易については，自由化の対象となる分野ごとにまとめて規定が置かれている。具体的には，第11章「投資」，第12章「サービスの越境取引」，第13章「金融サービス」，第14章「電気通信サービス」，そして第15章「電子商取引」とまとめられる。最恵国待遇義務については第11.4条，第12.3条，そして第13.3条にそれぞれ定められている。

また，自由化約束に関してはネガティブ・リスト方式が採用され，やはり章ごとに約束表が作成されている。この約束表は，自由化を約束しない「分野」，FTA に「関連する義務」，措置を利用する「政府のレベル」，「措置」及びその「説明」の 5 つの項目で構成される。これらの項目の中で「関連する義務」の項目に，最恵国待遇義務が記載される事例がある。そのため，GATS の免

自由論題

除リストの内容がKORUS FTA の約束表へと移植されていると予想できる。

　実際に最恵国待遇義務に関連して制限されるサービス分野は，GATS の免除リストの内容に類似している。アメリカの場合，GATS では合計18件の措置を免除リストに記入している一方で，KORUS FTA では合計16件の措置がこれに相当しうる。そしてGATS の免除リストとKORUS FTA の約束表で，まったく同じ措置が記載されている事例を確認できる。例えば，パイプライン運輸サービスの項目では "the Mineral Lands Leasing Act of 1920" の内容が説明されている。[55]

　韓国の場合，合計14件の措置が最恵国待遇義務に関連するものとして約束表に記入されている。その内訳は，すべてのサービス分野に関して1件，運輸サービスに関して5件，その他の個別のサービス分野に関して8件となっている。これら14件の措置のうち12件については，EU と韓国のFTA で作成された免除リストと同じ内容が記載されている。ネガティブ・リスト方式を採用した約束表であるため，最恵国待遇義務だけでなく市場アクセスや内国民待遇に関する義務も併記されている。[56]

　KORUS FTA では，GATS の免除リストの内容が約束表へと統合されている。このことは，国際通商体制において奇妙な状況を創り出している。最恵国待遇原則は，一部の例外を除きGATS のすべての加盟国が遵守しなければならない義務である。KORUS FTA は経済統合に位置付けられるため，それ自体がGATS の最恵国待遇義務からの逸脱である。それにもかかわらずKORUS FTA の約束表には，最恵国待遇義務の免除リストの内容が組み込まれている。[57]

　GATS の場合，最恵国待遇の具体的な内容を決定する際には，他のWTO 加盟国に対して与えられる待遇を参照する。最恵国待遇を決定する基準が明確なため，結果的にWTO 加盟国間の無差別待遇が確保される。他方で経済統合において最恵国待遇の具体的な内容を決定する際には，第三国に与えられる待遇を基準として参照する。[58]経済統合に規定される最恵国待遇原則は，GATS と異なり，他のWTO 加盟国が享受する待遇を参照基準としていない。多数の国と地域が参加するWTO とは異なり，二国間の関係においては当事国の

154

国力の差が国家関係に大きな影響を及ぼす。したがって，一方の当事国が最恵国待遇を享受する目的で第三国と同等の待遇を要求しても，相手国が素直に応じるとは限らない。

さらに最恵国待遇義務の免除リストを利用することで，相互主義に基づいた不利な待遇の供与が正当化される。また，新たな経済統合が提案されるたびに，免除リストが作成され続けてもいる。[59) 自由化約束表の内容と比べると，免除リストに記入される事柄は少ない。そのため，経済統合の交渉過程において免除の削減や廃止は主要な議題にならない。結果的に最恵国待遇義務の免除は，構造的な問題を抱えつつも，当事国が長く享受できる特権となる可能性がある。

Ⅳ　おわりに

これまでに概説したように，例外措置であるはずの最恵国待遇義務の免除は広く利用されている。免除について要件を定めた『附属書』では，10年という期限が設けられている。そのため，WTO の成立後しばらくの間は，一時的に利用が認められた後は最恵国待遇原則が適用されると考える加盟国もあった。『附属書』第4項の審議プロセスを通じて，免除の終了や削減に向けた検討が試みられてもいる。しかしながら，結局のところ免除リストが廃止されることはなかった。GATS には条件付きの最恵国待遇原則が規定されたと言える。現在，免除リストの議論はドーハ・ラウンドの交渉議題の1つに位置付けられてはいる。ドーハ・ラウンドの交渉は停滞しているため，この問題について近く進展を見ることは期待できない。そのため，最恵国待遇義務の免除がGATS に埋め込まれたと考えることもできる。

ドーハ・ラウンドとは別に，各国は経済統合を通じてサービス貿易の自由化を図ることもできる。ところが，比較的最近になって締結された貿易協定にさえ，GATS のものと同じ内容の免除リストが作成されている。協定によっては，サービスの自由化約束表に組み込まれている例も確認できる。しかしながら経済統合は本来，GATS の最恵国待遇原則からの逸脱として位置付けられる。その最恵国待遇原則からの逸脱である協定の中に，最恵国待遇義務の適用

除外について定めた免除リストが設けられている。このために，GATS との関係で最恵国待遇原則について歪んだ構造が創り出されている。また，経済統合が締結されるたびに差別待遇の正当化が図られるため，GATS/WTO 体制の無差別待遇原則は損なわれつつある。

こうした状況を考慮すると，GATS の最恵国待遇原則が今後その機能を十分に果たすのは困難である。このような現状は，WTO が本来想定していたサービス貿易規律の在り方ではない。加盟国が原則を重視していれば，例外措置の普及を黙認し続けることはない。しかしながら現在は条件付きの最恵国待遇原則が広範な支持を得ており，それによってもたらされる弊害については見過ごされる傾向がある。そして，こうした弊害を解消するための取組みは十分な成果を挙げることができていない。そのため，GATS/WTO 体制においてサービス貿易の自由化を進める際には，免除の利用によって生じる差別待遇の存在を前提とする必要があるだろう。

1) Pauwelyn, J., "Rien ne Va Plus?: Distinguish Domestic Regulation from Market Access in GATT and GATS", *World Trade Review*, Vol. 4, No. 2 (2005), pp. 133-141; Delimatsis, P., " Don't Gamble with GATS - The Interaction between Articles VI, XVI, XVII and XVIII GATS in the Light of the US - Gambling Case", *Journal of World Trade*, Vol. 40, No. 6 (2006), pp. 1072-1075; Wang, W., "On the Relationship from Market Access and National Treatment under the GATS", *The International Lawyer*, Vol. 46, No, 4 (2012), pp. 1046-1051.

2) "[T]he most-favoured-nation treatment（MFN）obligation, apply to any measure affecting trade in services" Leroux, E.H., "Eleven Years of GATS Case Law: What Have We Learned?", *Journal of International Economic Law*, Vol. 10, No. 4 (2007), p. 750.

3) Stewart, T.P. ed., *The GATT Uruguay Round - A Negotiating History (1986-1992)*, Vol. 2 (1993), p. 2393.

4) *Ibid.*, pp. 2393-2394.

5) *Trade in Services - Republic of Kazakhstan - Final list of article II (MFN) exemptions*, GATS/EL/154, 15 February 2016, pp. 2-4; *Trade in Services - Liberia - Final list of article II (MFN) exemptions*, GATS/EL/155, 2 September 2016, p. 2; *Trade in Services - Afghanistan - Final list of article II (MFN) exemptions*, GATS/EL/156, 5 September 2016, pp. 2-3.

6) 『附属書』第 6 項 "In principle, such exemptions should not exceed a period of 10

years. In any event, they shall be subject to negotiation in subsequent trade liberalizing rounds".

7） 加盟国の作成した免除リストの予定期間（Intended duration）の項目には，不定（ndefinite）や不特定（ndeterminate）と記入される例が多い。Adlung, R. and Carzaniga, A., "MFN Exemptions under the General Agreement on Trade in Services: Grandfathers Striving for Immortality?", *Journal of International Economic Law*, Vol. 12, No. 2 (2009), p. 373.

8） 第4回目の審議は2016年9月に実施されている。*Report of the meeting held on 17 June 2016 - Note by the Secretariat*, S/C/M/127, 13 September 2016, para. 5.

9） *Communication from Hong Kong, China*, S/C/W/137, 9 May 2000, para. 1.

10） *Communication from Korea*, S/C/W/138, 9 May 2000, para. 4.

11） 日本は各加盟国が利用する免除の必要性に関し，200項目以上の質問を用意して審議に臨んでいる。*Communication from Japan*, S/C/W/140, 15 May 2000, paras. 1-252.

12） *Communication from Mexico*, S/C/W/139, 8 May 2000, paras. 1-8.

13） *Ibid.*, paras. 6-7, and *Communication from Hong Kong, China; Japan and Korea*, S/C/W/173, 6 October 2000, paras. 12-13.

14） *Report of the Meeting held on 29 May 2000*, S/C/M/44, 21 June 2000, paras. 21-25.

15） *Ibid.*, paras. 32-34.

16） *Report of the Meeting held on 24 June 2005*, S/C/M/79, 16 August 2005, para. 19.

17） 『附属書』第4項 "The Council for Trade in Services in a review shall: (a) examine whether the conditions which created the need for the exemption still prevail; and (b) determine the date of any further review".

18） *Report of the Meeting Held on 30 November 2004*, S/C/M/76, 4 February 2005, para. 18.

19） *Ibid.*, para. 22.

20） *Ibid.*, paras. 22-24.

21） *Ibid.*, paras. 12 and 25.

22） *Ibid.*, para. 29.

23） *Report of the Meeting held on 2 May 2011*, S/C/M/105, 6 June 2011, para. 26-37. *See also, supra* note 8, para. 5.

24） 『附属書』第6項第2文の指示は，サービス貿易の自由化交渉に関する手続きを定めた文書によっても根拠づけられていた。
Guidelines and Procedures for the Negotiations on Trade in Services - Adopted by the Special Session of the Council for Trade in Services on 28 March 2001, S/L/93, 29 March 2001, para. 6.

25） ドーハ・ラウンドでの免除リストに関する議論については，主に下記を参照されたい。
Report of the Meeting held on 26, 29 and 30 September 2005, TN/S/M/16, 28 October 2005, paras. 91, 148, and 195; *Report of the Meeting held on 15 November and 6*

自由論題

December 2007, TN/S/M/28, 5 May 2008, para. 55, 95 and 164; *Report of the Meeting held on 16 March 2010*, TN/S/M/35, 27 April 2010, para. 24-26, 83 and 192; *Report of the Meeting held on 15 April 2011*, TN/S/M/42, 21 June 2011, paras. 32, 53-54, 62, and 81.

26) Adlung and Carzaniga, *supra* note 7, p. 367.

27) *Report of the Meeting held on 23 February 2005*, S/C/M/78, 17 May 2005, para. 148.

28) *Procedures for the Certification of Terminations, Reductions and Rectifications of Article II (MFN) Exemptions - Adopted by the Council for Trade in Services on 5 June 2002*, S/L/106, 11 June 2002.

29) *Ibid.*, paras. 2-4.

30) 2005年の閣僚宣言において，免除の廃止と削減がドーハ・ラウンドの交渉目標の1つとして確認されている。

Doha Work Programme Ministerial Declaration - Adopted on 18 December 2005, WT/MIN(05)/DEC, 22 December 2005, p. C-2.

31) *Eighth Ministerial Conference - Chairman's concluding statement*, WT/MIN(11)/11, 17 December 2011, p. 3.

32) *Regional Trading Agreements Should be Building Blocks, Not Stumbling Blocks, for the Multilateral System Says Sutherland - Without a strengthened GATT, regional arrangements face a bleak future*, GATT/1596.

33) *Note on the Meeting of 17 and 18 March 1997*, WT/REG/M/9, 1 May 1997, paras. 45-46.

34) *Synopsis of "Systematic" Issues related to Regional Trade Agreements*, WT/REG/W/37, 2 March 2000, paras. 54 and 71n169.

35) *Ibid.*, para. 72.

36) *Note on the Meetings of 29 - 30 March 2000*, WT/REG/M/25, 4 May 2000, paras. 11-19; *Report (2000) of the Committee on Regional Trade Agreements to the General Council*, WT/REG/9, 22 November 2000, para. 14.

37) Footer, M. E. and George, C., "The General Agreement on Trade in Services" Macrory, P. F. J., Appleton, A. E. and Plummer M. G. eds., *The World Trade Organization. Legal, Economic and Political Analysis*, Vol. 1 (2005), pp. 815 817.

38) Dataset - Dataset of services commitments in regional trade agreements (RTAs), at https://www.wto.org/english/tratop_e/serv_e/dataset_e/dataset_e.htm (as of 25 May 2017); Scoring system - Dataset of services commitments in regional trade agreements (RTAs), at https://www.wto.org/english/tratop_e/serv_e/dataset_e/dataset_index_e.htm (as of 25 May 2017).

39) Findlay, C., Stephenson, A. and Prieto, F. J., "Services in Regional Trading Arrangement" Macrory, P.F.J., Appleton, A.E. and Plummer M.G. eds., *The World Trade Organization: Legal, Economic and Political Analysis, Vol. 2* (2005), pp. 293-312; Adlung, R. and Mamdouh, H., "How to Design Trade Agreements in Services:

サービス貿易規律における最恵国待遇原則

Top Down or Bottom Up?", *Journal of World Trade*, Vol. 48, No. 2 (2014), pp. 191-192.

40）　Adlung and Mamdouh, *supra* note 39, pp. 212-215; Adlung, R. and Morrison, P., "Less than the GATS: 'Negative Preferences' in Regional Services Agreements", *Journal of International Economic Law*, Vol. 13, No. 4 (2010), pp. 1141-1142; Adlung, R. and Miroudot, S., "Poison in the Wine? Tracing GATS-Minus Commitments in Regional Trade Agreements", *Journal of World Trade*, Vol. 46, No. 5 (2012), pp. 1051-1055.

41）　Hoekman, B.M. and Mavroidis, P.C., "WTO 'á la carte' or 'menu du jour'? Assessing the Case for More Plurilateral Agreements", *The European Journal of International Law*, Vol. 26, No. 2 (2015), p. 320.

42）　Mathis, J. and Laurenza, E., "Services and Investment in the EU-South Korea Free-Trade Area: Implications of a New Approach for GATS V Agreements and for Bilateral Investment Treaties", *The Journal of World Investment & Trade*, Vol. 13 (2012), p. 162.

43）　*Ibid.*, p. 158; European Union, "Free trade Agreement between the European Union and its Member States, of the one part, and the Republic of Korea, of the other part", *Official Journal of the European Union*, Vol. 54, EU Doc. L 127, 14 May 2011, pp. 24-41.

44）　*Ibid.*, pp. 27 and 29.

45）　*Ibid.*, pp. 1305-1312.

46）　*European Communities and Their Member States-Final List of Article II (MFN) Exemptions*, GATS/EL/31, 15 April 1994, pp. 1-11.

47）　*Communication from the European Communities and its Member States-Conditional Initial Offer*, TN/S/O/EEC, 10 June 2003, pp. 153-165; *Communication from the European Communities and its Member States-Conditional Revised Offer*, TN/S/O/EEC/Rev. 1, 29 June 2005, pp. 415-434.

48）　European Union, *supra* note 43, pp. 25-26.

49）　*Ibid.*, pp. 1305-1312.

50）　*Ibid.*, pp. 1312-1314.

51）　*Republic of Korea-Revised Offer in Services*, TN/S/O/KOR/Rev. 1, 14 June 2005, p. 72.

52）　European Union, *supra* note 43, pp. 1312-1314.

53）　Final Text of KORUS FTA, at https://ustr.gov/trade-agreements/free-trade-agreements/korus-fta/final-text (as of 25 May 2017).

54）　*Ibid.*, Annex I, Annex II and Annex III of Schedule of the United States.

55）　*Ibid.*, Annex I of Schedule of the United States, p. 4. *United States of America-Final List of Article II (MFN) Exemptions*, GATS/EL/90, 15 April 1994, p. 51.

56）　Final Text of KORUS FTA, *supra* note 53, Annex I, Annex II and Annex III of Schedule of Korea.

57）　このような最恵国待遇原則からの逸脱が重複する構造は，EUと韓国のFTAにも共通している。

自由論題

58) EU と韓国の FTA では「第三国」(third country), KORUS FTA では「非当事国」(non-Party) が用いられている。

59) 例えば現在も交渉が続けられている TiSA 構想の場合, EU が約束表と共に免除リストを提案し, 内容を公開している。

European Union-List of MFN Exemptions in The EU Initial Offer, 23 July 2014, pp. 131-155; *European Union-List of MFN Exemptions in Revised Offer*, 26 May 2016, pp. 138-162; *European Union-List of MFN Exemptions in Second Revised Offer*, 21 October 2016, pp. 124-147, at http://trade.ec.europa.eu/doclib/press/index.cfm?id =1133 (as of 25 May 2017).

(明治大学大学院法学研究科博士後期課程)

自由論題

DPA（Deferred Prosecugtion Agreement）（訴追延期合意），いわゆる交渉による企業犯罪の解決について──英米の制度比較──

杉 浦 保 友

Ⅰ　はじめに
Ⅱ　DPA とは
　　1　DPA 定義
　　2　DPA のルーツ
　　3　小　括
Ⅲ　米国における DPA 制度の運用の現状と今後
　　1　DPA 制度運用の現状
　　2　トランプ政権下での今後の運用
　　3　小　括
Ⅳ　英国による DPA 制度の導入とその後
　　1　英国での DPA 制度採用経緯
　　2　DPA 制度運用の現状
　　3　小　括
Ⅴ　英米における DPA 制度の比較
　　1　主要な事項の比較
　　2　小　括
Ⅵ　英米裁判所による DPA に対する裁判所の関与
　　1　概　略
　　2　米国での状況
　　3　英国での状況
　　4　小　括
Ⅶ　おわりに──日本における DPA 導入の可能性

Ⅰ　は じ め に

　企業の国際的事業活動の拡大に伴い，反トラスト法，賄賂やマネーロンダリングなど国際的取り決めをベースとした各国の公的規制が年々強化されつつあり，違反した場合，経済犯として企業が厳しく処罰されている。最近でも大手企業が国際事業活動に関する不正行為で関係国において制裁金を科された例が続出している。[1]

自由論題

　企業不正行為が発覚した場合でも，検察官は企業内部の意思決定の仕組み
や，行為や契約形態が複雑で，往々にして隠ぺいされているため，証拠が十分
に収集できず，訴追を断念せざるえない場合が多いと言われている[2]。その殻を
破るには，企業による任意の申告や捜査協力が不可欠である。しかし，企業側
はそれに応じるインセンティブがなかった。そこで，従来から膨大な数の刑事
事件を被疑企業と検察の合意（司法取引）で処理してきた米国で，自主的に不
正行為を申告し，捜査に十分協力する企業に対しては，有罪を認めなくても，
検察との交渉で刑事事件を解決するというインセンティブを与える Non-
Prosecution Agreement（以下 NPA という）や Deferred Prosecution
Agreement（以下 DPA という）というツールが生まれた。現在は司法省を中心
に内外の企業の不正行為に対する解決に積極的に活用されている。

　英国では複雑な現代的な企業組織の不正行為に対応するツールの1つとし[3]
て，米国から DPA 制度を学び，英国の置かれた法的伝統や仕組みも考慮し，
2014年に独自の DPA 制度を導入した。今迄4件の DPA が成立した。特に今
年に入って2件の大型の DPA が立て続けに成立し，英国で DPA 制度が定着
しそうな勢いである。英米以外でも，フランスで長年議論してきた賄賂規制強
化のための Sapin II 法が成立し，その中にフランス版 DPA 制度が導入されて
いる[4]。また豪州でも昨年の DPA 制度導入の是非についての Consultation
Paper への肯定的回答を基に，今年4月政府が豪州独自の DPA 制度提案への[5]
パブコメを求める Consultation Paper が出された[6]。このように，OECD 外国
公務員贈賄条約の各国への浸透もあり，世界の大きな流れとして，企業による
経済犯罪について合意による解決を認める動きが広がってきている。日本では
刑事訴訟法改正案が成立し，「合意制度」という司法取引制度が初めて導入さ
れたことから，今後企業の不正行為に対応する DPA 制度の議論に発展するこ
とが期待される。

　執筆者としては本論文が，国際経済法学会を通じて，国際事業活動に伴う国
際経済法の問題の1つとして，今後積極的に議論していくきっかけとなること
を願っている。

　本稿では，まず DPA の定義を再確認し，米国での運用の現状と英国での

DPA 制度導入の経緯とその後を検討する。次に英米の DPA 制度の比較を検討し，更に英米の制度の違いの中の最大の問題である DPA に対する裁判所の関与について詳細検討する。「おわりに」で，日本における DPA 導入の可能性に触れた。

Ⅱ　DPA とは

1　DPA 定義

　DPA とは，検察と被疑企業との間の特定の経済犯罪の解決となる合意のことで，その下で，被疑企業は，事実の経緯を認め，不正利益の吐き出し，制裁金・被害者の補償・検察コストの支払や，当局への協力の継続，コンプライアンスの向上，役職員への研修，関係者の懲戒や解雇，経営陣の刷新，法人モニターの受け入れ等の義務を負い，他方検察は，DPA 書面と共に訴追手続に必要な書類を裁判所にいったん提出するものの，訴追手続は直ちに停止し，被疑企業が合意期間中に義務違反なく合意期間が経過した場合，訴追手続はこれ以上継続せず，取下げを約束するものである。もし被疑企業の約束違反が発生した場合，検察は合意期間を延長したり，合意内容を変更することや，または，訴追手続きの再開を裁判所に申請する権限を持つことになる。[7]

2　DPA のルーツ

　もともと米国では膨大な数の刑事事件が発生する。これをいちいちトライアルで処理しようとすると検察も裁判所も時間的，コスト的，人的にも大きな負担になる。そのため，多くの刑事事件について検察と被告人の間で交渉・合意による解決が行われている。伝統的制度としては，有罪答弁（guilty plea）を前提とする plea agreement（答弁合意：PA）がある。しかし，1990年代に起訴か，不起訴かの２つの選択のみでは，限界があることが認識され，第三の解決方法として，DPA や検察が訴追手続きをとらないことを合意する NPA という被告人の有罪答弁を前提としない交渉による解決方法が生まれた。[8]

　DPA のルーツは，米国の未成年やマイナーな犯罪の初犯者の被告人に対する pre-trial diversion の制度である。これらの者は訴追するのでなく，更生・

自由論題

図1 2000年から2016年までの企業NPAとDPA件数推移

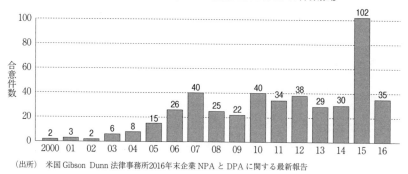

（出所）米国 Gibson Dunn 法律事務所2016年末企業 NPA と DPA に関する最新報告

図2 2000年から2016年までのNPAとDPA関連の支払金額推移

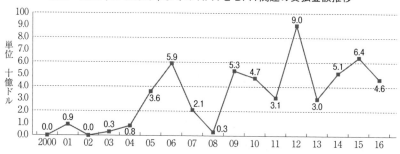

（出所）米国 Gibson Dunn 法律事務所2016年末企業 NPA と DPA に関する最新報告

再発防止に力点を置くべきとして，diversion プログラムという合意を作成し，その中で被告人は違法行為責任を認め，義務として感情抑制や薬物常用者へのカウンセリングを受け，被害者への賠償やコミュニティー・サービスなどを行うこととし，その期間中は訴追を停止し，期間が経過し，合意のプログラムが終了したら，刑事訴追をしないというもの。この制度を企業の刑事責任の合意処理に応用した。2003年1月に当時の Deputy Attorney General の Larry D. Thompson が発表したメモランダム（これは Thompson メモといわれている）で，自主的開示と真の協力の見返りに企業との交渉による合意を奨励する方向へ DOJ のポリシーを変更した。それにより，上記図1が示すように，2003年以降米国で NPA と DPA の使用が急速に増加した。

3 小 活

上記のように，米国では「DPA 及び NPA は，連邦制定法によるのでなく，刑事執行実務の革新と刑事および民事執行当局間の関連調整を通じて」[10]，必然的に発生したものである。

Ⅲ 米国における DPA 制度の運用の現状と今後

1 DPA 制度運用の現状

上記図 1 を基に，2000年から2016年までの NPA と DPA を合計すると457件である。2015年 1 年だけで102件と突出しているが，これはスイスの銀行に対する DOJ 税務局のキャンペーン（Swiss Bank Program）によるもので，これを[11]除くと26件で，安定して推移していたことになる。Foreign Corrupt Practices Act（海外贈賄禁止法：FCPA）関連は2000年から2016年は合計93件と多く，これからも DPA/NPA の主な原因となるだろう。また図 2 によると NPA と DPA の下での制裁金などの支払金額を合計すると総額551億ドルである。2012年が 1 年のみで90億ドルと突出しているが，これは異なる 3 件の大型案件があったことによる[12]。このように米国では2003年を境に NPA と DPA の活用が非常に活発化したことが分かる。

1997年から2011年までの間の米国での企業不正行為の PA，NPA と DPA を併せた合意解決の分野別分析では，Alexander・Cohen 両氏による報告（注10）では，反トラスト法が119件，内外贈収賄・キックバックが111件，環境・安全が91件でこの 3 分野で上位を占め，その他ヘルスケア・FDA59件，詐欺56件，マネーロンダリング・租税23件，輸出入管理18件，その他10件となっている。このように米国では毎年多くの非常に広範にわたる分野で，検察と被告人法人との合意による解決がなされている実態を示しているが，興味あることに，DPA/NPA 件数の増加と共に，伝統的な PA も増加しているということである。その理由は，従来民事・行政取締で処理していた分野にも，刑事執行の範囲が拡大したからという。

新しい傾向として，不訴追の場合でも，企業に様々な義務を科する不起訴レターのような新しい手法も生まれてきており，検察が使えるツールを多様化さ

自由論題

せている。[13]

2 トランプ政権下での今後の運用

トランプ政権となり，検察のホワイトカラー犯罪に対する方針が変わるのだろうか。NPA/DPA が最も使われている FCPA について，2012年5月にトランプ氏が当時事業家の立場で，この法律は horrible law で，米国企業に大きな不利益を与えるものだから改正すべきと発言していたことから今後の対応が注目されている。当時のこの意見は決してトランプ氏だけのものでなく，米国商業会議所も，FCPA は不透明で，過激な執行により米国事業は不利になっているとして反 FCPA キャンペーンを行っていた。[14]またトランプ大統領からFCPA の執行の一端を担う機関の1つである SEC 委員長の指名を受けた JaryClayton 氏も，NY City Bar Association 会長時代に反 FCPA 的行動をしていた。

しかし，今年3月23日の上院銀行委員会の聴聞会で Clayton 氏は，上記行動について問われ，「5年から7年前までは考えられなかったが，今や他のOECD 国は同じような監督と執行を行っている」と認めたように状況変化がある。米国 TRACE の報告によると，[15]非米国当局の2016年執行件数は，前年比2倍以上に増加し10件となっている。ブラジル検察当局による Odebrecht/Braskem 事案や英国 SFO が主導した Rolls-Royce 事案など，米国検察よりも大きな役割を持って捜査・処理する事例も出てきている。米国で FCPA の執行行為が後退しても，外国執行機関がそれぞれの反賄賂法に基づき熱心に執行をする時代になった。しかし，今まで米国執行機関がこの分野で担ってきた主導権を渡すことは米国の利益ではないだろう。FCPA は今年施行から40周年となる。DOJ と SEC の高官は2017年に入ってからも，FCPA 執行を強く進めるというメッセージを送っている。[16]また専任スタッフを大量に雇用している。予測不能なトランプ政権であるから，しばらくは事態を見守る必要があるが，米国検察当局が FCPA の積極運用の手綱を緩めると思われない。

DPA（Deferred Prosecugtion Agreement）（訴追延期合意），いわゆる交渉による企業犯罪の解決について

3　小　活

　米国では，長い間，広い分野で合意による刑事事件の解決が行われ，その解決ツールも様々である。特にDPAについては，贈賄分野での使用が定着している。トランプ政権となってからも積極的な運用がされており，今後もその状態は続くと予測される。

Ⅳ　英国によるDPA制度の導入とその後

1　英国でのDPA制度採用経緯

　英国のDPA制度についての「Consultation Paper」[17]（以下英国CPという）の冒頭で，何故英国はDPA制度の導入が必要であるか述べている。これを要約すると，英国における企業の経済犯罪よるコストは毎年730億ポンドと巨額であるのに，今まで十分成果が上がってなかった。その原因として，企業不正行為には，内部告発や企業の協力が不可欠であるが，企業側にはそうするインセンティブがないこと，また，英国では企業の刑事責任を問うためには，企業の支配的意思（directing mind）（取締役や経営者などの企業の意思決定者）を特定する必要があるが（「同一視理論」[18]），複雑な事業行為を進める大企業の場合，意思決定者を分散させているため，企業の支配的意思を特定できないこと，更に，企業不正行為に対しては，検察側は，不起訴か，刑事訴追か，あるいは，民事回復命令（Civil Recovery Order）というオプションしかなかったが，いずれも不十分であることを挙げている。[19]そのため新しいアプローチとして，政府は米国で成功している有罪を前提にしない交渉による解決手段であるDPA制度に注目し，英国CPの中で企業の経済犯罪に対する有効なツールとして英国へ導入すること提案した。

　しかし，米国の制度をそのまま導入したわけでない。後で詳しく検討するように，DPA内容について裁判所の承認を必要とする制度設計になっている。このように，英国のDPA制度は，米国のように執行当局の実務の積み重ねの上に必然的に生まれたものでなく，政府主導で人為的に上から導入をしたものである。このようにして，英国では，The Crime and Courts Act 2013（45条と附則17にDPA規定がある）が議会の承認を得て成立し，2014年2月24日に施

自由論題

行された。

2 DPA 制度運用の現状

2014年に英国に DPA 制度が導入されてから，企業と SFO との間で今年 4 月までに合意された 4 件の DPA 内容は次のようなものである。

1 件目は，2015年11月の Standard Bank PLC（以下 SB という）の DPA である。同社と兄弟会社のタンザニア法人の Stanbic Bank Tanzania Limited（以下 ST という）が共同でタンザニア政府のため資金調達業務を獲得した際，ST が仲介人に不正に資金を供与したことを SB が防止しなかったという英国 Bribery Act 2010（以下 UKBA という）7 条 1 項違反容疑について 3 年期限で，合計 £31.53mil（補償 £6mil，不正利益没収 £8.4mil，制裁金 £16.8mil，コスト £0.33mil）の支払が合意された。

2 件目は，関与した個人の刑事裁判が継続中で名前が伏され，XYZ 社として2016年 7 月に公表された英国の鉄鋼関連の中小企業（以下 XYZ という）の DPA である。これは XYZ が，その経営幹部も関与して，主として東南アジア各国で 8 年間にわたり74件の契約のうち28件の契約が贈賄により獲得されたとして，汚職と賄賂の共謀と UKBA 第 7 条 1 項違反の容疑について，制裁金の支払満了時期により2.5年から 5 年期限で，不正に得た総利益 £6,553,085（不正利益没収 £6,201,085と制裁金 £352,000）に相当する金額の支払が合意された。

3 件目は，2017年 1 月に公表された英国の Rolls-Royce PLC（以下 RR という）の DPA である。RR が24年間にわたり，世界中の多くの国において，軍事航空，民間航空，エネルギー事業において，経営幹部を含め多くの役職員が関与して，贈賄の共謀と不正会計と UKBA 第 7 条 1 項違反容疑について，5 年期限（4 年に短縮される可能性はある）で合計約 £510mil（不正利益没収 £258mil，制裁金 £239mil，コスト £13mil）の英国史上最大の支払が合意された。RR の DPA は，英国 SFO，米国 DOJ とブラジル検察当局とグローバルに解決されたもので，上記に加え RR は米国で ＄170mil，ブラジルで ＄26mil の制裁金の支払を合意した。RR の負担総計では約 ＄800mil に及ぶ。

168

DPA (Deferred Prosecugtion Agreement)（訴追延期合意），いわゆる交渉による企業犯罪の解決について

4件目は，2017年4月10日に裁判所で承認された英国スーパー大手の Tesco Store Limited （以下 TS という）の DPA である。最初の3件の賄賂事件と異なり，2014年2月から9月まで TS が£263mil 利益を水増ししていたという粉飾会計が対象になった。制裁金£129mil と SFO のコストの支払を合意し，RR に次ぐ大きい制裁金となった。親会社の Tesco PLC は Financial Conduct Authority との間で，別途2014年8月29日から9月19日までの間に現金で Tesco 株と社債を購入した株主に対して補償として金利を除き約£85mil の支払合意をした。3名の個人に対する刑事訴訟手続き中でトライアルが9月に行われることになっているため，これが終結するまでは，DPA や Statement of Facts や裁判所の DPA 承認理由などの公表禁止命令が出されている。そのためこの件を十分分析できるだけの情報はない。

以上の4件の DPA はそれぞれ非常に特徴ある案件で，すべて Leveson 判事が担当したが，英国政府が英国 CP で期待したような複雑で深刻な企業の経済犯罪に対する有効なツールとして機能しただろうか。

詳細が不明の TS 事案を除くと，SB と XYZ の事案については，被疑会社による自主的申告と十分な捜査協力や開示により，SFO が知らなかった法人刑事贈賄事案が最終処理された。従来手法では，処理が難しかったと思われる事件で，またコンプライアンスなどの再発防止体制も整備されたことからみて，肯定すべきであろう。RR 事案については，長期間に多数の国を巻き込んだ重大な贈賄事案で，しかも自主的申告はなかったこともあり，DPA 処理が正しかったかの判断は難しい。SFO は RR が英国のブルーチップ中のブルーチップ企業であるが故に訴追を避けたと非難された。[20] しかし，極めて複雑な贈賄事案であったため，SFO は3年間の捜査に，常時70名のスタッフと Queen's Counsel 2人を含む6名の弁護士チームを専属させ膨大なコストがかかっている。[21] RR 側も世界トップクラスの弁護士事務所を複数起用して対応していたので，争った場合，RR も検察も，またそれを審理する裁判所も経済的，時間的，人材的負担は非常に大きなものになったであろう。恐らく DPA が最善のオプションであったと推測される。特に RR からみると，有罪となった場合の金銭的負担リスクの不確実性もさることながら，それ以外の悪影響（英国国防

自由論題

産業やサプライチェーンへの悪影響，公共調達から排除，株価低迷，リストラなど）も無視できなかった[22]。それだからこそ，SFO は，DPA があったがため，RR に対して DPA 処理基準に合うように，巨額な制裁金の支払や SFO のコストの負担を合意させ，また Leveson 判事も言っているように extraordinary なレベルの完全な協力と開示をさせることに成功したと言える[23]。問題はあるが，訴追との比較から，逆説的ながら肯定的評価できないことはない。4 件の DPA が合意されたことに関連して次のことが指摘できる。

第 1 に，今までの成功例をみると UKBA 7 条の存在が大きい。DPA は「現実的に有罪が確立できるもの[24]」でなければ認められない。UKBA7 条の下では，企業は適切な措置を講じていたことを立証しないかぎり，関係者（従業員，代理人，子会社など）によるその企業のための贈賄行為は，企業が無過失でも罰せられる。検察は，この関係者が賄賂を払ったことを「合理的な疑いもなく」立証する必要はなく，状況証拠から実質的に推論されればよいとされる。SB 事案の DPA では初めて 7 条違反が適用され，その後続けて XYZ 事案でも RR 事案でも 7 条が適用されている。企業は，現実に有罪となる恐れが高く，また有罪となればどのくらいの制裁になるか予測ができなければできないほど，合意による処理を望み，自主的な申告や協力に応じるインセンティブがある。これまでの 3 件の DPA 例では，UKBA7 条と DPA の相性が極めてよいことが明らかになった。このような法人防止違反規定は，今年 4 月 27 日に成立した Criminal Finances Act 2017 で脱税にも導入されたが[25]，更に英国政府は，これら以外の経済犯に拡大することについて，Call for evidence によりパブコメを求めている[26]。もし実現すると英国で更に多くの経済犯に DPA が使われる可能性が高くなる。

第 2 に，4 番目の TS との DPA の詳細は明らかにされていないが，粉飾会計に関するものである。これまで TS のような大企業の場合，同一視理論が障害となり，他の 3 件の DPA 事件のように，英国での DPA は UKBA7 条違反が適用される事案に限定されると考えられた。しかし，本事案は，DPA の使用は必ずしもこれに限定されるものでないことを示し，UKBA7 条の呪縛を超え，DPA の適用を一段と拡大する契機になりうる。

DPA（Deferred Prosecugtion Agreement）（訴追延期合意），いわゆる交渉による企業犯罪の解決について

第3に，RR事案は裁判所の役割の限界が試された事件といえる。本件は RR が，本当は訴追されるべきところを，カネで刑事免責を買った，あるいは，検察と RR が密室で取り決めたなどの批判がありうる。しかし，英国の DPA 制度は，まさにこのような場合こそ，裁判所の果す大きな役割を期待したものである。裁判所は国民に代わり，客観的基準から DPA 合意の是非を判断することが予定されている。しかし，問題は RR 事案のような複雑で深刻な事案の場合，あまりに短時間内に判断を迫られる判事への負担が重過ぎるように思われ，そうだとすると十分この役割が果たせないのでないかという懸念が生じる。これは制度の根本にかかる問題である。再度第VI節で検討する。

3 小 活

米国のように数多くの DPA が使われているのと比較すると，発表された4件だけでは，英国での DPA の今後の傾向を語るには時期尚早である。DPA について未解決の課題はまだ多くあるが，事案を重ねるごとに1つひとつが解決されていくであろう。SFO の Ben Morgan 氏が最近のスピーチで言っている[27]ように，合意による解決がもう1つのツールとして定着する可能性は十分にある。

V 英米における DPA 制度の比較

1 主要な事項の比較

(1) DPA の法的根拠

米国では，検察官の犯罪行為についての捜査・起訴の一般権限と裁量を根拠とし，議会による制定法上の根拠はない。ただし，検察官に対する訴追ガイドラインとして米国連邦検察官マニュアル Title 9-28の Principles of Federal Prosecution of Business Organizations（以下 USAM Title 9という）[28]があり，更に制裁金について United States Sentencing Commission, Guidelines Manual[29]（以下米連邦量刑ガイドラインという）がある。

一方，英国では Crime and Courts Act 2013（以下 CCA という）45条により DPA について全部で39条の附則17が制定された。また運用ガイドラインとし

自由論題

て，Deferred Prosecution Agreement Code of Practice[30]（以下 DPA Code とい
う）や The Code of Crown Prosecutors[31] があり，制裁金について Sentencing
Council による Fraud, Bribery and Money Laundering Offences: Definitive
Guideline[32]（以下英量刑ガイドラインという）や具体的な DPA に関する手続面で
は，Bribery Act Guidance 及び Criminal Procedure Rules 2015（以下英刑事訴
訟規則という）の Part 11 がある。このように英国では一貫性と透明性が重視さ
れたため，規範が広く整備されている。

(2) 裁判所の関与

英米の DPA 制度で最も異なる点は DPA に対する裁判所の関与の程度であ
る。後で詳細に検討するが，米国では，DPA は検察の訴追権限の範囲内と考
えられており，裁判所による関与は限定的である。一方，英国裁判所は，
DPA 合意前と後で 2 回ヒアリングを開催し，DPA 合意の可否と内容を承認す
る権限がある。

(3) DPA が使用される犯罪類型

米国では，原則 DPA 適用対象の犯罪類型について制限がなく，実際前述の
通り[33]，広い分野で DPA が利用されている。英国では，DPA 対象犯罪は附則
17 の Part II に列挙される法人の経済犯罪に限定されて使用される。

(4) 合意の種類

米国では，PA や DPA と NPA が広く使われている。最近は不訴追の場合
であっても，NPA に類似した条件が付されるものが出てきており，多彩な交
渉による合意ツールがある[34]。英国では，DPA のみで，NPA は裁判所の関与が
ないため，採用されなかった[35]。弊現地調査によると寛大な措置を期待して有罪
答弁をすることがあっても，必ずしも PA として使われていないようである。

(5) DPA 当事者

米国では，検察側は連邦検察官であるが，相手側は，企業その他の団体，個
人も可能である。英国では，検察側は CCA 附則 17 第 3 条で，Public
Prosecutions 長官と SFO 長官または国務大臣命令で選任された検察官とされ
ているが，過去 4 件の DPA はすべて SFO 長官が当事者である。相手側は，
組織と団体に限られ，個人には DPA は認められない。米英ともに関与した個

172

DPA (Deferred Prosecugtion Agreement)（訴追延期合意），いわゆる交渉による企業犯罪の解決について

人には大きな訴追リスクがある。何故なら，企業との DPA には容疑に関する Statement of Facts を含み，そこで記載された事実を（場合により容疑も）認め，企業及びその役職員はそれに反するような行為をしないこと，また，検察に対し関与した個人の捜査・訴追に協力することを約束する。これにより関与した個人は著しく不利な立場に置かれることになる。米国で DPA の際，企業の経営者を訴追しないことを約束する場合があるが，英国の制度ではこれはあり得ない。

⑹　DPA 内容

英米ともに原則として DPA は個々の事案に応じて作成することが予定されている。米国では DPA 内容について犯罪タイプごとに一定の実務慣行が出来ている。英国では，透明性と一貫性重視から，DPA 内容について CCA 附則17第 5 条に明文で項目を非制限的だが列挙している。それによると DPA には Statement of Facts を含むこと，また DPA 期間の終了日を特定すること，更に企業に対して，次のような義務の遵守を課している。

- 経済的制裁金の支払
- 違反容疑の被害者への補償
- チャリティー若しくは第三者への金銭の寄付
- 企業が得た不正利益の吐出し
- コンプライアンス規範の実行，若しくは，既存のコンプライアンス規範や従業員研修の変更
- 捜査への協力
- 検察の合理的コストの支払

⒜　経済制裁金　　米国では巨額な制裁金がマスコミで問題になっている。しかし，DPA について経済制裁金は米連邦量刑ガイドラインに沿って計算されており，運用面での裁量はあるが，計算根拠は客観的になされる。英国では，CCA 附則17と DPA Code で，DPA の経済制裁金は「有罪答弁により有罪判決が下りた場合の罰金額にほぼ同じものでなければならない[36]」と定めており，英量刑ガイドラインに沿って制裁金が計算される。

⒝　検察コスト　　米国では，検察コストの請求はしない。しかし，英国

自由論題

ではRR事案で£13mil ものSFO コストをRR に負担させた。SFO は，保守党政権の下で存続の危機にあり，またとかく行政コストの削減で批判に晒されていることから，このような複雑でコストのかかる事案では国民の財布から負担させてないで解決したことを成果として強調している[37]。

(c) コンプライアンス規範　米国ではお節介なくらいに，DPA に最低基準を添付し，これを上から企業に強制していることが多い[38]。英国ではそこまで要求してない。

(d) 法人モニター　米国では，DPA の半分以上にモニターが義務付けられていると言われる[39]。かつてモニターコストが高いこと，検察のOB の天下りの人選が行われているのでないかという疑惑が問題となったため，2008年3月に初めて独立のモニター人選の検察官へのガイダンスとして9原則を示したMonford メモが発表された[40]。更にその後モニターと法人の間の紛争における当局の役割についてGrindler メモにより第10番目の原則が追加された[41]。しかし，US Government Accountability Office（GAO）の報告でも指摘されたように，改善されたもののまだ不透明であるという批判が残っている[42]。

2014年3月19日に締結されたDOJ とトヨタ間のDPA を検討すると，日揮や丸紅などのDPA とは全く異なっている。日揮や丸紅のDPA では添付C にモニターの人選から権限など，定型的な規定が入っている。しかし，トヨタのDPA では本文中に法人モニターの権限や会社の協力義務など独自の規定が極めて詳細に記載されている。この違いは勿論対象となった違反が，自動車の安全にかかる開示違反と，FCPA 違反というように異なる訴追原因がその理由であろうが，トヨタのDPA は，12億ドルという巨額な罰金の支払と，法人モニターよるトヨタのあらゆる行為の監視がそのDPA の主たる目的であったことが明らかである。

英国では，DPA Code パラ7.11から7.22にはMorford メモで記載された項目と同様のモニター規制が規定されている。これまでの3件のDPA を見ると，DPA の前提となる企業組織の再編やコンプライアンス規範の見直しなどのために選任されている既存の独立の専門家に加えて，新しくSFO から独立モニターは要求されていない。

174

DPA（Deferred Prosecugtion Agreement）（訴追延期合意），いわゆる交渉による企業犯罪の解決について

(7) DPA違反の認定

米国では，検察側の判断のみにより，裁判所にDPA違反認定の権限はない。英国では，検察が裁判所に違反の認定を申請し，裁判所が民事の立証原則であるbalance of probabilityにより合意違反を判断し，更に追完措置の合意を検察と企業に呼び掛けるか，又はDPAの解除決定ができる。裁判所はその決定理由を付し，これは公表される。ここでも透明性が重視され，裁判所の役割は大きい。[43]

2　小　活

こうして英米のDPA制度を比較すると，細部において，多くの異なったことがあるが，一番大きな違いは，次節で詳しく検討するDPAに対する裁判所の関与の有無であろう。

VI　英米裁判所によるDPAに対する関与

1　概　略

米国のDPA制度では，検察の裁量が強く，検察は判事や陪審員も兼ねることになること，裁判所による司法審査はめくら判を押すだけの形式的なものとなっており，迅速であるが，透明性に欠ける，という批判がなされている。英国では，裁判所がDPA合意の是非や内容の公平・合理性・バランスの判断をすることになっており，裁判所の関与が制度の要である。米国の制度と比較して，一貫性，透明性に優れているが，裁判所による独立の判断基準を持ち込むことで，企業から見ると更なる不確定要素が増えるという問題がある。[44]また英国CPでも指摘されたように現実に判事の負担が非常に大きい。[45]RR事案のような複雑で，しかもグローバル処理をしなければならない事案が増えるとすると，判事が極めて短期間内に十分に審査できる能力があるのか疑問がある。英米両制度における裁判所の関与の仕方について更に詳細に検討してみた。

自由論題

2 米国での状況

(1) 2016年4月以前の状況

米国では，検察は，Speedy Trial Act（以下 STA という）に従い，裁判所に DPA を提出しなければならない。[46] STA§3161(c)(1)は，訴追（Information 又は Indictment）提出，又は，裁判所担当官に被告が出頭した日いずれか遅い方から70日以内にトライアルを開始することを求められているが，DPA は検察がいったん正式な訴追手続きをとった後，合意期間中，手続きを数年にわたり中断するものであるから，70日の期間の延期が必要となる。したがって DPA を実行するためには，当事者は DPA を裁判所に提出し，裁判所の承認が必要となる。しかし，従来判事は DPA 内容については，検察の権限内と見て，審査はしなかった。[47]

これに対して *United States v HSBC Bank* の，[48] 連邦地裁の Gleeson 裁判官をはじめ，何人かの連邦地裁判事は，裁判所に提出された DPA について，敢えて司法審査をする判断をした。[49] その流れの中の１つが *United States v Fokker Services B. V.* [50] でのコロンビア地区連銀地裁判決である。この事案は，航空機の技術的・ロジスティック・サポートを行うオランダの Fokker Services 社が，2010年の内部調査により発見された2005年から2010年にかけて米国のイラン，スーダンとビルマに対する制裁違反と輸出管理法違反容疑に関連して DPA を合意し，検察当局が，訴追書類と DPA の提出と共に，STA に基づく70日の期間の中断申請をコロンビア地区連邦地裁に提出したもの。同地裁の Richard Leon 判事は，2015年2月5日，STA の中断申請を拒否した。その理由は，当該 DPA の要求があまりに寛大で，特に会社の役員に個人的な刑事訴追をしないこと，更に制裁金は違法取引で不当に得た収入以上のものでないこと，関与した従業員の処分が十分でないこと，法人モニターも要求していないこと，したがって，DPA 内容は欠陥があるというものであった。この判断は同地区の巡回裁判所に控訴された。

(2) 2016年4月5日の Fokker 控訴審判決とその後の動向[51]

2016年4月5日，控訴審で，裁判所の DPA に対する権限を認める地裁判事の動きに歯止めをかける次のような画期的な判決が出された。即ち同巡回裁判

176

所の判事3名全員一致でLeon判事の判断を次のような理由で破棄した。(a)米国憲法は，刑事訴追決定権限を行政側に与えている。訴追権限とは，訴追手続きを開始するか，誰を訴追するか，どの罪で申し立てるか，いったん申し立てた訴追を取り下げるか否かを決定する権限を含む。司法側はこれらの行政の決定を後で批判したり，自分の訴追選択を押し付ける権限はない。裁判所はそれを所与のものとして，被告の有罪を判断し，適切な量刑を決定すべき，(b)訴追決定は，執行側の排他的領域で，STAは裁判所に訴追の実体判断をする権限を与えていない。

Fokker 控訴審判決は，いかにDPA内容が公益に反し，または，あまりに寛容という場合でも，裁判所はめくら判を押すことを確認するもので，三権分立からくる批判者の懸念を増幅するものといえる。しかし，DPAに違法または非倫理的条件が含まれる限り，または，STA回避だけを目的とする場合は合意を拒否できる可能性は認めており，まだ議論の余地はある。

3 英国での状況

(1) 2013年DPA導入以前の状況

DPAの導入前の段階では，検察側は，Proceeds of Crime Act 2002の下での民事回復命令やPAのような事前の交渉を基にした刑事事件の処理というアプローチを試みていたが，英国では量刑決定は裁判所の専権事項であることが判例で定着しており，一連の判決で示されたように，裁判所は検察と被告人間で交渉により刑事事件を処理するという米国流の概念が英国に流入してくることに対して強い警戒があった。このような流れの中で，明確に検察と被疑会社の合意による刑事事件解決に否定的な判断を下したのが2010年の *R v Innosec* である。[53]

この事件は米国法人Innospec Incとその英国子会社が2002年から2006年まで，インドネシアとイラクで，人への健康と環境に有害とされ各国で使用が禁止されているエンジンのノッキング防止添加剤の四エチル鉛の供給契約確保のために，両国政府高官に贈賄をしたというもの。本件を米国と英国双方の検察当局は協議しながら分担して捜査し，会社と司法取引が成立し，Innospec社

自由論題

は4年間で，＄2,580万の制裁金と，2010年1月から3年間での売契約履行次第で更に＄1,440万の支払を合意した。また，全体の制裁金の1/3は英国SFOが，1/3は米国DOJが，残り1/3はSECとOFACが分割するという形で，英米執行当局が初めてグローバルな解決をした事案でもあった。[54]

この事件を担当した英国刑事裁判所 Thomas LJ は，SFO が行った米国DOJ，SEC および Innospec 社とのグローバルな取り決めについて，SFO は権限を越えたと，厳しく非難した。判事は，事実上罰金を最終合意したもので，英国の確立された法原則の下では全く不適切である。英国では，量刑を科す権限があるのは裁判所だけであり，検察は起訴された罪の罰則について，違反者と合意に入ることができない。裁判所は，透明性と公開司法原則に基づき，まず犯罪行為の範囲を公開法廷でのヒアリングで決定し，次に適切な量刑決定を公開法廷で行うことが必要。特に汚職犯罪については，裁判所は，透明性と適切な統治のため，公開法廷で，その答弁の基礎を吟味し，公共の利益を反映しているか判断する権限があり，合意とSFO申請は効力がないというものであった。[55]

この判決により，議会の決めた制定法で与えられた権限がない限り，検察が被疑者と交渉により合意できないことが明確になった。[56]これがきっかけの1つとなり，裁判所の監督下で，検察が英国で企業の不正行為を交渉によって処理することを可能とするDPA法が導入された。[57]

(2)　2013年 DPA 法の導入後の状況

CCA 附則17第7条，8条の下で，裁判所の実質的関与の方法が明確にされた。裁判所は，暫定ヒアリングと最終ヒアリングを行い，DPA は公益上締結されるべきか（正義基準）を判断し，更に DPA の具体的条項を精査し，公平・合理・バランス上問題ないか（FRP 基準）を判断するものである。両基準に合致している場合，裁判所が理由を付してその旨宣言すると，DPA が発効する。

　(a)　正義基準（DPA に入ることは正義に適っているか）　英刑事訴訟規則11.3条(3)(i)(i)は，裁判所に DPA に入ることが正義のためになるとする理由を示すことを要求している。そのため，Leveson 判事は，XYZ 事案の判示で，次の6つの事項を考慮して判断すべきとした。これは RR 事案の DPA でも繰

178

り返された。

　ⅰ）違反の重大性，ⅱ）企業不正の発見と自主報告を奨励する重要性，ⅲ）同様の行為の前歴，ⅳ）違反前，違反時，及び違反後の企業コンプライアンスに払っていた注意，ⅴ）企業文化と関連人事に関しての改革の程度，ⅵ）従業員及びその他罪のない人への訴追のインパクト

　正義基準は，英米の検察による訴追判断要素とほとんど同じである。[58] 3件の事件の裁判所判断を詳しく検討すると，SB事案では，タンザニア1国内で資金調達という1件だけの兄弟会社による契約獲得のための贈賄事件である。共同マネジャーであったSBのUKBA7条違反だけが問題となった単純な事件であり，SB自身の罪は重大なものでなく，正義要件の点から見て，検察がDPAを合意することついて，誰でも納得できるものであった。一方，XYZ事案は，その支配的意思が関与する重大な違反であったが，XYZはこれ以上の金銭負担に耐えられないような不況業種である鉄鋼業界の中小企業であり，訴追で有罪となった場合に，罪のない従業員，年金者，株主に与えるマイナスのインパクトを重視した。更にXYZ買収の結果，親会社となった米企業主導による内部調査により発見された本事案を自主的に申告し，捜査への全面的協力をしたことに加え，XYZが全く新しい会社に生まれ変わったことで，再発を招くような企業文化は一掃され，抑止目的は満たすことになるとして正義要件が認められた。しかし，問題はRR事案である。担当したLeveson判事でさえ，最初見たときはRRを訴追しなければ，他のどんな事案を訴追するのかというほどの極めて重大な事案であった。[59]裁判所で正義要件が認められた決め手は，1億ポンド以上もかけたRRによるなりふり構わぬ捜査協力と予想を超える開示とされた。しかし，表向きはともかく，多くの国で24年にもわたる複雑な贈賄事案に対して，[60]判事は極めて短時間内に膨大な資料を読み，全貌を把握し，整理し，理解し，その上に立って公平な結論を出すことが可能であったのか疑問がわく。現地調査によると，[61]判事は，検察とRRの協力の下で，膨大な情報と資料を電子的システムを使用し，多くの補助人を使って整理し，理解に務めたようであるが，あまりに判事の負担が大きい事案であったといわざるを得ない。短期間に承認を迫られたことや，自主申告がなくとも，異例な協力によりその失点が取り返せるという方向で判断を迫られたことや，制裁金の割引の判断な

自由論題

ど，いくつか納得できない面もある。DPA 以外のオプションはなかったような状況でもあり，また整理された検察と RR の申請の前にこれを追認せざるを得ない状況だったのでなかろうか。Leveson 判事が，裁判所は検察のいいなりにめくら判を押したわけでないとわざわざ主張しているが[62]，裁判所の役割の限界が試された事件であった。英国の DPA 制度の根幹にかかることであり，今後 Leveson 判事以外の判事が担当する事案にも注視したい。

　(b) FRP 基準（DPA 条件が公平，合理的およびバランスがとれているか）
米国では DPA 条項は，米連邦量刑ガイドラインと USAM Title 9のガイドラインで策定されるが，FRP 基準による司法審査はない。英国では，裁判所で3件の DPA 事案は，すべて DPA Code で認められた FRP 基準に合致していると判断された。特に目についた点は次の通り。

　(ⅰ) 被害者への補償：英量刑ガイドラインではこれを優先的に考慮すべきで，もし補償命令が出ない場合は，裁判所は理由を示さねばならないとしている。SB 事案では，$6mil の贈賄額がもともとタンザニア政府に入るべきとして，補償が簡単に認められたが，XYZ 事案と RR 事案では，補償がなされなかった。理由として，関連した国と補償金支払のための確立されたメカニズムがない，贈賄金額の証拠がない，賄賂支払のための契約価格の増額価格が不明確，実際代理人がいくら賄賂を支払ったかの有無が不明，補償されるべき被害者が不明なことが挙げられ，裁判所はこれを認めた。これだと皮肉なことに複数の国で複雑な方法で不正行為を繰り返した場合は，補償は科されないことになる。

　(ⅱ) 不正利益の吐出し：3件とも，不正利益はすべて吐き出させることがFRP の前提になっていて金額は巨額になった。SB 事案では £8.4百万，XYZ 事案では，£6,201,085，RR 事案では £258,170,000が不正利益吐出し額と認められ，これは FRP であるとされた。金額は違反企業と SFO の会計士が合意したものであれば，利益計算上控除すべきものがあったとしても，裁判所はそれ以上厳密な吟味をせず FRP と認定しているようである。

　(ⅲ) 経済制裁金：CCA 附則17第 5 条(3)(4)と DPA Code パラ7.9及び8.3で，「合意される金額は，有罪答弁を行った場合に課される金額と大体同じ

180

もの」とされており，裁判所は英量刑ガイドラインが採用したアプローチにしたがい，この金額の FRP を判断しなければならない。ここでは，有責性（culpability）と損害（harm）を考慮して，加重要因と軽減要因を加味して，妥当な制裁金となるように計算される。その際，「罰金は経営者も株主も法の範囲内で事業を行う必要があると痛感させるような経済的インパクトがある程度の量的大きいものでなければならない」とされているが，組織規模，財務状況や違反の深刻さからバランスがとれているものである必要があるという留保もある。そのため XYZ 事案では，XYZ の支払能力を考慮し，わずか £352,000 の制裁金が FRP とされた。英量刑ガイドライン計算は最初だけ形式的に参照しただけであった。SB の場合，計算は英量刑ガイドラインに忠実にしたがって計算されたが，初めての DPA 事件であるせいか，中位の有責性で出発したものの，結果的に高位の有責性と同じような高い割合となり厳しすぎる算定となった。問題があると考えられるのは割引である。DPA Code パラ8.4において，DPA での制裁金の割引は，「状況と違反企業の協力の程度により認められる」とされ，早期の有罪答弁の場合1/3の割引を認めている。これについて SB は早期の申告と全面的な協力をした見返りで，1/3の割引額が認められただけであったが，SB よりはるかに悪質で，重大な違反事件であり，かつ，自主的に申告しなかったにかかわらず，RR はより寛大な50％の割引が認められた。英国に対する Phase 4の OECD 作業部会報告でも，米国の RR 事案の DPA は25％の割引しか認めていないのに，RR への50％割引は寛大すぎ，自主申告意欲を削ぐという指摘がある。[63] 裁判所が歯止めにならなかったように思われる。

4　小　活

米国の *Fokker* 控訴審判決前にいくつかの連邦地裁判断で，DPA 内容に対する裁判所の介入権限を認める動きは，英国裁判所の態度と同じであった。しかし，その後の動きは全く逆であったことは興味がある。米国では *Fokker* 控訴審判決により，裁判所による DPA の司法審査が否定される方向で進み，英国では，*Innospec* 事件で，検察による制裁金などの合意による処理権限を否定

した。そのため立法により，検察によるDPA合意権限を認め，同時に，DPA
に対する裁判所の司法審査権限を確認する方向で進んだ。

　しかし，RR事案の司法審査では，判事の負担面で大きな試練を受けたと思
われる。RR事案のような複雑な案件を短期間に審査する負担は非常に大き
い。英国の制度は裁判所が司法審査できなければ，働かない制度であり，この
ため，DPAで処理できる件数は自ずと限定されてくるだろう。今後の取扱を
注視したい。

Ⅶ　おわりに──日本でのDPA導入の可能性

　最後に，日本法にどのような示唆が得られたか，日本はDPA制度を導入す
る必要性と可能性があるかについて簡単に触れて締めくくりたい。

　日本でも東芝や富士ゼロックスの粉飾決算，三菱自動車のデータ捏造，オリ
ンパスの損失隠ぺい，東洋ゴムの免震ゴムのデータ捏造など様々な不祥事が相
次ぎ，海外においても，企業のグローバルな事業活動と国際競争の激化に伴
い，贈賄などの刑事責任に巻き込まれることも増加している。[64]内部通報がなけ
れば発見されなかったと思われる案件も多い。しかし，日本の検察，警察の限
られた人的，資金的資源の中で，しかも従来の取調べ中心の捜査方法では国際
的な経済犯を罰することは難しい。したがってDPA導入の必要性はある。

　しかし，日本では，DPA導入はまだ受け入れ態勢がないと思われる。[65]例え
ば，日本の刑法典には，法人処罰規定がない。この理由は，刑事責任の本質は
非難可能性であるが，法人にはこれが問えないからと説明される。一方，取締
法規違反という狭い特別法の範疇であれば，取締目的を達するためには，法人
に刑事責任を例外的に認めようというものである。しかし，法人はそれを構成
する個人とは別の意思で動いている。例えば，刑法198条の贈賄罪のような自
然犯をみても，贈賄は関係者が自分のためというより，企業の事業の獲得や維
持のために行う法人犯罪と考えられる。法人の犯罪であれば，法人を処罰する
のでなければ抑止につながらない。[66]また処罰だけでは抑止につながるとは限ら
ず，法人の場合は，再発防止のコンプライアンス向上や企業文化の改革も必要
である。

DPA（Deferred Prosecugtion Agreement）（訴追延期合意），いわゆる交渉による企業犯罪の解決について

　現在，法人処罰の根拠となる両罰規定は，無過失の反証を許す過失推定規定と解釈する考えが通説・判例[67]で，それに基づき実務も行われている。しかし，両罰規定の文言解釈から違和感がある。推定を覆すための無過失立証の範囲も不明確である。また大規模な法人に対しても，科される罰金の上限はせいぜい3億円から5億円（最大でも10億円）で，他国と比較して非常に低く，OECDからも非難されている[68]。また英国で問題になったように増加しつつある国際経済犯罪で複数の関係国での統一処理の際問題がでるだろう。

　手続法上の問題については，DPAやNPAと同じ効果は，現在でも不起訴処分にかかる訴追裁量権行使と結びつけた運用により可能とする意見がある[69]。しかし，合意の有効性，内容の予測可能性について何らかの法的保障が必要であろう。その場合の法的保障として，裁判所が関与する英国のアプローチは，日本の裁判官の役割からみて，日本では難しいかもしれない。日本では，導入されたばかりの捜査協力型の「合意制度」を拡張し，法人の経済法違反だけに限定して，自己負罪型の「合意制度」の導入も一案であろう。DPA制度はその際参考になる。米国のDPA制度の長所・短所を分析して，独自のDPA制度を導入した英国の制度を知ることも必要である。更に米国・英国のDPA制度の長所・短所を分析して，独自のDPA制度を導入しようとしている豪州，仏国の動きも注目される。

　1）　例えば，最近の例では，米国で昨年12月21日に，エンジニアリングの大手のOdebrecht SAとその子会社BraskemがブラジルPetrobrasへの賄賂に関連して有罪を認め，罰金や利益はく奪として史上最高の合計36億ドルもの金額をブラジル，米国，スイス当局に支払うことを合意。今年1月11日にVolkswagenが，司法省に対して燃費の不正報告について刑事責任部分について有罪答弁の上，28億ドルの罰金の支払合意。2月27日に日本のタカタ社がエアバッグの欠陥放置について有罪答弁の上，10億ドルの罰金の支払合意。英国では1月17日に，国際的な航空機エンジン等のメーカーであるRolls-Royceが新興国での贈賄その他違反で，英国，米国とブラジルで合計6.7億英ポンド以上の巨額な経済制裁金の支払合意。3月28日に，スーパー大手のTescoが会計不正で英国で4番目のDPAにより1億2900万ポンドの罰金プラス被害者賠償金8500万ポンドその他の支払に合意等。

　2）　Consultation Paper, *UK Ministry of Justice- Consultation on a new enforcement tool to deal with economic crime committed by commercial organisations: Deferred prosecution agreements*（CP9/2012）, published in May 2012, para. 3.

3） 本論文では，原則英国とは，イングランド・ウェールズを指すこととする。

4） 2016年12月10日付フランス官報, at http://senat.fr

5） Public Consultation Paper, *Improving enforcement options for serious corporate crime: Consideration of a Deferred Prosecution Agreements scheme in Australia* dated March 2016.

6） Public Consultation Paper, *Improving enforcement options for serious corporate crime: A proposed model for a Deferred Prosecution Agreement scheme in Australia* dated March 2017.

7） 杉浦保友「企業不正行為と司法取引──英国と米国の訴追延期合意（Deferred Prosecution Agreement）制度の導入経緯──」『日本大学法科大学院法務研究』14号（2017年）35頁。

8） 英国では NPA は採用してないので（豪州や仏国で議論されているのも DPA のみ），本稿では特に断らない限り DPA のみ検討する。

9） David M. Uhlmann, "Deferred Prosecution and Non-Prosecution Agreements and the Erosion of Corporate Criminal Liability", *Maryland Law Review* Vol. 72:1295 (2013), pp. 1304-1307; 杉浦「前掲論文」（注7）43頁。

10） Cindy R. Alexander, Mark A. Cohen, "Trends in the use of non-prosecution, deferred prosecution, and plea agreements in the settlement of alleged corporate criminal wrongdoing", *Seale Civil Justice Institute*, Law & Economics Center, George Mason University School of Law (April 2015), p. 1.

11） Swiss Bank Program は正式に2016年12月29日に終結した（DOJ, Justice News (2016. 12. 29), at https://www.justice.gov/opa/pr/justice-department-reaches-final-resolutions-under-swiss-bank-program

12） GraxoSmithKline に対する薬品規制違反で合計30億ドル，HSBC に対するマネーロンダリング等違反で19.2億ドル，UBS に対する LIBOR や TIBOR 不正操作について，15.2億ドルなどの制裁金が支払われた。

13） Gibson Dunn, 2016 Year-End Update on Corporate Non-Prosecution Agreements and Deferred Prosecution Agreements (DPAs), published on Jan. 4, 2017, P. 5, at http://www.gibsondunn.com/publications/Pages/2016-Year-End-Update-Corporate-NPA-and-DPA.aspx

14） 杉浦保友「米国の新しい FCPA（Foreign Corrupt Practices Act）ガイドラインについて──執行当局は,FCPA 運用批判にどこまで応えたか──」『日本大学法科大学院法務研究』11号（2014年）23-24頁

15） Global Enforcement Report 2016, *United States - TRACE International Inc,* published in March 2017, P. 8, at https://traceinternational.org/Uploads/PublicationFiles/TRACE GlobalEnforcementReport2016_1.pdf

16） Speech of Mr. Kenneth A. Blanco, Acting Assistant Attorney General on white collar crime at ABA National Institute on Mar. 10, 2016, at https://www.justice.

gov/opa/speech/acting-assistant-attorney-general-kenneth-blanco-speaks-american-bar-association-national; Remarks of Mr. Jeff Sessions, Attorney General, during the Compliance Initiative Annual Conference on April 24, 2017, at https://www.justice.gov/opa/speech/attorney-general-jeff-sessions-delivers-remarks-ethics-and-compliance-initiative-annual

17) 英国 CP, *supra* note 2.

18) 杉浦「前掲論文」(注7) 39-40頁。
「同一視理論」とは，取締役や上級経営役員などを法人の支配的意思 (directing mind) とし，これらの個人の行為と意思を，法人の行為と意思と同視されるとするコモンロー上の理論で，この理論により，英国では，性質上法人が犯しようのない犯罪や罰金刑の犯罪は別として，あらゆる自然犯について，法人の刑事責任を問うことができるようになった。検察は，これらの支配的意思の犯罪行為について，個人を訴えることができるが，同時に企業も訴えることができる。

19) 英国 CP, *supra* note 2, para 1.

20) Speech of Mr. Ben Morgan, Joint Head of Bribery and Corruption, *The future of the Deferred Prosecution Agreement after Rolls-Royce*, delivered at a seminar for General Counsel and Compliance Counsel from corporates and financial institutions held at Norton Rose Fulbright LLP on 7 March 2017, at https://www.sfo.gov.uk/2017/03/08/the-future-of-deferred-prosecution-agreements-after-rolls-royce/

21) *Ibid.*

22) Approved Judgment of *Serious Fraud Office v Rolls-Royce and Rolls-Royce Energy Systems Inc.*, para 52-57.

23) *Ibid* para 22.

24) DPA Code of Practice, para 1.2(b).

25) Criminal Finances Act 2017, 第3章45条，46条, at http://www.legislation.gov.uk/ukpga/2017/22/part/3/enacted

26) Consultation, *UK Ministry of Justice- Corporate liability for economic crime: call for evidence* (cm9370), issued 13 Jan. 2017. パブコメ結果のまとめが近日中に発表される見込み。https://consult.justice.gov.uk/digital-communications/corporate-liability-for-economic-crime/supporting_documents/corporateliabilityforeconomiccrimeconsultationdocument.pdf

27) Mr. Ben Morgan's speech, supra note 20。SFO の Ben Morgan 氏は DPA の将来についての6 statements を述べたが，その第1に，「正しい行いをする企業にとり刑事責任を DPA で処理することが新常態となる」と言っている。

28) at https://www.justice.gov/usam/usam-9-28000-principles-federal-prosecution-business-organizations

29) at http://www.ussc.gov/guidelines/2015-guidelines-manual/2015-chapter-8

30) at https://www.cps.gov.uk/publications/directors_guidance/dpa_cop.pdf

31) at https://www.cps.gov.uk/publications/docs/code_2013_accessible_english.pdf

自由論題

32) at https://www.sentencingcouncil.org.uk/publications/item/fraud-bribery-and-money-laundering-offences-definitive-guideline/

33) 第Ⅲ節1参照。

34) 第Ⅲ節1(注13)参照。

35) 英国CP, *supra* note 2, para 69.

36) CCA 附則17第5条(3)(4)とDPA Code paras 7.9 and 8.3.

37) Mr. Ben Morgan's speech, *supra* note 20.

38) 米国DOJとRRとの間のDPAのAttachment C ― Corporate Compliance Programme。

39) 木目田裕・山田将之「企業のコンプライアンス体制の確立と米国の訴追延期合意――Deferred Prosecution Agreement ――」『商事法務』No. 1801(2007年)の注21。

40) US Department of Justice, Craig S. Morford (Acting Deputy Attorney General), MEMORANDUM FOR HEADS OF DEPARTMENT COMPONENTS UNITED STATES ATTORNEYS, *Selection and Use of Monitors in Deferred Prosecution Agreements and Non-Prosecution Agreements*, dated March 7 2008, p. 1-8.

41) US Department of Justice, Gary G. Grindler (Acting Deputy Attorney General), MEMORANDUM FOR HEADS OF DEPARTMENT COMPONENTS UNITED STATES ATTORNEYS, *Additional Guidance on the Use of Monitors in Deferred Prosecution Agreements and Non-Prosecution Agreements with Corporations*, dated May 25, 2010.

42) US Government Accountability Office, *Preliminary Observation on the DOJ's and Oversight of Deferred Prosecution and Non-Prosecution Agreements*, dated June 2009 and *Prosecutors Adhered to Guidance in Selecting Monitors for Deferred Prosecution and Non-Prosecution Agreements but DOJ Could Better Communicate its Role in Resolving Conflicts*, dated Nov. 2009.

43) CCA 附則17第9条。

44) 豪州政府 Public Consultation Paper, *supra* note 5, P. 17。

45) 英国CP, supra note 2, para 67 and 70。現実に2016年11月3日付 The Law Society Gazette には Lord Chief Justice が裁判官の負担の大きさを問題視した報告がある。

46) NPA は裁判所に訴追書類が提出されないから裁判所の承認は不要である。また PA は訴追されるが,有罪答弁がなされ,早期に有罪判決で終結することから,Speedy Trial Act は問題にならない。

47) Recent Case, *Harvard L. Review*, Vol. 130, No. 3 (2017), p. 1048.

48) *United States v. HSBC Bank USA N.A.*, No. 12-CR-763, 2013 WL 3306161 (E.D.N.Y, July 2013).

49) *United States v. Saena Tech Corp.*, 140 F. Supp. 3d 11, 33 (D.D.C. 2015)等。

50) *United States v. Fokker Servs. B. V.*, 79 F. Supp, 3d 160, 164 (D.D.C. 2015).

51) *United States v. Fokker Servs. B. V.*, 818 F. 3d 733 (D.C. Cir., 2016).

52) *R v BAE Systems*, [2010] EC Misc 16 (CC), *R v. Dougall*, [2011] 1 Cr. App. R.(S.)

37; [2010] EWCA Crim 1048, *SFO v. Balfour Beatty*, [2008] Unreported.

53) *R v. Innospec*, [2010] Lloyd's Rep. F.C. 462 [2010] EW Misc. 16(EWCC).

54) *Innospec, supra* note 53, para 10.

55) *Innospec, supra* note 53, paras 26-28, しかし, Thomas 判事は, 結論として結局米国が答弁合意を承認しており, グローバルな処理が進んでいるので, 決定された制裁金は1回限りのものとしてしぶしぶ承認するとした(*Innospec*, supra note 53, para 42)。

56) Polly Sprenger, *Deferred Prosecution Agreements: The law and practice of negotiated corporate criminal penalties* (Sweet & Maxwell 2015), paras 14.09 and 14.10 (p. 448).

57) 杉浦「前掲論文」(注7) 50頁, 稲谷龍彦・荒井喜実「英国訴追延期合意制度の背景・概要と日本企業への示唆」『商事法務』No. 2120 (2016年) 23頁。

58) 米国 USAM Title 9-28.300, DPA Code paras 2.8.1 and 2.8.2.

59) RR Approved Judgment, supra note 22, para 61.

60) RR Approved Judgment, supra note 22, para 13. RR 事案では, 中間ヒアリングをへて, 最終宣言まで1ヶ月しかなく, 中間宣言から最終宣言までは24時間しかなかった。

61) 2017年2月28日ロンドンで Herbert Smith Freehils 弁護士事務所の所属で, SB 事案を担当した弁護士との RR 事案の DPA に関する打ち合わせの中で得た情報による。

62) RR Approved Judgment, *supra* note 22, para 138.

63) 2017年3月23日発表の OECD の Implementing the OECD Anti-Bribery Convention, Phase 4 Report: United Kingdom, para22, at http://www.oecd.org/corruption/anti-bribery/UK-Phase-4-Report-ENG.pdf

64) 近年だけでも, ビタミン, 国際旅客・貨物輸送, 液晶パネル, ベアリング, マリンホース, 日本自動者部品, 電力ケーブル, 自動車免震部品, による国際カルテル事件や, 2011年, 2012年の丸紅, 日揮, ブリジストンの贈賄事件, 最近の2012年トヨタや2017年のタカタの米国での消費者の安全規制違反容疑など, 数多くある。

65) 杉浦「前掲論文」(注7) 57-58頁。

66) 米国 USAM Title 9-28.200.

67) 最判昭和32・11・27 (刑集11巻12号3113頁) および最二判昭和40・3・26 (刑集19巻2号83頁)。

68) http://www.oecd.org/corruption/bycountry/japan/

69) 木目田・山田「前掲論文」(注39) 49-50頁。

　　　(日本大学大学院法務研究科教授, イングランド・ウェールズ弁護士 (Solicitor))

自由論題

個人情報の越境移転制限に対する規律
──国際経済法の果たす役割の模索──

渡 辺 翔 太

Ⅰ　はじめに
Ⅱ　各国国内法での議論
　1　欧州での議論
　2　米国での議論
　3　米国・EU 以外の国での議論
　4　小　結
Ⅲ　国際的な調整の模索
　1　CoE 条約
　2　OECD ガイドライン
　3　APEC　CBPR
　4　セーフハーバー協定／プライバシーシールド
　5　国際標準化機構（ISO）
　6　小　結
Ⅳ　通商協定における議論
　1　WTO
　2　FTA/EPA
　3　小　結
Ⅴ　おわりに

Ⅰ　は じ め に

　近年，個人情報保護に関する関心の高まりとともに，各国で個人情報の国外移転を規律する法令が導入されつつある。日本でも2015年に成立した改正個人情報保護法第24条において，日本から外国にある第三者に対する個人情報の移転制限が規定されている。

　他方，このような個人情報の移転制限は，特に複数国で事業を展開する事業者にとって大きな事業上の障害となる。個人情報の分析に基づくマーケティング活動といった事業活動が大きく制限されるほか，グローバルな従業員情報の一元管理など，業務展開の基盤となるような活動さえも実施が困難となるため

である。そのため，日米欧の情報通信技術（ICT）に関連する事業者団体は，個人情報を含めた情報の自由な越境流通を求める声明を発表するにいたっている[1]。

　個人情報の保護とその自由な流通による事業活動の促進は相反するものといえ，それらをいかに調和させるかが重要な課題である。それでは，この課題と国際経済法はどのように関連するであろうか。後に見るように，当初この問題は国際標準への準拠など，国内法の調和・収斂に向けた努力義務を規定する多国間条約や国際機関ガイドラインといったソフトローによって規制の収斂が模索された。しかし，このような動きは奏功しなかった。加えて，新興国が自国からのデータの持ち出しを規制する国内立法を行う例が増えており，その中には個人情報の保護等を隠れ蓑にしつつ，実質的には国内産業を保護するための規制も散見される。

　このような動きに対抗するため，FTA/EPA など努力義務にとどまらない実定法上の規律が模索されることとなった。具体的には，情報の越境移転に対する制限はサービス貿易に対する制限として世界貿易機関（WTO）のサービスに関する一般協定（GATS）の規律を受けうる[2]。ただし，GATS はインターネットが今日ほど発達していない状態を念頭において起草されたものであり，その規律の範囲は学説上の議論が続けられているものの，正面から個人情報保護を目的とした越境移転制限の GATS 違反が WTO 紛争解決手続において扱われた事例は無く，GATS 上の規律には不明確な点も多く残されている。そこで，近年 TPP 等の FTA/EPA，新サービス貿易協定（TiSA）等の協定において情報の越境流通に関する規定が導入され，国際経済法において情報の越境移転に関する規律が導入されつつある。

　本稿は実務的な立場から，個人情報の保護とその利用による経済価値の追求をどのように調和させるかについての議論の変遷をたどり，わが国政府および企業関係者にとっての実務的な示唆を得ることを目的とする。

　本稿は以下の構成をとる。まず，欧米を中心とする各国の個人情報保護に関する立法を概観し，特にその個人情報の越境移転制限に関する争点とその背景にある考え方を概観する（Ⅱ）。ついで，対立点の国際的な調整の経緯をたど

自由論題

りその到達点を分析するとともに，FTA 等の通商法による規律が模索される
ようになった沿革を分析する（Ⅲ）。その後，通商法における規律を分析し
（Ⅳ），それらの考察を踏まえ，わが国の政府ならびに事業者が今後取るべき方
策について提言を行う（Ⅴ）。

Ⅱ　各国国内法での議論

　プライバシー権は，20世紀初頭の米国において「一人でほうっておいてもら
う権利」としてその成立を見た。その後，第二次世界大戦を経て，1948年の国
際連合総会における世界人権宣言第12条，1966年の市民的および政治的な権利
に関する規約（ICCPR）第17条において私生活に対する権利が承認されるにい
たった。ICCPR は2017年5月時点で160カ国以上が署名した国際法上の拘束力
を持った条約であり，既にこの権利が人権の1つとして国際的な承認を得てい
るといってよいだろう。

　他方，プライバシー権の内容は時代とともに拡張され，1970年代には当初の
一人でほうっておいてもらう権利から，他人が自己に関するどのような情報を
持ち，持ち得ないかを当該個人がコントロールする権利，すなわち自己情報コ
ントロール権という色彩を含むようになっていった。コンピュータシステムの
ネットワーク化によってこの権利が脅かされるにいたり，主に1970年代以降，
欧州諸国において個人に関するデータの保護に向けた規制が導入されることと
なる。しかし，特に欧州と米国においてはプライバシー権の保護に向けた規制
のあり方が大きく異なっていた。

1　欧州での議論

　欧州では，自己情報コントロール権を含めたプライバシー権は基本権の1つ
とされ，欧州人権条約第8条1項，基本権憲章8条などに規定されている。

　欧州における基本権としてのプライバシーの地位は，第二次世界大戦中の欧
州において，ナチスドイツがドイツに加え，占領したポーランド，フランス，
オランダ，ノルウェー，ルーマニア等の国勢調査等で得たユダヤ人の人種に関
する情報を，大量殺戮の道具とした経験への反省に基づいている。その出自か

ら，欧州でのプライバシー権は政府等の公的機関や私人が自己のどの情報を保持するかを決める，自己情報コントロールという側面が強調されて理解されていると考えられる。[7]

(1) 欧州での国内法の制定

このような基本権としての地位を確保すべく，欧州ではかなり早い段階で個人データ保護法が整備された。データ保護に関する国内法は，1970年にドイツのヘッセン州，スウェーデンで1973年に制定されたのを皮切りに[8]，1970年代には欧州諸国で導入された。スウェーデン法は海外でのデータ処理に対する保護を確保すべく，早くも個人情報の国外持ち出しを規律する条項が盛り込まれ，第11条で国外でのデータ処理に用いられると信ずる場合にはデータ検査院（DIB）の許可を要すると規定した。

この法律の制定によって，個人データの越境移転制限が企業の事業展開に対する制約となる問題が表面化した。同法に基づき，西ドイツ企業ジーメンス社がスウェーデン子会社の従業員情報を西ドイツ本社に提供しようとして許可を申請したところ，DIB は当時西ドイツがデータ保護に関する法令を持たなかったことを理由に，これを許可しなかった。[9]

さらに問題を複雑にさせるのが，欧州のデータ保護立法は必ずしも基本権の保護のみを目的としていたわけではない点である。太田は，このような立法が進んだ背景として，欧州の基本権保護への意識の高さに加え，欧州諸国が当時既に巨大な力を有していた米国企業によるデータの支配を恐れた点がある旨指摘している。[10] もちろん基本権としての性格付けが先にあったにせよ，こうした複数の目的が並存している点が欧州と米国間の議論を複雑にさせたことは否めないであろう。

(2) 欧州連合の成立と共通域内法の設定

ついで，1993年の欧州連合成立を経て，1995年にはデータ保護指令（Directive 95/46/EC）の策定によって欧州で統一的なプライバシーの保護がなされることとなった。同指令は官民に共通するあらゆる分野を対象とし，個人を識別できるあらゆる情報を保護の対象としている（第2条a項）。また，実体的義務として，第6条で個人データが公正・適法な取り扱い，目的外利用の禁

自由論題

止等を定める。加えて特徴的なのが，個人データの開示・訂正・消去に関する権利を定めていることである（第12条）。

さらに，先に見た国内法同様，個人データの域外への移転制限が課されている。すなわち，①当該個人情報を移転する本人の同意（第26条1項），②国単位での個人情報保護水準の同等性の確保（いわゆる十分性認定，第25条），③企業単位での欧州と同水準の個人情報保護体制の整備（第26条2項），を例外として越境データの移転制限が課された。

欧州委員会は95年指令に代わる一般データ保護規則（GDPR）を2012年1月に欧州議会および理事会に提出し，2016年4月にこれが可決された。同規則は2018年5月から施行することとしている。GDPRは実体的には95年指令をさらに発展させ，忘れられる権利や個人情報のポータビリティ，といった新たな権利が加えられた。また，規制のあり方についても，行動規範や拘束的企業準則の明文化などが規定されることとなった。[11]

このような欧州の規制に対して，米国は国内法での越境移転制限が規定され始めた1970年代から一貫して，貿易の過度な制限にあたるとこれを非難し続けている。他方，EUは基本権の保護を理由に米国の批判を一貫して受け入れていない。

2 米国での議論

基本権としての性格付けを元に政府主導で，いわばトップダウンで規定される欧州に対し，米国ではプライバシーの保護は自主規制にゆだねられ，ボトムアップに規定される。パッチワーク的に特に機密性の高い情報を扱う領域だけを個別立法で規律している。[12]自主規制は欺瞞的行為を規律する連邦取引委員（FTC）法第5条に基づいて執行されているが，EUに比べ，実体的な権利の一部が保障されていない，独立した規制機関がない，といった差異がある。

このような米国型規制の淵源として，米国が欧州とは異なったプライバシー理解をしている点が挙げられる。第1に，米国では憲法の名宛人はあくまで連邦と州の公権力の担い手であると考えられ，私人の行為は「ステイト・アクション」に該当しない限り，憲法の保護範囲には含まれないと考えられてき

192

た。第2に，米国では表現の自由がプライバシーの保護に優越すると考えられ
てきており，米国の最高裁は過去プライバシーの保護と表現の自由が衝突した
際には例外なく後者を優越させてきている。今日インターネットで個人情報の
やりとりが多くなされており，表現の自由が保障されている以上，市場によっ
て適正な水準にプライバシー保護の調整が行われるとされる。第3に，米国に
おけるプライバシーはあくまで政府からの介入阻止を念頭に置くものであり，
広く私人からの侵害を含め私生活をその保護範囲と捉える欧州とは異なってい
るのである。[13]

　そのため，特に企業による個人情報の収集といった私人間でのプライバシー
保護については，米国はそもそも公的な規制を及ぼす意思に乏しい。包括的に
国外への個人情報の移転を規律する法令を持たず，また，分野横断的な法令も
存在しないなど，欧州に比べると自主規制に委ねたきわめて緩やかな規律と
なっている。

3　米国・EU 以外の国での議論

　EU の95年指令に類似した個人情報の越境移転制限は，特に2010年代に入っ
て欧州外への広がりを見せている。[14] 日本においても，2015年の改正個人情報保
護法で新設された第24条において，欧州と同様の越境移転規制条項が導入され
た。この背景には，欧州からの国単位での同等性認定の取得が念頭にあったと
いわれる。[15]

　また，2012年にはシンガポール，マレーシア，トルコなどが相次いで越境移
転条項を導入した。これは新興国においてもインターネット関連サービスが勃
興し，特に Google や Facebook などの米国の事業者が国境を越えたプライバ
シーの移転を行っている点に対処するためと推測される。

　しかし，ベトナムやインドネシア，ロシア等では，プライバシー保護を目的
としつつ，データの国内保管を義務づけるなど，EU に比べても過度に保護主
義的な規制を導入しつつある。例えばロシアの「情報通信網における個人デー
タ処理手順精査においての個々のロシア連邦法令への修正に関する連邦法」
（2015年9月施行，連邦法 No. 242-FZ）は，その第18条で，事業者に対し，ロシア

自由論題

国民の個人情報をロシア国内に保管することを義務付けている。[16] このような過度な越境データの移転制限を含む，ローカルコンテントや代表者の設置などを含めた措置は現地化強制措置（FLMs: Forced Localization Measures）と呼ばれ，[17]日米欧の産業界から ICT 産業の発展にとって障害となるとして，懸念が表明されている。[18]

　一部の新興国でこのような措置が取られる背景として，海外事業者のサーバー設置などのコスト増による国内産業の保護・育成や，サーバーなどの国内への投資の拡大といった経済的な理由が挙げられる。さらに，徴税やその他の執行管轄権の確保も理由として考えられるであろう。[19]

　徴税について，例えば日本における電子書籍への課税でも議論があったところであるが，越境サービス提供が行われたとしても課税が行われず，現地の税収が減る，国内企業に比べて外国からの提供者が消費税分の価格差で競争上優位に立てるといった問題がある。執行の確保について，例えば Facebook や Twitter などのソーシャルネットワーキングサービスに対して削除を行わせること，あるいは犯罪捜査のために通信履歴などのデータを提出させることは，国内に何らかの物理的な財産や拠点がないとその執行を担保することは困難である。拠点や財産を国内に設置させることで，治安維持や思想統制上の問題から特定の書き込みを削除させるといった措置を容易にすることが考えられる。

4　小　結

　以上見てきたとおり，欧米の対立は1970年代前半に始まり，今日までその解決を見ていない。この点，1995年の EU 指令の策定をもって欧米の越境データ移転規制をめぐる対立が本格化したとする見解もあるが，[20]両者の対立はそれ以前から，かなり長い歴史を持っているといえよう。

　以上から明らかになったように，欧米の個人情報の規制をめぐる対立は文化的な背景に根ざす考え方の違いに基づいている。具体的には，私人間のプライバシーの位置づけ（欧：基本権，米：基本権ではない），[21]私人間のプライバシー保護に対する政府による介入の是非（欧：肯定的，米：否定的），規制のあり方（欧：直接規制，米：自主規制），といった点で違いが出ているのである。それゆ

194

えこのような欧米の対立は根深く，技術規格の標準化のように純粋に技術的・経済的な利害関係の調整とは異なり，調整が著しく困難となっている。

次に，欧州における個人情報の移転制限は，米国IT産業への対抗を目的の一部に含んでいたとはいえ，後に述べるOECDでの議論等を取り込んで，無差別に適用しかつ国レベルや企業レベルなど複数の取りうる例外を設定するなど，個人情報の越境移転制限が過度に制限的になり，ひいてはサービス貿易や海外事業者の事業展開に必要以上の制約にならないよう一定の配慮を払っていた。しかし，2010年代になって設定された新興国の越境移転制限は，欧州に比べて過度に制限的であり，かつ保護主義的な色彩が非常に強いものである。

例えば先に挙げたロシアの法令は仮に本人の同意があったとしても当該個人の情報について国外移転を認めないものであり，もはや自己情報決定権という理由づけでは説明できない。欧州における国外移転規制とは明確に規制目的が異なるものであるといえよう。

国内立法を概観すると，一方では欧米の根深い対立をどう調整しあるいは収斂するか，他方では新興国による過度に保護主義的な措置をどう規律するかという2つの論点が生じていることがわかるであろう。以降，論点が生じた順に，Ⅲで調整の問題を，Ⅳで規律の問題を扱う。

Ⅲ　国際的な調整の模索

スウェーデンの国内法に見られたように，1970年代に欧州諸国で制定された越境移転制限は，今日問題となるようなインターネットが登場する以前，早くも1970年代には企業の国境を越えた活動に支障を生じさせた。これに対して，米国はデータの越境移転制限が新たな貿易制限であるとして欧州の規制を問題視し，両者の緊張は高まっていった。

この対立を調整すべく1980年代初頭に2つの試みが行われた。1つは欧州評議会（CoE）による「個人データの自動処理に関する個人の保護のための条約（CoE条約）」の制定であり，もう1つはOECDにおけるガイドラインの策定である。

このような国際的調整は，その後2000年代に入るとさらに多様化し，APEC

自由論題

の CBPR といった地域的な国際フォーラムによる越境移転の枠組み，また，民間企業が多く参加する ISO によってプライバシー関連の標準化が進みつつある。

1 CoE 条約

まず欧州内での制度の統一を進めるため，CoE 条約が制定された[22]。欧州諸国の意図として，この条約は欧州に閉じたものではなく，将来的には米国を含めた欧州外の地域を統合し，国際的な統一を図ろうとしたものであって，あえて「欧州条約」ではなく「条約」との名称を採用した。しかし，基本的には欧州における国内法の統一に向けた実体規定を有していた本条約に関しては，オブザーバとして日米等が参加したものの，両国とも加入はせず，結果として望んでいたような欧州を越えた広がりやそれに伴う国内規制の収斂は実現されなかった。

なお，CoE 条約は OECD ガイドライン等の改正等を踏まえた現代化が進行中である[23]。また，2013年にはウルグアイが，2016年にはモーリシャスやセネガル加わり，CoE 条約は本来の欧州に閉じない多国間条約としての意義をわずかながら回復しつつあるといえるかもしれない[24]。

2 OECD ガイドライン

情報の自由な流通とプライバシーの保護を調和を図るため，1980年に OECD ガイドラインが OECD 理事会勧告として採択された。同前文は次の 4 つの基本的認識事項を掲げた。

① 加盟国はプライバシーと情報の自由な流通という基本的ではあるが競合する価値の調和に共通の利害を有する。

② 個人データの自動処理および国際流通は，国家間関係に新たな形態を作り上げ相互に矛盾しない規則と実行の定立ならびに促進を要請する。

③ 個人データの国際流通は経済および社会の発展に貢献する

④ プライバシー保護と個人データの国際流通に関する国内法は国際流通を妨げるおそれがある。

これに基づき，OECD 理事会は加盟国間の自由な情報流通の促進，および，加盟国間の経済・社会的関係の発展に対する不当な障害の創設を回避する，という2つのコミットメントを明らかにした。さらに，コミットメント実現のため，一般に OECD 8 原則と呼ばれる本ガイドラインに規定される基本原則を織り込んだ，国内立法その他の国内措置を勧告し，また，国際流通に対する不当な障害の予防・除去を勧告した。

前文の①や③に明らかなように，本ガイドラインではプライバシーの保護と並んで個人情報の国際流通の円滑化に注意が払われているが，これは米国が同国の多国籍企業のロビー活動に後押しされ，より強く情報流通の自由化にコミットしたためである。[26]

情報流通の自由化は特にガイドラインの第3部で示される。第18条は「加盟国は，プライバシーと個人の自由の保護という名目で，これらの保護に必要とする程度を超え，かつ，個人データの国際流通に対して障害を創設することになるような法律や政策及び運用を差し控えるべきである」と勧告している。

その後，2013年には同ガイドラインの改正が理事会で採択された。本改正においては，越境移転制限に関する規定がさらに明確化され，第17条で「加盟国は，自国と他の国との間における個人データの国際流通について，ガイドラインに一致する継続的な保護のレベルを保つために，(a)他の国がガイドラインを実質的に遵守している場合，又は(b)効果的な執行メカニズム及びデータ管理者により導入される適切な措置を含め，十分な保護措置がある場合，この流通を制限することを控えるべきである」と規定する。[27]

CoE 条約とは対照的に，米国も同意した OECD ガイドラインは各国の国内法の収斂に意義を有していた。第1に，OECD の8原則は各国の個人情報保護に関する立法の過程において幅広く参照され，米国における議論の下地となった。また，わが国においても個人情報保護法における個人情報取扱事業者の義務規定の整備や判例においてもその意義が言及されている。[28] また，OECDガイドラインの越境移転条項（第17条）は，先に見た EU の95年指令やシンガポール個人情報保護法，さらにはわが国の改正個人情報保護法第24条も同様の規定を導入している。

自由論題

表1　OECD8原則[25)]

原　則	概　要
①収集制限の原則 （Collection Limitation Principle）	個人データの収集には，制限を設けるべきであり，いかなる個人データも，適法かつ公正な手段によって，かつ適当な場合には，データ主体に知らしめ又は同意を得た上で，収集されるべきである。
②データ内容の原則 （Date Quality Principle）	個人データは，その利用目的に沿ったものであるべきであり，かつ利用目的に必要な範囲内で正確，完全であり最新なものに保たれなければならない。
③目的明細化の原則 （Purpose Specification Principle）	個人データの収集目的は，収集時より遅くない時点において明確化されなければならず，その後のデータの利用は，当該収集目的の達成又は当該収集目的に矛盾しないでかつ，目的の変更毎に明確化された他の目的の達成に限定されるべきである。
④利用制限の原則 （Use Limitation Principle）	個人データは，9条により明確化された目的以外の目的のために開示，利用その他の使用に供されるべきではないが，次の場合はこの限りではない。（a）データ主体の同意がある場合，又は，（b）法律の規定による場合
⑤安全保護の原則 （Security Safeguards Principle）	データは，その紛失若しくは不当なアクセス・破壊・使用・修正・開示の危険に対し，合理的な安全保障措置により保護されなければならない
⑥公開の原則 （Openness Principle）	個人データに係る開発，運用及び政策については，一般的な公開の政策が取られなければならない。個人データの存在，性質及びその主要な利用目的とともにデータ管理者の識別，通常の住所をはっきりさせるための手段が容易に利用できなければならない。
⑦個人参加の原則 （Individual Participation Principle）	個人は次の権利を有する。 (a)データ管理者が自己に関するデータを有しているか否かについて，データ管理者又はその他の者から確認を得ること。 (b)自己に関するデータを，(i)合理的な期間内に，(ii)もし必要なら，過度にならない費用で，(iii)合理的な方法で，かつ(iv)自己にわかりやすい形で，自己に知らしめること。 (c)上記(a)及び(b)の要求が拒否された場合には，その理由が与えられること及びそのような拒否に対して異議を申立てることができること。 (d)自己に関するデータに対し異議を申立てること，及びその異議が認められた場合には，そのデータを消去，修正，完全化，補正させること。
⑧責任の原則 （Accountability Principle）	データ管理者は，上記の諸原則を実施するための措置に従う責任を有する。

しかし，EU では95年指令に削除や消去・訂正権が盛り込まれ，さらに GDPR ではデータポータビリティの権利が採用されるなど，実体規定の拡充が進んでおり，必ずしも OECD の原則に収まらない範囲を立法している。したがって，欧米の対立は OECD ガイドラインの策定をもってしても，収束していないといえよう。

3 APEC CBPR

以上，国際機関における取り組みを見てきたが，地域的国際フォーラムにおいても個人情報保護の制度を統一しようという動きが進みつつある。その代表例が APEC（アジア太平洋経済協力）であり，2004年に APEC プライバシー・フレームワークが採択された。この中で第3章 APEC 情報プライバシー原則として，OECD ガイドラインに準拠した形で各エコノミーが準拠すべき9つの原則を列挙している。[29]

APEC の特徴は，このようなフレームワークを実施する手法を備えている点である。すなわち，2011年には APEC 内での越境データ移転を進めるため，CBPR（Cross-Border Privacy Rules）が策定された。これはまず国単位で CBPR への加入を認定し，ついで当該国の企業に対して APEC の定めるプライバシールールに準拠していることを認証する制度であり，各エコノミーが認定する認証機関（Accountability Agent; AA）が申請を行う企業を審査し，認証を行う仕組みである。[30]現在，CBPR には米国，メキシコ，日本，カナダ，韓国が認められており，AA としては米国の TRUSTe，日本の日本情報経済社会推進協会（JIPDEC）が認定されている。

このような CBPR の認定は越境データの移転制限を許容する類型として，移転先の企業が自国と同程度の個人情報保護体制を整備していることに該当することの立証を容易にする。例えば日本の個人情報保護法では，同法第24条に基づいて個人情報を国外移転できる類型として，個人情報保護委員会規則第11条2項が「個人データの提供を受ける者が，個人情報の取扱いに係る国際的な枠組みに基づく認定を受けていること」を規定し，[31]これには提供先の外国にある第三者が，APEC の CBPR システムの認証を取得していることが該当する。[32]

自由論題

　さらに，CBPR と EU の拘束的企業準則（BCR）との連携についても模索されている。APEC の議論には EU もオブザーバ参加しており，2014年には CBPR と BCR の違いを示したチェックリストを欧州委員会の29条委員会（WP29）が公表している。[33] WP29は，この文書は CBPR と BCR の相互認証の基礎となるものではないが，両方の認証（double certification）に向けた基礎となりえるとしている。[34]

4　セーフハーバー協定／プライバシーシールド

　Ⅱで述べたとおり，米国のプライバシー保護に関する国内法は，自主規制を中心とし，FTC がそれに反した場合に執行を行うというものである。これを EU の95年指令に準拠させるために，同指令25条6項に基づいて二国間協定で補完したものが，2000年に EU 側からの十分性認定を受けたセーフハーバー協定であった。具体的には，米商務省が EU との同等性を確保するために策定したセーフハーバー原則について，企業が遵守を宣言し，プライバシーポリシーを公表するとともに，その誓約書を商務省に提出する。企業側の違反が認められた場合には FTC が課徴金等の執行を行うこととなっていた。

　しかし，FTC による執行が低調だったことや，2013年に米国家安全保障局（NSA）による EU 市民を対象に含む大規模な監視（PRISM 問題）の発覚を機にセーフハーバーの無効が議論され始めた。2013年には個人のアイルランド国内裁判所に対するセーフハーバーの無効申立てに基づいて欧州司法裁判所における裁判が開始され，欧州委員会によるセーフハーバー決定は，2015年10月に欧州司法裁判所において無効と判断された。[35]

　代わって，米国と EU は新たな個人情報の移転スキームを交渉し，2016年8月に EU-US プライバシーシールドと呼ばれる新たな協定が施行された。

5　国際標準化機構（ISO）

　実体的なプライバシー保護については，民間企業が主体となる ISO においても標準化が進んでいる（表2参照）。ただし，プライバシー関連の標準化を進めている SC27/WG5については，欧州のほか，米国，カナダ等の政府当局も

表2　ISO におけるプライバシー関連規格の策定状況

ステータス	番　号	タイトル
策定済み	ISO/IEC 29100	プライバシー・フレームワーク
	ISO/IEC 29101	プライバシー・アーキテクチャ・フレームワーク
	ISO/IEC 27018	PII 処理組織としてのパブリック・クラウドにおける PII 保護行動指針
	ISO/IEC 29134	PIA フレームワーク
策定中	ISO/IEC FDIS 29151	PII 保護行動指針
	NP	プライバシー強化のための非識別化技術
	ISO/IEC AWI 29184	オンライン通知と同意
	SP	プライバシー・エンジニアリング・フレームワーク
	SP	匿名属性確認
	SP	プライバシー強化アイデンティ管理方式

多く参加している。[36] 特に，欧州は GDPR で導入されるプライバシー影響評価（PIA）について，欧州の推進する手法を国際標準とすべく，ISO/IEC29134の策定過程に積極的に関与してきた。[37]

　ISO の出発点となるのはフレームワークを規定する ISO/IEC 29100であり，この中では個人情報を「個人識別可能情報」（personally identifiable information, PII）と定義し，これに関連する主体を PII 本人，PII コントローラ，PII プロセッサ，第三者と挙げて，各主体が遵守すべき事項について OECD ガイドライン等を元に9原則として規定している。また，日本との関係では，通知・同意に関する ISO/IEC AWI 29184のラポータを日本人とするなど，官民が一体となって，プライバシー関連規格の標準化に積極的に関与している。

6　小　結

　1980年代初頭に欧米間の対立を調整するために生まれた CoE 条約と OECD ガイドラインのうち，特に後者は後の日米欧の立法において参照されるなど，プライバシー関連規制の調和について大きな役割を果たしてきた。しかし，実体規定の収斂に向けた動きが進みつつあるものの，未だ欧米の溝は深く対立が

自由論題

収斂するにはいたっていない。また，OECD のガイドライン等は調整を促すための勧告であり，法的な拘束力を持つものではない。さらに，OECD はあくまで先進国からなる国際組織であり，Ⅱで述べた新興国の過度に保護主義的な立法には十分実効性ある規律を及ぼせない懸念がある。

2000年代に入ると，APEC の CBPR や ISO など，より多様なフォーラムでの議論が開始されることとなった。CBPR と BCR の連携など，規制の調和が難しいとしても，運用面での連携を模索する動きもあり，注目される。また，ISO では欧州米国を始め，政府単位で積極的な関与が見られる。しかし，これらのいずれも法的な拘束力を持つ組織ではなく，履行の確保には不透明さが残る。

このように，国際的に合意できた到達点は，あくまで先進国間の規制の収斂に向けたガイドラインにとどまっており，それも十分ではない。

さらに，特に2010年台に入って生じた新興国による保護主義的な動きに対抗するため，より実効的に規律ができる FTA/EPA での規律が模索されることとなったのである。次のⅣでこの動きを見る。

Ⅳ　通商協定における議論

1　WTO

1994年に設立された WTO では，サービスに関する一般協定（GATS）においてデータの越境移転制限が規律される可能性がある。特に EU の95年指令の GATS 整合性について扱ったものが多く，①GATS 上の「サービス」に該当するか，②サービスに対する GATS 上の保護に違反するか，③それが GATS 上の正当化事由に該当するか，という形で分析が行われる[38]。もっとも，EU やその他のプライバシー保護を目的とした越境移転制限が WTO において争われた事例は無く，現在のところ異なった分野の判例の蓄積を元に，EU 措置の WTO 整合性を分析する論説が存在するにとどまっている。以下の記載はこれらの学説を元に，本稿に必要な範囲で触れることとする。

①，②についてはこれを肯定するものが大半を占め，EU の措置は GATS16 条にいうサービスの供給制限などに該当するとされる。したがって③の正当化

事由への該当性が大きな焦点となるが，GATS14条(c)(ii)は「この協定の規定に反しない法令の遵守を確保するために必要な措置。この措置には，次の事項に関する措置を含む」として，「個人の情報を処理し及び公表することに関連する私生活の保護又は個人の記録及び勘定の秘密の保護」を，GATS違反を正当化する措置の政策目的として挙げる[39]。

次いで「この協定に反しない法令」，「遵守の確保に向けた必要性」が大きな論点となるが，前者については，GATS14条(c)(ii)に明文で規定があることから，プライバシー保護を目的としたEU指令に関してはこれを肯定できるとされる[40]。

後者の必要性については，GATT20条とGATS14条に共通して存在する文言であり，その解釈も基本的には同一と解されている[41]。GATTの先例に拠れば，必要性テストは①価値の重要性，②目的達成への寄与度，③貿易制限の度合い，を検討したうえで，より貿易制限的でない代替措置が利用可能か否かを審査することとなる[42]。

プライバシーの権利自体はICCPRなどの国際協定で認められたものであり，その価値は重要である[43]。また，EUの越境移転制限の趣旨は，不十分な保護水準しか持たない域外国への移転によって生じる個人情報の漏洩などの防止にあるから，これは個人情報の保護という目的達成への寄与も肯定されよう。さらに，貿易制限性についてはEUの規定する3つの例外はOECDガイドライン等で認められたものであり，より非貿易制限的な代替措置を見出すことは困難であろう。したがって，95年指令の，プライバシー保護への「必要性」を否定することは困難であると考えられる[44]。

これは必要性審査に特有の問題をはらんでいる。すなわち，「プライバシー」の範囲が可変的であるのは冒頭述べたとおりであるが，GATTやGATSは加盟国の追及できるプライバシーの保護水準を決定するものではない。あくまで国家が自ら設定した保護されるべき水準の達成にとって，当該措置の採用が合理的か否かを審査するに過ぎないのである。したがって，EUと米国の間に望ましい水準それ自体に乖離があったとしても，GATSではあくまでEUの考える適切な水準に対して，取られた措置が合理的か否かが審査されることとな

自由論題

る。

さらに，第14条柱書を検討すると，問題となるのが，Ⅲで述べた米―EU間のセーフハーバー協定／プライバシーシールドの存在である。これはEUが米国を特に優遇している措置であるから，柱書の「恣意的または不当な差別」にあたる可能性が指摘される。EUが米国外の諸国と同様の交渉を行う可能性は排除されていないものの，過去のWTOの先例，例えば米国―エビ亀事件やEC―アザラシ事件では交渉や立法過程で妥当な考慮を払ったか否かが柱書で審査された。[45] このような観点からすると，セーフハーバーやプライバシーシールドの存在は柱書の違反を構成する可能性がある。

ただし，仮にWTO加盟国がセーフハーバー協定等の存在を理由にEU措置のWTO違反を申立てたとしても，EUから自国への個人情報移転が容易になるわけではなく，違反認定に対する是正措置は単にセーフハーバー協定等が撤回されるに過ぎず，申立国にメリットがあるわけではない。このような構造的な問題からWTOにおける提訴が行われていないと考えられるが，結果としてGATSの越境データ移転制限に対する規律は不明確な点を多く残している。

2 FTA/EPA

TPP以前にも，データの越境流通を確保するための規定を備えたFTA/EPAは存在した。例えば日モンゴルEPAは第9.10条で事業遂行の条件として締約国内のコンピュータ関連設備の設置または利用を要求してはならないとして，データの越境流通を一部担保していた。

しかし，おそらく最も先進的な関連規定を備えているのは環太平洋経済連携協定（TPP）であろう。TPPの個人情報越境移転制限に対する特徴的な規定は，①越境データの流通に特化した条項を創設した点，②個人情報に関する制度の調和を規定した点であり，いずれも電子商取引章で導入された。

第1に，TPPで越境データの移転制限を過度に行うことを禁止する条項が導入された。これはFTAとして初の試みであり，越境データの移転制限を明確に規律しようという意図が見て取れる。具体的には，TPPは第14.11条の2において，「対象者の事業の実施のために行われる場合には，情報（個人情報を

204

含む。）の電子的手段による国境を越える移転を許可する」と規定し，事業の実施に必要な越境データの移転制限を原則として禁止する。

ただしこれには例外があり，第14.11条の3において「公共政策の正当な目的を達成するために」，かつ，当該措置が「恣意的若しくは不当な差別の手段となるような態様で又は貿易に対する偽装的な制限となるような態様で適用されず，かつ，目的達成のために必要である以上に情報移転に制限を課すものでないもの」であれば許容される。

WTO の規律範囲に含まれるか否かさえ不明確であったのに対して，TPP は越境データの移転制限を明確に規律する条項を盛り込んでいる。実際の運用を待たなければならないものの，その審査については文面からは GATT20条よりもゆるいものとなっている可能性が高い。まず，政策目的としては抽象的な「公共政策の正当な目的」が掲げられるのみであり，GATT のように網羅的なリストが掲げられているわけではない。したがって，GATT よりは広範な政策目的が許容されると考えられる[46]。

次に，柱書に類似する3要件，および必要以上に制限的でないことが条件とされている。この記載は TBT 協定に近いものがあるが，その先例に照らせば，2.2条類似の必要性審査は，GATT におけるそれより緩いものとなるだろう[47]。

さらに，TPP は制度調和に向けた規定も有している。TPP14.8条2は，締約国が電子商取引の利用者の個人情報の保護について定める法的枠組みを採用し又は維持すべきこと，当該枠組みを作成するに当たり関係国際機関の原則及び指針を考慮すべきであることを規定する。

あえて（事業者にとってはコストの増加につながる）個人情報保護に関連する法令を加盟国が採用または維持すべきと規定している点は，個人情報の保護が消費者に安心感を与え，ひいては電子商取引の発展につながるという考え方の表明として，興味深いものである。また，立法に際して関係国際機関の原則および指針を考慮すべきとの規定をおいた点も，貿易の技術的障害に関する（TBT）協定の類似規定に比べると努力義務にとどまっている点で拘束力は高くないが[48]，個人情報保護に関する規制の収斂に向けて一定の意義を有するとい

自由論題

えよう。

3　小　結

　以上見たとおり，GATS によって越境データの移転制限が規律されるか否かは曖昧であったが，TPP では明確にこれを規律する条項が導入された。TPP の越境データ移転制限はこれに複数の先進国（例えば米，日，シンガポール）と途上国（メキシコ，ベトナムなど）が合意できた点で画期的であり，今後の通商交渉のモデルになりうるとも評価される。[49] 実際，EU においてもデータの越境自由流通に積極的な IT 系の業界団体は，TPP 類似の条項を TTIP やTiSA に採用するよう EU 政府に働きかけを行っている。[50]

　他方，経済的な考慮が前面に出る通商協定で個人情報の移転制限を規律することが妥当か，という点は従前より議論のあるところである。特に個人情報の保護を基本権と見る EU ではその傾向が強い。[51] また，米国の学説においても，データの移転が行われるインターネットに関する議論では ICANN 等のようにオープンな議論が好まれ，他方，FTA 等の通商交渉ではクローズドな議論が好まれるとして，両者の文化的な差異から FTA はデータの自由流通を議論する場としてはふさわしくないと唱える説もある。[52]

　さらに，TPP 型の越境移転条項がどこまで実効的か，という点も議論があろう。協定条文の解釈については実際の運用を待たねばわからないが，少なくとも個人情報保護の適切な水準それ自体を審査することは難しいと思われる。ただし，TPP の関連条項は，過度に保護主義的な，例えば OECD ガイドライン等で認められた越境移転を認めるべき類型をさらに狭めるような法令を審査する場合には有効かもしれない。先のロシアの国内法令のように，仮に移転先が十分な個人情報の保護水準を持つ国であっても移転をまったく認めないような法令については，TPP の「必要性」に関する審査で OECD ガイドライン類似のより貿易制限的でない代替措置を提案し，その撤廃を促すことも可能になるであろう。

　最後に，私見では，TPP に顕著なように，通商協定は途上国を含め，規制の調和を通じて国際基準を広める効果を有している点に着目すべきと考える。

OECD 等の先進国を中心としたガイドラインは存在したが途上国は含まれておらず，また，APEC では個人情報保護の国際基準への統一に向けた義務規定は存在していなかったため，途上国を含めて国際基準との整合性を議論し，履行を促すようなフォーラムは存在してこなかった。FTA はその履行に向けた常設のフォーラム（ビジネス環境の整備に関する委員会等）が存在することで，相手国に対して国際基準に調和した立法を促し，あるいは制度を改変する働きかけを行う機会を増加させる点で，途上国を含めて国際基準への収斂をより加速させる機構であるといえるだろう。

V　おわりに

以上の考察を元に，特に個人情報の越境移転制限に対する国際経済法の規律に着目して，以下5点，日本の産業界，政府機関に対して実務的な提言を述べる。

⑴　国際機関に加え ISO を含めたプライバシーのルールメイキングへの関与

WTO や OECD 等の国際機関では引き続きプライバシーの国際的な基準の収斂に向けた議論が続いており，これらの議論に関与することは重要である。加えて，欧米の政府機関は ISO においても積極的な関与を見せており，EU は自国の法令を国際標準にすべく，GDPR の立法と PIA の国際標準化を平行して実施した。日本政府も個人情報保護法を3年ごとに見直すとしており，国内の立法や規則・ガイドラインの策定と平行して，必要に応じその国際標準化を進めていくことが重要であろう。また，産業界においても，積極的に自己が望む規制を国内的に提言しつつ，ISO などの国際舞台でも標準化を目指して活動していくべきであろう。

⑵　FTA/EPA による国際基準の参照の拡大

IV で述べたとおり，FTA における国際基準の参照は国際的な個人情報保護の基準を収斂させられる可能性を持つ。TPP 類似の国際基準への準拠条項を今後の FTA/EPA にも規定し，新興国を含めて規制の収斂を求めていくべきであろう。この際，⑴で述べた日本に有利な国際標準の策定が行われていれば，結果として相手国に日本に類似する制度が導入されることとなって，わが

自由論題

国事業者の海外展開に有利となる。両者は車の両輪とも言うべきものであろう。

　また，単に規定を盛り込むのみならず，その履行に向けて FTA で設置される各種委員会などの場で相手国に対して国際基準の参照を働きかけることも重要である。

(3)　FTA/EPA における越境移転制限規律の導入とその執行

　Ⅱで述べたとおり，新興国による過度に保護主義的な越境データ移転規制が導入されつつある。これに対抗すべく，今後交渉を行ったり見直しを行う FTA/EPA に TPP 類似の条項を規定することで，そのような立法を制限し，わが国事業者の展開を容易にすべきであろう。

(4)　WTO の紛争解決手続の活用

　国内での個人情報の補完などは越境サービスの提供禁止に該当する可能性があり，GATS 約束表との関係もあるが，GATS 第16条の市場アクセスに関する違反を構成する可能性がある。したがって，(3)と平行して WTO での訴訟を選択肢として検討すべきと考えられる。FLMs は広がりを見せており，これに対する WTO の規律範囲を明確にすることは，実務上重要である。

(5)　個人情報保護法の運用の精査

　以上(1)～(4)はいわば攻めの示唆であったが，(5)は守りの示唆である。日本では改正個人情報保護法が2017年5月30日に施行され，その中には個人情報の越境移転が新設された（24条）。

　日本も TPP などに規定される越境データ移転制限への規律に関する当事者となったのであるから，その運用に慎重を期すとともに，ガイドライン等の施行細則を含めた立法過程において国際基準などを適宜参照していくことが望まれる。さらに，例えば日本による同等性認定が今後行われることとなるが，その運用が恣意的または濫用的とならないよう十分留意する必要があろう。

　個人情報保護法の運用を担う個人情報保護委員会が主要国と対話を行いながら運用を行う姿勢を明らかにしている点はこの考えに沿うものであり，今後の展開が注目される。[53]

1） 電子情報技術産業協会（JEITA）「2017 G20サミットおよび情報通信大臣会合イノ
　　ベーション，デジタル技術，発展を推進するための提言文書」（2017年2月15日）（http:
　　//www.jeita.or.jp/japanese/public/pdf/20170221.pdf）
2） 後掲Ⅲ参照
3） 宮下紘『プライバシー権の復権——自由と尊厳の衝突——』（中央大学出版部，2015
　　年）3-5頁，78頁
4） 国連によればICCPRには現在169カ国が加盟している。United Nations Treaty
　　Collection, at https://treaties.un.org/pages/ViewDetails.aspx?src=IND&mtdsg_no=IV-
　　4&chapter=4&lang=en
5） 太田育子「個人データの国際流通（TDF）における国際共通利益の実現」『共通利益
　　概念と国際法』（国際書院，1993年）335頁。
6） 宮下，『前掲書』（注3）142-143頁。
7） この点，宮下はホイットマンの見解を引用しつつ。欧州特にフランスにおいて身分制
　　打破の1つの手段として「私生活」（出自，雇用などにおける身上調査など）の権利が
　　含まれており，米欧のプライバシー理解の相違はさらにその淵源を遡ることができる旨
　　指摘する（宮下『前掲書』（注3）103頁）。
8） 太田育子「国際データ流通（TDF）における個人データ保護問題——アメリカ型立法
　　とヨーロッパ型立法の相違をめぐる国際的調整の必要性——」『一橋論叢』104巻1号
　　（1990年）86頁。
9） 同上。
10） 太田「前掲論文」（注5）345-346頁。
11） 紙幅の関係上GDPRの内容については詳述できないが，石井夏生利『新版個人情報保
　　護法の現在と未来』（勁草書房，2017年）237-242頁を参照。
12） 石井，同上，486頁。
13） 宮下『前掲書』（注3）108-110頁。
14） これはOECDガイドラインに従ったものであるともいえ，必ずしも欧州型という
　　るかは注意が必要であるが，個人情報の越境移転制限を欧州が開始した点に鑑みて「欧
　　州型」と記載している。
15） 瓜生和久編著『一問一答　平成27年改正個人情報保護法』（商事法務，2015年）83-84
　　頁。
16） 三菱総合研究所「ＥＵとの規制協力：ＩＴエレクトロニクス分野における第三国の規
　　制に関する調査報告書」，at http://www.meti.go.jp/meti_lib/report/2016fy/000639.pdf,
　　4頁。
17） 日本経済団体連合会は「技術移転要求，現地調達要求，ソースコード等機微な設計情
　　報の強制開示，出資比率制限，外国オンライン事業者に対する差別要求，現地雇用義
　　務，輸入制限，データ越境移動の制限（データセンターの設置義務，データの現地保管
　　義務等）」をFLMsと呼ぶ，at http://www.keidanren.or.jp/policy/2015/024_honbun.
　　html#ref13
18） 日本電子情報技術産業協会（JEITA），米・情報技術産業協議会（ITI），

自由論題

DIGITALEUROPE によるデータローカリゼーション要求に対抗する東京決議，at http: //home.jeita.or.jp/iad/pdf/Tokyo%20Resolution%20on%20Data%20Localization%20 (Oct %202014)%20Final.pdf

19) これらの原因に関する分析は，筆者が現地政府機関・IT 関連の業界団体・弁護士等に行ったヒアリングに基づく。

20) 例えば宮下は「アメリカとヨーロッパの間にはプライバシーの法的概念の捉え方や法制度，そしてその保護の水準に違いが見られ，それが原因となり現実に深刻な問題が生じている。そのきっかけとなったのが1995年 EU データ保護指令であった」とする（宮下『前掲書』（注3）84-85頁）。

21) これは私人間の関係であり，公権力に私生活について介入されない権利という意味でのプライバシーは米国においても基本的人権の地位を占めている。

22) Council of Europe, "Convention for the Protection of Individuals with regard to Automatic Processing of Personal Data", at http://www.coe.int/en/web/conventions/ full-list/-/conventions/rms/0900001680078b37

23) 石井『前掲書』（注11）251-285頁参照。

24) 石井，同上，246頁。

25) 衆議院基本的人権の保障に関する調査小委員会「知る権利・アクセス権とプライバシー権に関する基礎的資料」33-34頁，at http://www.shugiin.go.jp/internet/itdb_kenpo u.nsf/html/kenpou/chosa/shukenshi028.pdf/$File/shukenshi028.pdf

26) 太田「前掲論文」（注5）345-346頁。

27) 野村至「OECD プライバシーガイドライン改正について」『堀部政男情報法研究会 第 9回 シンポジウム』18頁，at http://www.horibemasao.org/horibe9_Nomura.pdf

28) 宮下『前掲書』（注3）81頁。

29) 詳細については石井『前掲書』（注11）365-367頁参照。

30) 経済産業省「APEC−越境プライバシールール（CBPR）システム」参照，at http:// www.meti.go.jp/press/2016/12/20161220004/20161220004-1.pdf

31) 個人情報の保護に関する法律施行規則（平成28年10月5日個人情報保護委員会規則第 3号），at https://www.ppc.go.jp/files/pdf/290530_personal_commissionrules.pdf

32) 個人情報保護委員会「個人情報の保護に関する法律についてのガイドフイン（外国にある第三者への提供編）」32頁，at https://www.ppc.go.jp/files/pdf/guidelines02.pdf

33) WP29, "Opinion 02/2014 on a referential for requirements for Binding Corporate Rules submitted to national Data Protection Authorities in the EU and Cross Border Privacy Rules submitted to APEC CBPR Accountability Agents" (WP212), at http: //ec.europa.eu/justice/data-protection/article-29/documentation/opinion-recommendati on/files/2014/wp212_en.pdf

34) *Ibid.*, p. 2.

35) 石井『前掲書』（注11）306-312頁。

36) 崎村夏彦「国際標準化の現場から見た日本の個人情報保護法改正——情報セキュリティ／プライバシーと国際標準——」，2頁，at http://www.dekyo.or.jp/kenkyukaidata

/2nd/20150628_doc3.pdf

37) 筆者による出席者へのヒアリングに基づく。

38) このような分析手法をとるものとして，例えば，國見真理子「EU個人データ保護指令／規則とWTO協定との関係を中心とした個人情報保護制度に関する一考察」『InfoCom REVIEW』63号 (2014年): Carla L. Reyes," WTO-Complaint Protection of Fundamental Rights: Lessons from the EU Privacy Directive", *Melbourne Journal of International Law*, Vol. 12 (2011), pp. 1-36; Eric Shapiro, "All Is Not Fair in the Privacy Trade: The Safe Harbor Agreement and the World Trade Organization", *Fordham Law Review*, Vol. 71 (2003), Issue 6, pp. 2781-2821.

39) 条文の翻訳は経済産業省ウェブサイト掲載のものを引用している，at http://www.meti.go.jp/policy/trade_policy/wto_agreements/marrakech/html/wto15m.html#14

40) Reyes, *op. cit.* (n. 38), p. 29.

41) 経済産業省『不公正貿易報告書 (2017年版)』250頁。

42) 同上，254頁。

43) Reyes, *op. cit.* (n. 38), p. 31.

44) Gregory Shaffer "Globalization and Social Protection: The Impact of EU and International Rules in the Ratcheting Up of U.S. Privacy Standards", *Yale Journal of International Law*, Vol. 25 (2000), pp. 50-51.

45) United States - Import Prohibition of Certain Shrimp and Shrimp Product, Reports of the Appellate Body, WT/DS58/AB/R, paras. 166-171; European Communities - Measures Prohibiting the Importation and Marketing of Seal Products, Reports of the Appellate Body, WT/DS400/AB/R, para. 5.337

46) Mishra はこのような文言の曖昧さは規制権限を確保したい交渉参加国の意向の反映であるにせよ，広範に過ぎ予測可能性がないとこれを批判する。Neha Mishra, "The Role of the Trans-Pacific Partnership Agreement In the Internet Ecosystem: Uneasy Liaison or Synergistic Alliance?", *Journal of International Economic Law* (2017) 20 (1): 31-60.

47) 藤井康次郎，河合優子「Web解説 TPP協定 14電子商取引」5頁，at http://www.rieti.go.jp/jp/projects/tpp/pdf/14_e-commerce_v2.pdf

48) 強制規格について関連する国際規格の採用を定める TBT協定2.4条を参照。

49) 2017年2月に経済産業省・JETRO の共催で開催されたシンポジウム「デジタル時代の国際貿易ルール——課題と展望——」における，Mira Burri博士（ルツェルン大学）の発言。

50) "DIGITALEUROPE assessment of the Trans-Pacific Partnership (TPP) Provisions", at http://www.digitaleurope.org/DesktopModules/Bring2mind/DMX/Download.aspx?Command=Core_Download&EntryId=1090&language=en-US&PortalId=0&TabId=353

51) 筆者による EU の消費者団体や通商弁護士に対するヒアリングに基づく。

52) Susan Aaronson, "Why Trade Agreements are not Setting Information Free: The Lost History and Reinvigorated Debate over Cross-Border Data Flows, Human Rights

自由論題

and National Security", *World Trade Review,* April 2015, pp. 1-30.
53) 個人情報保護委員会「個人データの円滑な国際的流通の確保のための取組について」（2016年 7 月), at https://www.ppc.go.jp/files/pdf/2811_kokusai.pdf

（野村総合研究所副主任研究員）

自由論題

WTO 紛争処理における measure 概念の展開
──国際通商における「法の支配」の射程──

平 見 健 太

I はじめに
II measure 概念の不明瞭性
  1 DSU における measure 概念の位置
  2 先例における measure 概念の定式化
III 概念の明確化
  1 人的射程
  2 時間的射程
  3 事項的射程（行為類型の射程）
  4 先例を支える理論的前提
IV 概念の柔軟性・広範性が有する実践的含意
  1 measure の存在証明にかかる要件の流動性
  2 申立国による創意工夫の重要性
V おわりに

I は じ め に

新興国を中心とした保護主義への傾倒，中国における鉄鋼の過剰供給問題，そして，自国第一主義・二国間主義への転換を標榜する米国の攻撃的かつ保護主義的な通商政策の展開など，今日の国際経済環境は益々不安定化し，問題が日々山積する状況にある。これらの多種多様な攪乱要因を前に，法はいかに対処しその実効性を確保しうるであろうか。

「市場は本来的に法によって成り立っている」というコティエの指摘通り[1]，現代の市場秩序はその存在を国際法に大きく依存しており，市場に対していかに「法の支配」を確保し維持するかが，かねてより国際経済法の課題となってきた。この点，通商分野においてグローバルレベルでの「法の支配」の確保を担ってきたのが WTO 体制であることに異論はなく，それは GATT/WTO 法が国際通商に関する広範かつ詳密なルールの体系を構築してきた成果であるといってよい。

自由論題

　が，法形成機能が停滞して久しい現在の WTO 体制が依然として「法の支配」の確保を担う中核的存在であり続けているのは，ひとえに強力な紛争処理手続の存在とその実効性に負うところが大きく，ある加盟国などは，紛争処理制度こそが WTO 体制のレーゾン・デートルであると述べたほどである。さらに，FTA 全盛時代にあっても WTO 紛争処理手続の利用が益々活発になっているという事実は，国際通商分野の秩序維持にとって同手続がいわばラスト・リゾートとしての位置づけを有していることの証左でもある。このように WTO 紛争処理手続は，国際通商における「法の支配」の確保・維持にとって不可欠な役割を果たしてゆくことが引き続き期待されるのである。

　以上を前提とすれば，冒頭で例示したような多種多様な事象に対して WTO 紛争処理手続がいかに対応しうるかを検討することは，そのまま同手続が国際通商における「法の支配」の実効性確保にとっていかに貢献しうるかを検討することにもなろう。

　このような認識に基づき本稿が着目するのが，WTO 紛争処理手続における measureの概念である。measure とは，同手続において申立てないし審理の対象となる加盟国の行為を指す，紛争解決了解（以下，DSU）上の固有概念であり，ここでの measure に該当する行為のみが，審理を通じてその協定整合性を問われることになる。したがって，この measure なる概念の実質と射程を明らかにすることは，紛争処理手続の俎上に載りうる事象の範囲を明らかにすることを意味し，ひいては，同手続が国際通商における「法の支配」の実効性をいかなる範囲において確保しうるのか，その射程を見極めることにも繋がるのである。

　この点，後述の通り measure とは紛争処理手続の全体を貫く鍵となる概念であり，申立国が何を measure として取り上げ申立ての対象とするかによって審理の結果が大きく左右される場合があるなど，その実務上の重要性は疑うべくもない。にもかかわらず，学術的な先行研究は乏しく，同概念の運用と明確化は専ら，加盟国の試行錯誤とパネル・上級委員会の判断を通じていわば手探りの中でなされてきたといえる。しかしそれらも個別の紛争処理に根ざしたものであるがゆえに，概念の把握・明確化は断片的なものにとどまっている。

そこで以下では，紛争処理の先例を主たる素材とし，それらを後述する視角に基づき分析し総合することによって，measure 概念の実質と射程を明らかにするとともに，その実践的な含意を探ってゆくこととする。

II　measure 概念の不明瞭性

WTO 法は加盟国を名宛人とした広範かつ詳密な権利義務の体系を構築するものであり，その義務は種々の態様において遵守され，また違反されうるものである。それゆえ，紛争処理手続において審理対象となりうる行為の範囲・類型もまた，WTO 法の遵守・違反態様の多様性に対応しうる程度に十分広範なものである必要がある。しかし同時に，およそ国際通商は私人を含む多様なアクターによる種々の活動によって成り立っているが，それらのすべてについてまで加盟国が WTO 法上の責任を問われるとすればそれは当然不合理であり，このような観点から，measure 概念の射程はあまりに広範すぎても問題となる。WTO 紛争処理における measure とは，以上 2 つの観点からみて適切な射程をもった概念でなければならないのである。[7]

1　DSU における measure 概念の位置

紛争処理手続を規律する DSU を眺めてみると，measure の文言は様々な規定中に現れ，手続の鍵をなす概念であることが示唆される一方で，定義は与えられていない。[8]

総則規定たる DSU3.3条は，「加盟国が，対象協定に基づき直接又は間接に自国に与えられた利益が他の加盟国がとる measure によって侵害されていると認める場合において，そのような事態を迅速に解決すること」が WTO 体制にとって不可欠であると規定し，紛争処理において問題となるのは，加盟国のとった measure が他の加盟国の対象協定上の利益を侵害しているかどうかであることが示されている。これに沿って3.7条は，紛争処理制度の第 1 の目的が「(問題となる) measure の撤回を確保する」点にあることを強調する。

手続の具体的過程に目を移せば，協議について規定する DSU4.2条は，「各加盟国は自国領域においてとられた measure であっていずれかの対象協定の

実施に影響を及ぼすもの」に関して申立国と協議することを定め，続いて4.4
条は，問題となる measure を協議要請書において同定することを申立国に義
務づける。パネル設置手続に関する6.2条も同じく，具体的な measure をパネ
ル設置要請書において同定することを申立国に義務づけている。また，勧告に
関する19.1条は，ある measure がいずれかの対象協定に整合的でない場合，
パネルまたは上級委員会が「関係加盟国に対し当該 measure を当該協定に適
合させるよう勧告する」と定め，measure の協定整合性の確保こそが勧告の
主眼であることを示している。

　measure に言及する規定は他にもあるが，いずれにせよ概念それ自体の意
味内容は判然としない。以上の関連規定から把握しうることといえば，①紛争
処理手続の俎上に載る measure とは，加盟国を行為主体とするものであるこ
と，②利益の無効化・侵害は，問題となる measure に起因するものでなけれ
ばならないこと，したがって，③申立国が提起した measure の協定整合性の
評価こそが審理の主眼をなすことぐらいであろう。

　このように手続の鍵をなす概念でありながらも，その実質が必ずしも明確で
ない measure の概念は，以下で見る通り紛争処理の先例を通じて徐々に明確
化が図られてきているのである。

　ところで，上述した協議要請やパネル設置要請段階における measure の同
定の問題と，いかなる行為が紛争処理手続の審理対象となり協定整合性を問わ
れる measure に該当するのかという問題は，それぞれ別個の問題であること
には注意を要する。measure の同定とは，申立国が申立ての対象として取り
上げようとする measure を手続の開始段階で被申立国とパネルに提示し，当
該紛争におけるパネルの管轄権の範囲を画定するとともに，被申立国に適切な
防御の機会を提供するための手続である。したがって，協議要請書とパネル設
置要請書において申立国が何らかの行為を measure として明確に同定してい
るからといって（手続的要件の充足），それが直ちに，当該行為が審理対象たる
measure に該当し，なおかつそのような measure が現に存在することの証明
にはならないのであって，この種の実体的問題は本案段階で別途パネルの検討
対象となり，申立国による主張と証明を要する。

本稿の問題意識はあくまで measure 概念の実質の明確化にあり，手続的要件としての measure の同定の問題は関心の外にある[11]。しかしながら先例によっては後者の論点において measure 概念の実質を論じているものもあるため，以下では measure の同定の文脈における議論も適宜参照する。

2　先例における measure 概念の定式化

measure 概念について定義らしきものが示されたのは，*US - Corrosion-Resistant Steel Sunset Review* 事件においてであった。本件では，アンチ・ダンピング協定（以下，AD 協定）上の紛争において紛争処理手続の審理対象となりうる measure の類型が問題となったが[12]，上級委員会は，この AD 協定固有の問題を検討する前段階で measure 概念一般についての議論を展開した。

すなわち，DSU3.3条の「他の加盟国がとる measure（measures taken by another Member）」という文言が，加盟国と measure との間の結びつき（nexus）を示していることに着目し，「WTO 加盟国に帰属するあらゆる作為または不作為が，原則として紛争処理手続上の measure となりうる」として，同概念を定式化したのである[13]。その後の *US - Gambling* 事件においても上級委員会はこの定式をそのまま踏襲している[14]。

以上の定式化は，その推論過程から推察される通り，DSU 上，3.3条以外には measure 概念の外延画定に資する要素を見出すことができないという認識が基礎になっており，実質的には DSU 関連規定の曖昧さのみに依拠した抽象的かつ漠然とした定式に過ぎず，これをもって同概念を明確に説明するものと結論づけることはできない。しかしながら，この定式が measure 概念の広範さを含意している点には注目すべきであり，概念の射程を把握するための出発点としては重要な意味をもつ。そこで以下では，上記定式における概念の潜在的な広範さを念頭に置きつつ，measure を巡って生じる問題を実際の紛争事例を参考に類型化し，それぞれの視角から概念の明確化を試みることとする。具体的には，①誰が（人的射程），②どの時点で行った（時間的射程），③いかなる行為が（事項的ないし行為類型の射程），審理対象たる measure に該当しうるのかをそれぞれ分析し総合することによって，同概念の射程を包括的に把握し

ようとするものである。

むろん，問題となる行為によっては以上の分類が相対化する場合もあり（特に時間的射程と事項的射程の相対化[15]），あくまで便宜的な分析視角に過ぎない。しかしながら，3つの異なる視角から問題を眺めることによって不明瞭な概念を多面的に把握することが可能になるのであり，また実務的にも，いかなる行為であればmeasureに該当しうるのか，あるいは紛争の実効的解決に鑑みていかなる行為をmeasureとして構成すべきか等を，以上の複数の視角を組み合わせることによって適確に判断することが可能になるものと思われる。このような認識に基づき次章では，先例を素材としつつ概念の射程を明らかにしてゆく。

Ⅲ　概念の明確化

1　人的射程

measureの行為主体はWTO加盟国でなければならないというのが，DSUの関連規定や上述の先例が示すところである。公権力を行使するあらゆる国家機関の行為が加盟国としての行為を構成することは先例上確立しており[16]，権力分立の在り方が国によって一様でないことや，立法・司法・行政の区分に跨がって権力を行使する機関が存在するという現実からも妥当であろう[17]。中央・地方政府の別も特段の規定がない限り問題とならない[18]。

なお，紛争処理の過程では「私人の行為」が問題となることもあり，それは被申立国による次のような抗弁として提起されることが多い。すなわち，申立国が協定違反と主張する問題はあくまで私人の行為の結果（換言すれば，市場の作用）として生じたものにすぎず，申立国が同定するところの被申立国のmeasureとはそもそも無関係であり，それゆえに当該measureに起因する協定違反は存在しない，という趣旨の抗弁である。

この種の抗弁がなされた場合，私人の行為をいかに位置づけるかが問題となるが，先例上は私人の行為がmeasureを構成しうるかという問題（measureの人的射程の問題）としては処理されていない。むしろ，私人の関与によって生じた結果（*Korea - Beef*事件を例にとれば，韓国の牛肉市場において小売業者が国産

牛肉の販売を選好する一方で輸入牛肉の販売は殆ど選択しないという状況）が，実質的には加盟国の measure に起因するものかどうか，という観点から問題が処理されている。具体的には，加盟国の measure が私人に対して一定の作為ないし不作為をなすようインセンティブを与えている場合には，たとえ形式的には私人の行為によって何らかの結果が生じているようにみえても，あくまで加盟国の measure が原因となって当該結果が発生しているとする論理である。[19]

　このように先例では，私人の行為と加盟国の measure との関係性を分析することを通じて当該私人の行為の位置づけが評価されているが，これは被申立国側からの抗弁として私人の行為の問題が提起されるという，紛争当事者間の議論構図の帰結といえる。[20] 裏を返せば，申立国側が協議要請・パネル設置要請時点で私人の行為を直接 measure として同定する場合にはじめて，私人の行為の measure 該当性が正面から議論されることになろう。[21]

2　時間的射程

　紛争処理手続に申し立てられる measure の多くは手続の時点で現存する行為であり，DSU3.7条や19.1条の趣旨に鑑みても，この種の行為が measure に該当し審理対象となることに疑いはない。問題となるのは手続の時点では存在しない行為についてであり，具体的には，過去に存在しつつも既に終了した行為，または将来実施される可能性のある行為が，measure としてその協定整合性を問われうるかが特に問題となる。

　GATT 期を含めた先例は，過去または将来の行為は審理対象にならないとの原則論を示しつつも，併せて例外の可能性にも言及することによって，総じて曖昧な姿勢を保ってきたように思われる。[22] このような中，*US − Upland Cotton* 事件において上級委員会は，measure の同定の文脈においてではあるが，時間的射程の問題について踏み込んだ検討を行い，重要な指針を提供することとなった。

　まず協議要請段階での measure の同定に関して，DSU4.2条が「いずれかの対象協定の実施に影響を及ぼす（affecting）measure」について協議すると定めていることを踏まえ，affecting の語が有する時間的な意味合いに着目し，

自由論題

協議対象となりうる measure は協定の実施に対して「現に影響を与えている
こと（present impact）」が必要になるとした。そのうえで，measure 自体が現
時点で効力を有しているかどうかは，当該 measure が協定の実施に対して現
に影響を与えているかどうかとは必ずしも関係がないとした[23]。

パネル設置要請段階での measure の同定については，DSU6.2条の「問題と
なっている（at issue）特定の measure」という文言に着目し，この文言はパネ
ル設置要請時点で当該 measure が紛争主題になっていなければならないこと
を示すものではあるが，measure が現に効力を有している必要があるかどう
かについては何ら解答を示すものではないとした[24]。

このように協議要請・パネル設置要請段階のいずれにおいても measure に
関して時間的制約が設けられていないことを確認したうえで，総則規定たる
DSU3.3条の規定ぶりにも依拠し，手続のより一般的な文脈においても meas-
ure の時間的制約には何ら言及がないことを指摘している[25]。

なお上級委員会も指摘している通り，measure による対象協定の実施への
影響の有無ないし利益侵害の有無という要素は，事案毎の事実関係に基づく評
価を要する問題であり[26]，それはすなわち本案段階で行われるべき検討にほかな
らない。したがって，ある行為が対象協定の実施に現に影響を与えている（利
益を侵害している）と申立国自身が判断する限りにおいては（DSU3.3条）[27]，当該
行為はその時間的属性にかかわらず，協議要請およびパネル設置要請における
同定の対象にはなるものと思われる[28]。

以上はあくまで measure の同定という手続的要件の文脈で展開された議論
であるが，その内容は，紛争処理の俎上に載ることが想定される measure と
はいかなるものかについて，時間的な観点から光を当てることにもなってい
る。そこで以下では，以上の議論を前提に，過去または将来の行為が meas-
ure としてその協定整合性を問われうる場合につき，それぞれ考察する。

(1) 過去の行為

上述の *US - Upland Cotton* 事件は，米国による過去の補助金拠出の審理可
能性が問題となった事案であった。それゆえ，上級委員会は上述の議論を前提
としつつ，特に過去の行為に関してその審理可能性についても検討を加えた。

220

被申立国たる米国は，既に終了し存在しない行為の場合には DSU19.1条に基づく勧告が意味をなさないため，結局過去の行為は審理対象になりえないとの抗弁を行っていた。上級委員会はこれを否定し，問題となる行為が終了しているという事実は勧告内容にこそ影響を及ぼしうるが，当該行為を measure として審理対象としうるかという問題にとっては決定的な要素ではないとした[29]。

上級委員会は以上を踏まえ，本件で問題となった補助金の特性と補助金協定の関連規定を考慮している点がここでは注目される。まず，補助金の拠出とその結果生じる「悪影響（adverse effects）」との間にはタイムラグがありえ，もし過去の補助金拠出が申立ての対象たりえないとすれば，当該補助金に基づく「悪影響」について救済（remedy）が困難になると指摘した。また，補助金協定7.8条が[30]，補助金の撤回とは別に「悪影響を除去するための適当な措置」を救済の一態様として明記していることにも着目している。つまり，過去の行為についても補助金協定が救済を想定していると考えなければ，上記の救済態様は存在意義が乏しいものになるとし，ゆえに本件補助金が過去の行為であったとしても申立て可能でなければならないと強調したのである[31]。行為の特性や関連協定の規定内容が，過去の行為の measure 該当性を補強した格好になっている[32]。

後の *EC - Banana III (21.5) (Ecuador II) (US)* 事件では，同じく勧告の可否の観点から，手続の途中で失効し消滅した行為（ACP 諸国からのバナナ輸入を優遇する関税割当）の審理可能性が争われたが，上級委員会は *US - Upland Cotton* 事件における見解を踏襲し，手続開始時点で既に存在しない行為が measure たりうるのであれば，本件行為はなおさら measure として審理対象になりうると判断している[33]。

このように，過去の行為については特に勧告の可否の観点から measure 該当性を否定する抗弁が出されることがあるが，時間的射程に関する DSU の柔軟な立場を前提に，問題となる行為の特性や対象協定の関連規定にも依拠することによって，過去の行為であっても広く measure として審理対象になっているのが現状である。

自由論題

(2) 将来の行為[34]

　将来実施されうる行為の measure 該当性について重要な手がかりを示した
のが，GATT 期の *US - Superfund* 事件である。本件で問題とされたのは
「スーパー・ファンド法」と呼ばれる環境保護に関する米国法令であったが，
本法自体は議会を通過しつつもその一部の法令が未発効であったため，当該未
発効部分がパネルの審理対象となるかが争われた。結論からいうとパネルは，
未発効の法令であっても審理対象になりうることを認めた。

　理由としてパネルは，まず，本件で問題となった GATT 3 条の本旨が競争
関係に関する締約国の期待の保護にあるとし，そこには現在の貿易の保護だけ
でなく将来の貿易を計画するために必要な予測可能性の創出も含まれることを
指摘した。そして，法令が実際に適用されるまで当該法令について申立てでき
ないとすればこの目的は達成されないと述べたうえで，未発効とはいえ法令自
体は既に制定されていること，法令の文言が義務的なものであること，発効後
行政当局は法令を適用する蓋然性が高いこと等を理由に，本件法令の審理可能
性を肯定し GATT 3 条 2 項違反としたのであった。[35]

　本件では，問題となる行為の特性と関連規定の内容を勘案したうえで，将来
の貿易に対する予測可能性への影響を考慮し結論が導かれているが，WTO 移
行後の事案でも同様の理由付けによって将来の行為を審理対象とし協定整合性
を評価した例が複数存在する。[36]これら先例はいずれも法令という行為類型が問
題となった事案であるが，そこでの分析枠組と理由付けを踏まえれば，一般論
として次の点は指摘できる。すなわち，たとえ将来の行為であっても，当該行
為の特性やその実現の蓋然性，問題となる実体規則の内容次第では，measure
として審理対象になり，その協定整合性が問われうるということである。[37]

3　事項的射程（行為類型の射程）

(1) as such / as applied 申立ての区分

　「WTO 加盟国に帰属するあらゆる作為または不作為が，原則として紛争処
理手続上の measure となりうる」という上級委員会の定式は，measure に該
当しうる行為類型の広範さを示唆しているが，ここでは議論の出発点として

as such/ as applied 申立ての区分をまず取り上げる。

GATT 期以来認められてきた as such/ as applied 申立てとは，measure の類型に基づく申立ての区分であり，前者が国内法令を典型とする規則ないし規範それ自体を measure とし，その存在自体の協定整合性を問う申立てであるのに対して，後者は規則ないし規範の具体的適用事例のように，加盟国の個別具体的行為を measure として捉え，その協定整合性を問うものである。

後者の申立て対象が measure たりうるのは当然として，規則ないし規範それ自体を measure として扱うことが認められる根拠については，WTO 法特有の法益の性質が深く関わっている。すなわち，「GATT/WTO の規律や紛争処理手続は，現在の貿易の保護だけでなく将来の貿易を実施するために必要となる安定性と予見可能性をも保護することを目的としており」[38]，この目的を実現するためには，法令のように一般的・将来的適用が企図された規則ないし規範であって，加盟国の義務に合致しないものについては，その適用事例の有無にかかわらず紛争処理手続に提起できなければならないことになる[39]。将来の法適用によって違反事例の発生が予測される場合には，そのような法令の存在自体が現在および将来の貿易の在り方にも当然影響を及ぼすのであり，このような事態を防ぎ違反行為の根源を取り除くことも，WTO 法の法益の観点からは不可欠となるのである。

このように as such 申立てを許容する基盤を持った WTO 法にあっては，measure の行為類型としては as such/ as applied 区分がまず念頭に置かれ，実際に申立てを検討する際にも，問題となる行為が上記いずれの類型に該当するかを見極めたうえで，申立ての対象を構成していくのが通常である。

(2)　同区分の相対的・便宜的性格

しかしながら本稿の問題関心からみて重要なのは，この as such/ as applied の区分が measure の類型把握にとっては決して絶対的なものではないということである。同区分の相対的・便宜的性格を指摘したのが，いわゆる ongoing conduct が問題となった，*US - Continued Zeroing* 事件の上級委員会報告であった。

本件は米国のゼロイング手法を用いた AD 課税を巡る紛争であったが，申

立国 EC はそのうち18件の AD 税賦課命令に基づく AD 税について，賦課に
かかる一連の連続した AD 手続におけるゼロイング手法の利用によって，本
件 AD 税が将来に渡って継続的に適用されうる点を問題視し，当該 AD 税の
「継続的適用（continued application）」を measure として構成し申立てを行っ
た。

　パネルは上記申立てをゼロイング手法それ自体についての as such 申立てと
同視し，当該 measure の存在と内容が十分証明されていないとして EC の主
張を退けたが，上級委員会はパネルの認定を覆し，本件 measure を as such/
as applied 区分に当てはまらない固有の measure としてその存在と申立て可
能性を肯定した。

　その際上級委員会は，as such/ as applied の区分について次のような見解を
示している。「……as such/ as applied 申立ての区分は，WTO 紛争処理上の
measure の定義を 司 (つかさど) るものではない。この区分は，問題となる measure の
性質の理解を容易にするための分析ツールとして先例上発展してきたものであ
る。この発見的ツールは有用ではあるが，申立ての対象となりうる measure
の類型を余すところなく説明するものではなく，申立てが許容されるためには
measure がこれら2つの範疇のうち一方にはっきりと当てはまる必要があるわ
けではない。[40]」

　以上を踏まえ上級委員会は，18件の AD 税の賦課・評価・徴収に関する一
連の連続した手続におけるゼロイング手法の継続的利用こそが EC の特定した
measure であるとし，それは18件の AD 税に関する限りにおいて，将来に
渡って継続的に適用される ongoing conduct たる性質を持ち，それゆえゼロイ
ング手法それ自体ではなく（as such ではなく），同手法の具体的適用例でもな
い（as applied でもない）とした。そのうえで，この種の行為を WTO 紛争処理
から除外する理由はないと述べた[41]。また上級委員会は，当該 measure の性質
と EC が求める救済態様（関連 AD 手続におけるゼロイング手法の将来に渡る利用中
止）との連関にも言及し，紛争の実効的解決のためにいかなる救済を求めよう
とするのかに応じて，申立国は自由に申立ての対象を同定し構成することがで
きると言明したのである[42]。

本件では ongoing conduct なるものの存在を証明するための要件が明確化されなかったため，この特殊な行為概念が AD 協定上の事案を越えて適用可能かどうかは別途検討を要するが，いずれにしても上級委員会は，measure の類型把握における as such/ as applied 区分の絶対性を否定することによって，その両極の間にもいわばグラデーション状に measure が存在しうることを認め，申立国による measure の柔軟な構成に道を開いたのである。

4 先例を支える理論的前提

以上３つの視角から measure 概念の射程を考察した結果，加盟国に帰属する行為である限り，時間的にも，また行為類型としても広範な行為が，measure として紛争処理手続の俎上に載りうることが明らかになった。それでは，このような measure 概念の理解ないし運用を支えるものは一体何であろうか。

以上の諸先例に概して共通する推論過程が示しているように，measure 概念の柔軟性・射程の広範さは，WTO 法に通底する法益の特質や事案毎に問題となる対象協定に固有の規律内容によってまさに必要とされていたのであり，その要請を DSU の関連規定の曖昧さが許容するかたちで成り立っていたといえる。つまり，以上の必要性と許容性の両輪こそが，各事案における上級委員会の判断を一貫して支える理論的前提になってきたといえるのである。

特に必要性の観点を掘り下げれば，そもそも DSU3.2条は，対象協定に基づく加盟国の権利義務の維持を紛争処理制度の役割として掲げている。この点，対象協定上の各実体規則はその規律内容に応じて種々の態様によって違反されうるが，もし measure の射程が予め一定の行為に限定されるとすれば，紛争処理手続において協定整合性を適切に問えない場合が生じるおそれがあり，3.2条の制度趣旨に合致しないことにもなりかねない。それゆえに，measure 概念の射程と対象協定上の各実体規則はいわば盾の両面の関係にあるといえ，トートロジカルな表現ではあるが，対象協定上の実体規則に違反しうる行為であれば measure に該当するとでもいえるような，柔軟かつ広範な概念として運用されてきているのである。

それぞれ断片的ながらも総じて一貫した方向性で積み上げられてきた先例の

自由論題

背後には，多種多様な行為によって成り立つ現実の国際通商関係に対して
WTO 法上の規律を過不足なく確保するという，至極当然ではあるが重要な，
上級委員会の問題意識が存在してきたように思われる。審理者のこのような姿
勢を踏まえるならば，measure 概念の特質を活かすも殺すも結局は手続の
ユーザーたる加盟国の側次第ということになり，具体的には紛争を提起する申
立国の課題となってくるのである。

Ⅳ　概念の柔軟性・広範性が有する実践的含意

1　measure の存在証明にかかる要件の流動性

measure の問題に関して近年最も注目を集めたのは，2015年に上級委員会
報告が発出された *Argentina – Import Measures* 事件であろう。本件では，ア
ルゼンチン政府が国内の事業者に対して実施していた，輸出入均衡要求やロー
カルコンテント要求等のいわゆる貿易関連要求（Trade-Related Requirements:
TRRs）の GATT 整合性が問題となったが，この TRRs は国内法令等の明文上
の基礎を持たずに実施されていたため（いわゆる unwritten measure）[46]その存在
自体が不明瞭であり，また，対象物品の広範性ゆえに無数の事例が存在しえた
ため，個別事例毎に as applied 申立てで対処することは問題の実効的解決の観
点から非効率的であった。

そこで申立国たる日・米・EU は，一見バラバラに見える個々の TRRs を，
一定の政策目的（輸入代替・貿易赤字削減政策）を実現するためにそれぞれ相互
に連関し体系的に運用される single measure として構成し，なおかつそれを
体系的かつ継続的な適用がなされる measure として性格付けりる戦略をとった。[47]
個々の事例を包含する単一の measure として紛争処理の俎上に載せ，さらに
その体系的・継続的な適用の協定整合性を問うことによって，無数の TRRs
を包括的に捕捉し一網打尽にし，なおかつその将来的な運用をも阻止すること
が企図されたのである。

本件の特殊性は，① TRRs が unwritten measure であったこと，②申立国
はそれらを一体とみなし single measure として構成したこと，③当該meas-
ure を as such/ as applied 区分にとらわれない「体系的かつ継続的な適用

（systematic and continued application）」という類型でその協定整合性を争った点にある。これら3点は理論的にはそれぞれ別個の問題でありながら，実際には相互に影響しあう面もあり本件 measure を巡る問題を一層複雑化させているが，いずれにせよこのような事情から，申立国が描写し構成したところの measure の存否とその証明の成否が本件の中心的争点となった。

以上の問題処理に際して上級委員会は，measure 概念に関する自身の見解を踏襲しつつ，同概念の柔軟性・広範性に応じて measure の存在証明がいかになされるべきかといった点にまで踏み込んで詳細に論じたため，同概念の明確化とその含意を示すものとして画期的先例となった。

具体的には，as such/ as applied 区分に該当しない多種多様な行為が measure たりうるとした先例を前提に，「measure の存在証明のためには，（measure の被申立国への）帰属と（当該 measure の）明確な内容の証明に加えて，申し立てられた measure の特性や性質に応じて他の諸要素の証明が必要になりうる」とし，証明のための要件は決して一定ではなく，measure 概念の広範性に呼応して流動的であることを強調したのである[48]。申立国がいかに measure を描写し構成するかに応じて，証明されるべき要素も変化するという趣旨である。

以上の一般論を前提とし，本件では，measure の「帰属」自体は争われず特に問題にならなかったが，TRRs が unwritten measure であり，かつ申立国がそれらを single measure として構成したがゆえに，「明確な内容」の要件が特に重視して検討された。すなわち，申立国が例示した個々の TRRs が共通の政策目的を実現するための single measure の一部として相互に連関して運用され，それらが一体となったもの（single measure）が，構成要素たる各 TRRs とは異なる固有の存在意義を有する measure といえるかどうかが検討され，肯定的評価が与えられた[49]。

また，本件 measure の特性に応じた追加的要素として，「体系的かつ継続的な適用」がなされうる measure かどうかも検討され，アルゼンチンの管理貿易政策の下で TRRs は体系的に運用されていること，当該政策が撤回されない限り TRRs は将来に渡って継続的に適用される蓋然性があることが認定さ

自由論題

れた。[50]

　このように，極めて複雑な性質をもった本件 measure の存在証明に関しては，measure の特性に応じて以上の諸要素の証明が必要とされ，全体で約900もの証拠が提出されたことがその証明の困難さを物語っている[51]。これはひとえに申立国が紛争の実効的解決のために上述のような創造的かつ野心的な measure の構成方法をとったからにほかならず，本件にあっては measure 概念の柔軟性・広範性が十二分に活かされ，その存在証明についても必要な証拠と主張を提示しえたがゆえに本件 measure の存在証明に成功し，これを基礎として企図した通りの射程を有する違反認定と勧告を申立国は獲得することができたのである。

2　申立国による創意工夫の重要性

　以上のような measure 概念の柔軟性・広範性に鑑みると，およそ申立国には measure をいかに構成するかにつき広範な裁量があるといえ，従来のカテゴリカルな思考様式に依拠しすぎることは有益でないことが分かる。*Argentina – Import Measures* 事件が示しているように，直面する問題の実効的解決のためにいかに measure を描写し構成するか，そしてその存在証明をいかに行うかが，紛争処理手続の利用に際しては決定的に重要となってくるのである。

　その際考慮すべき要因としては，①違反の疑われる実体規則は何か，②問題解決のためにはいかなる救済を獲得することが望ましいか，③望ましい救済を獲得するためには measure をいかに構成すべきか[52]，④当該 measure の存在証明のためにはいかなる要素の証明が必要となるか，またそのための証拠と主張を実際に提示できるか等が挙げられよう。申立国は，事案の特性に応じてこれらの要因を相互に考慮しつつ，創意工夫を凝らすことが求められるのである。

　実際に，measure の構成如何（いかん）が審理の結果を左右した例は多数存在する。例えば，上述の *Argentina – Import Measures* 事件は申立国の創意工夫が成功を収めた顕著な例であるが，反対に，*US – Shrimp II (Viet Nam)* 事件において申立国ベトナムは，自身が問題視していた米国の関連 AD 手続を的確に捕

捉するものとして measure を構成していなかったため，このことが災いし結果的にベトナムが企図していたかたちでは米国の AD 協定整合性を問い切れなかった。[53]

このような紛争処理手続における measure の構成方法の重要性を反映してか，近年の紛争案件では経験豊かなユーザーを中心に，measure の構成とその存在証明に特に注力する例がみられるようになってきている。例えば *Indonesia – Import Licensing Regimes* 事件において申立国の米国は，第一意見書のうち約半分もの分量を，問題となるインドネシアの measure の構成・描写とその存在証明に費やしたほどである。[54]また，*Argentina – Import Measures* 事件後には，single measure や体系的適用といった特殊な態様で measure の構成を試みる例が散見されるようになっており，[55]その存在証明の成否はともかくとして，measure 概念の柔軟性・広範性を積極的に活用しようとする意識が一部で生じつつあるようにもみえる。いずれにしても，このような潮流の中で先例が積み上がってゆくことにより，measure 概念はさらに明確化し発展を遂げてゆくことになろう。

V　おわりに

本稿では，国際通商における「法の支配」を担保する WTO 紛争処理において，日々生起する多種多様な問題のうちいかなる事象がその審理対象となり，協定整合性を問われうるのかを明らかにするため，この問題を 司 る measure の概念に着目しその射程と実践的な含意を考察した。

先例の分析を通じて明らかになったように，measure 概念は広範な射程を有する柔軟な概念として解釈・適用されてきており，これは，WTO 法に通底する法益の特質や事案毎に問題となる各協定固有の規律内容によって必要とされ，その要請を DSU の関連規定の曖昧さが許容することによって成り立っているのであった。このような概念の柔軟性・広範性を踏まえれば，申立ての対象を選択し構成するにあたっては，事案の特性に応じた申立国の創意工夫こそが決定的に重要となってくるのであり，一定の解が存在するわけではないという意味で，ある種技芸（art）の世界であり，それゆえ measure の構成は永遠

自由論題

の課題といえる。

そしてこの種の創意工夫があってこそ，多様かつ複雑な通商問題を，対応する実体規則の存在する限りにおいて紛争処理手続の俎上に載せることが可能となり，ひいては国際通商に対する「法の支配」の実効性を確保することに繋がるのである。

最後に残された課題を提示しておきたい。本稿で扱った measure の存在証明に関しては，申立ての対象となる measure が不明確または複雑であればあるほど，申立国の証明負担は当然重くなり証拠収集コストも増大せざるをえない。[56] このことは，外部からの把握を困難にさせるような巧妙な政策手段を採用するインセンティブを国家に与えることになるかもしれず，結果として紛争処理手続を通じた責任追及が困難になる場合が生じる可能性がある。measure の存在証明に関して申立国が著しく重い負担を負わざるをえない場合，パネル・上級委員会は審理過程で何らかの対応をすべきか，対応すべきであるとすれば DSU の枠内でいかなる対応が可能か，検討の余地があろう。

また近年，複雑かつ政治的に困難な紛争案件を中心に，通常手続の延長線上にある「履行確認手続」にまで進む事案が増加している。同手続においては，「勧告及び裁定を実施するためにとられた measure」のみがパネル・上級委員会の審理対象となり，その協定整合性を評価されることになる（DSU21.5条）。何が履行のためにとられた measure に該当するのかという，履行確認手続に固有の measure の射程の問題は，本稿で扱った measure 概念一般の理解を前提としつつも，以上の特殊な文脈に沿った検討を別途要する問題である。

［付記］本稿は，筆者が外務省経済局 WTO 紛争処理室（現：国際経済紛争処理室）外務事務官（2014〜2016年）として裁判実務に携わった経験を踏まえ執筆したものであり，その構想に際しては，齊藤幸司 WTO 紛争処理室室長（現：在ジュネーヴ国際機関日本政府代表部参事官）とのたび重なる議論が大いに参考となった。同氏にはここに記して感謝申し上げる。

1） T. Cottier, "International Economic Law in Transition from Trade Liberalization to Trade Regulation", *Journal of International Economic Law*, Vol. 17, No. 3 (2014), p.

673.

2) より一般的に国際裁判と「法の支配」の関係を論じたものとして, 小寺彰「国際社会の裁判化」『国際問題』597号（2012年）1-5頁。

3) WT/DSB/M350, 21 November 2014, para. 1. 4.

4) measure の語には「措置」という公定訳が当てられているが, この訳語が導きうる予断を排し概念の内容と射程を見極めるために, 本稿では敢えて訳語を用いないこととした。

5) この点につき私見を述べれば, 申立ての検討段階において measure を特定し構成する際の加盟国の苦慮は外部には窺い知れないこと, また, 意見書や審理が原則公開されず, 現場での議論の比重が外部からは把握しづらい等の事情が, 問題の重要性にもかかわらず関心を集めにくい一因となっているように思われる。実際, 関連する先行研究の殆どは紛争処理実務経験者によるものである。

6) 私人による任意履行を建前とした行政指導の慣行を有する日本の伝統的姿勢は, measure 概念の射程をなるべく狭く解そうとするものであった。*Japan‐Film* 事件パネル報告書採択時の DSB 会合における日本の発言は, 以上の姿勢を示す典型例である。WT/DSB/M45, 10 June 1998, p. 9.

7) J. Waincymer, *WTO Litigation: Procedural Aspects of Formal Dispute Settlement* (2002), pp. 135, 139.

8) なお, 例えば GATS1.3条(a)は同協定上の measure につき定義を置いている。

9) Appellate Body Report [hereinafter, AB Report], *US‐Continued Zeroing*, WT/DS350/AB/R, adopted 19 February 2009, para. 169.

10) 両者の区別の重要性を強調する論考として, G. Marceau & J. K. Hawkins, "Panel Requests: What's the Problem?", *in* M. Cremona et al. (eds.), *Reflections on the Constitutionalisation of International Economic Law: Liber Amicorum for Ernst-Ulrich Petersmann* (2014), pp. 258-259.

11) measure の同定に関する問題を扱った論考として, 阿部克則「WTO 紛争解決手続におけるパネル設置要請と先決的抗弁」『千葉大学法学論集』27巻4号（2013年）62-75頁。

12) AD 協定17.4条参照。

13) AB Report, *US‐Corrosion-Resistant Steel Sunset Review*, WT/DS244/AB/R, adopted 9 January 2004, para. 81.

14) *See*, AB Report, *US‐Gambling*, WT/DS285/AB/R, adopted 20 April 2005, paras. 121-126.

15) 例えば後述する as such 申立ては, measure の事項的射程の問題であると同時に時間的射程の問題としても把握可能なものである。

16) AB Report, *US‐Zeroing (21.5) (Japan)*, WT/DS322/AB/RW, adopted 31 August 2009, paras. 182-183. *See*, AB Report, *US‐Shrimp*, WT/DS58/AB/R, adopted 6 November 1998, para. 173.

17) 国際違法行為責任の文脈における行為の帰属についてであるが, J. Crawford, *The*

自由論題

International Law Commission's Articles on State Responsibility: Introduction, Text and Commentaries (2002), p. 96 (Commentary for Article 4, para. 6).

18) 地方政府の行為に基づき加盟国の協定違反が認定された事案として，例えば *Canada – Renewable Energy/ Canada – Feed-in Tariff Program* 事件（WT/DS412,426）がある。

19) *E.g.*, AB Report, *Korea – Beef*, WT/DS161,169/AB/R, adopted 10 January 2001, paras. 145-149; AB Report, *US – COOL*, WT/DS384,386/AB/R, adopted 23 July 2012, paras. 286-291.

20) 申立国は手続開始段階で既に measure を同定しているので，被申立国からの抗弁後に新たに私人の行為を measure として構成したとしても，パネルの付託事項には入りえず，したがって無意味である。

21) 米国大統領就任予定の私人たる人物が，就任までの間に私企業に対して行った通商上の圧力的言動が measure を構成しうるか，という問題を提起するものとして，S. Lester, "Carrier and President-Elect Trump", *International Economic Law & Policy Blog*, 1 December 2016（http://worldtradelaw.typepad.com/ielpblog/2016/12/carrier-trump.html）.

22) *E.g.*, Panel Report, *US – Gasoline*, WT/DS2/R, circulated 29 January 1996, para. 6.19; Panel Report, *Japan – Film*, WT/DS44/R, adopted 22 April 1998, paras. 10.57-10.59. measure の同定の文脈ではあるが，AB Report, *EC – Chicken Cuts*, WT/DS269,286/AB/R, adopted 27 September 2005, para. 156.

23) AB Report, *US – Upland Cotton*, WT/DS267/AB/R, adopted 21 March 2005, paras. 261-262.

24) *Ibid.*, para. 269.

25) *Ibid.*, paras. 264, 270.

26) *See, ibid.*, paras. 262, 264.

27) *Ibid.*, para. 264.

28) 本件の解釈論を踏襲するものとして，*e.g.*, AB Report, *US – Zeroing (Japan)*, WT/DS322/AB/R, adopted 23 January 2007, para. 121; AB Report, *EC – Banana III (21.5) (Ecuador II) (US)*, WT/DS27/AB/RW2/ECU, adopted 11 December 2008, WT/DS27/AB/RW/USA, adopted 12 December 2008, paras. 267-268.

29) AB Report, *US – Upland Cotton*, paras. 271-272.

30) 補助金協定7.8条は，DSU3.7条および19.1条の特別規則となる。

31) AB Report, *US – Upland Cotton*, para. 273.

32) ここで上級委員会が補助金協定上の特殊な救済態様に言及している点は示唆的である。つまり，問題となる行為の特性や対象協定上の特別規定の存在といった事情がなければ，measure として審理対象になるにも関わらず結果として救済がない場合もありうるということであり，実際に，GATT 2条が争点となった *US – Certain EC Products* 事件や GATT 1条等が争点となった *EC – Banana III (21.5) (Ecuador II) (US)* 事件では，審理対象とされた measure が報告書発出時点で既に終了していたことから結局勧

告の対象にはならなかった（AB Report, *US‐Certain EC Products*, WT/DS165/AB/R, adopted 10 January 2001, para. 81; AB Report, *EC‐Banana III (21.5) (Ecuador II) (US)*, paras. 271-273.）。したがって実践的観点からすれば，過去の行為を measure として申し立てる場合には，当該行為の measure 該当性と併せて，救済の可能性をも十分検討する必要がある。

33）　AB Report, *EC‐Banana III (21.5) (Ecuador II) (US)*, paras. 267-271.

34）　将来の行為に準ずるものとして，いわゆる moving target の問題がある。本問題に関する上級委員会の基本認識を示す先例として，AB Report, *Chile‐Price Band System*, WT/DS207/AB/R, adopted 23 October 2002, paras. 126-144.

35）　GATT Panel Report, *US‐Superfund*, L/6175, adopted 17 June 1987, para. 5.2.2.

36）　*E.g.*, Panel Report, *Chile‐Alcoholic Beverages*, WT/DS87,110/R, circulated 15 June 1999, fn. 413; Panel Report, *Russia‐Tariff Treatment*, WT/DS485/R, adopted 26 September 2016, paras. 7.94-7.105.

37）　パネル審理中に生じた行為を measure として扱い，その協定違反を認定した事案として，AB Report, *US‐Zeroing (21.5) (Japan)*, paras. 120-130. ただし本件は DSU21.5 条の履行確認手続における事案であり，上級委員会も本件行為の measure 該当性を肯定するにあたり同手続の特殊性に言及しているため，先例としての射程の見極めには注意を要する。

38）　AB Report, *US‐Corrosion-Resistant Steel Sunset Review*, para. 82.

39）　*Ibid.*

40）　AB Report, *US‐Continued Zeroing*, para. 179.

41）　*Ibid.*, paras. 180-181.

42）　*Ibid.*, para. 181.

43）　F. Piérola, "The Challenge of Ongoing Conduct in WTO Dispute Settlement Procedures", *Global Trade & Customs Journal*, Vol. 4, No. 7/8（2009），p. 274.

44）　本件以降に ongoing conduct が問題となった AD 案件として，Panel Report, *US‐Orange Juice (Brazil)*, WT/DS382/R, adopted 17 June 2011, paras. 7.163-7.194.

45）　*See*, AB Report, *US‐Zeroing (EC)*, WT/DS294/AB/R, adopted 9 May 2006, para. 192.

46）　本件以前に unwritten measure が問題となった事案として，*US‐Zeroing (EC)* 事件がある。*Ibid.*, paras. 185-205.

47）　AB Report, *Argentina‐Import Measures*, WT/DS438,444,445/AB/R, adopted 26 January 2015, paras. 5.112-5.118.

48）　*Ibid.*, paras. 5.102-5.111.

49）　*Ibid.*, paras. 5.121-5.133.

50）　*Ibid.*, paras. 5.135-5.145.

51）　提出された証拠の性質の観点から本件 measure の存在証明を考察したものとして，H. Romero & F. Piérola, "Unwritten Measures: Reflections on the Panel Reports in Argentina - Measures Affecting the Importation of Goods", *Global Trade & Customs*

自由論題

Journal, Vol. 10, No. 1 (2015), pp. 54-58.

52) WTO 紛争処理における勧告・裁定の履行は，measure の協定不整合性を解消しさえ
すればよく，それが実現する限りにおいて履行態様は被申立国の裁量に任されるのが原
則である（DSU3.7条，19.1条）。これを申立国の側からみると，申立国は救済態様をカ
テゴリカルに選択することはできないが，その代わりに，measure をいかに構成するか
によって獲得しうる救済態様をある程度コントロールすることができ，この点に申立国
の創意工夫の余地があるのである。

53) AB Report, *US – Shrimp II (Viet Nam)*, WT/DS429/AB/R, adopted 22 April 2015,
paras. 4.17-4.29.

54) US's First Written Submission (*Indonesia – Import Licensing Regimes*), paras.
10-132 (https://ustr.gov/sites/default/files/enforcement/DS/US.Sub1.fin.pdf).

55) 例えば，*Indonesia – Import Licensing Regimes* 事件（WT/DS477,478），*Indonesia –
Chicken* 事件（WT/DS484），*Russia – Tariff Treatment* 事件（WT/DS485）など。

56) *See*, Romero & Piérola, *supra* note 51, p. 56.

(東京大学社会科学研究所，日本学術振興会特別研究員 PD)

〈文 献 紹 介〉

Jürgen Kurtz,

The WTO and International Investment Law: Converging Systems

(Cambridge University Press, 2016, xiii + 311pp.)

石 川 義 道

1　はじめに

　国際貿易と外国投資の国際的規律は第二次世界大戦後以降それぞれ別個に発展していった。国際通商については戦後の GATT（関税及び貿易に関する一般協定），そして1995年以降は WTO（世界貿易機関）を中心に多数国間の枠組みで規律されてきたのに対し，外国投資についてはとりわけ1990年代以降に網の目状に締結された BIT（二国間投資協定）を通じて分散的に規律されてきた。かかる歴史的背景を理由に，両者は目的を異にしており（貿易の自由化 vs 投資の保護・促進），それに伴って制度設計についても両者はそれぞれ異なる特徴を備えていると説明されてきた。

　これに対して近年，両者の収斂関係がより明確な形で各所において確認できるようになってきた。その原因として本書の筆者である Jürgen Kurtz 氏（豪州・メルボルン大学法学部教授）は，①両制度間での法的規律の重複，②同一問題に対する投資仲裁および WTO パネルの管轄の重複，③貿易と投資の相互依存関係の深化，④先例形成に際しての両制度間の相互交流，⑤④に伴うアクター（仲裁人や上級委員会委員）間の相互交流，などを挙げる（10-20頁）。そして筆者は，両者の収斂関係について未だに十分な研究が行われていないとの理解にたち，本書において歴史（2章），内国民待遇義務（3章），公正かつ衡平な待遇義務（4章），例外および適用除外条項（5章），紛争解決手続（6章）といった点における両者の収斂関係を，それぞれ検討している。

　以下，1章（導入）および7章（結論）を除く各章の内容を概説した上で，評者による若干のコメントを付す。

2　各章の概要

　2章では，国際貿易と外国投資の国際的規律の歴史的経緯が描かれる。両者は19世紀には通商航海条約の下で一体的に規律されていたが，ITO（国際貿易機関）が頓挫して以降はそれぞれ別個に規律が発展していった。1950年代にはアジア・アフリカの新独立国で脱植民地化を成し遂げるべく旧宗主国の財産を収用する事例が多発したが，同時に彼らは経済的自立を達成するには外国投資に頼らざるを得ない立場にあった。そこで60年代から70年代にかけて，一方では UNCTAD（国連貿易開発会議）を中心に収用・国有化に関する規律を巡って途上国に有利となる各種決議が採択されたものの，他方で投資保護を求めるヨーロッパ諸国との間で一定数の BIT が締結されていった（2節）。し

かしながら80年代後半になると，投資協定に機能変化が生じた。外国投資を敵視する政治的理由が取り除かれると（アジア新興国での輸出志向型工業化政策の成功等），途上国を中心に単なる投資保護ではなく，自由主義的な市場経済政策を国内で実現する1つの手段として BIT の締結が推進されるようになっていった。その結果，貿易と投資は「外国貿易業者や投資家への競争機会の確保」を共通目標とすることで再び結び付きを強めていった（3節）。更に，NAFTA（北米自由貿易協定）設立の影響から1990年代後半から既に増加傾向にあった投資仲裁の利用が，2000年代に入ると一層活性化した。もっとも仲裁手続は十分に精緻化されておらず，対照的に WTO 紛争解決手続が有効に機能していたことから，投資協定に対する各国の不満が高まっていた。そこで各国は，ドーハラウンドの行き詰まりを受けて主流となっていった FTA（自由貿易協定）の中で投資を新たな規律対象としつつ，同時に WTO に倣って投資保護と公共政策の間の適切な調整を投資協定の中で試みるようになっていった（4節）。

　3章では，内国民待遇（NT）義務を巡る両者の収斂関係が検討される。NT 義務の目的は両者ともに「保護主義の抑止」，すなわち政府介入によって国内産品または国内投資家の有利となるように競争条件が変更されるのを防ぐ点にあると理解される（2節）。他方で両者の同異点としては第1に，政策形成過程において保護主義的圧力を受けるという点で貿易と投資は同様であることから（公共選択論），両者間の協定文言上の相違は過大視されるべきでない。第2に，GATT20条のような一般的例外規定が旧来の投資協定には挿入されていない点に留意すべきである。第3に，WTO とは異なり投資仲裁では外国投資家が一方当事者となるところ，情報の非対称性を解消すべく投資受入国への立証責任の転換などの対応が必要となる。第4に，WTO では将来に向けて違反措置を是正すれば足りるが，投資仲裁では違反措置の実施時点まで金銭賠償が遡及するため，公共政策との調整は後者においてより求められる（3節）。以上を前提に，NT 義務を巡る仲裁判断の特徴については次のように言える。第1に「同様の状況下」を巡っては投資家間の競争関係を考慮すべきであり，WTO に依拠しながらもそれとは異なる解釈を行う仲裁廷は WTO の先例を誤読している（例：Methanex 事件）。第2に「不利な待遇」に関して，仲裁廷は一般的に「すべての外国投資家」について競争関係にある国内投資家と同等の扱いを求めるが，事実上の差別を争う場合は WTO での議論に沿って投資家「グループ」間での対比を通じて差別的効果の有無を決定すべきである。第3に，WTO では「保護主義的な意図」を考慮しない傾向がみられるが，投資仲裁ではむしろ前述した差別的効果を含む各種証拠に基づいてそのような意図の有無が判断されてきており（例：S.D. Myers 事件），この点で仲裁判断の方が「より優れている」（280頁）と言える（4節）。

　4章では，公正かつ衡平な待遇（FET）義務がとりあげられる。近年では当該義務の遵守を巡って，そこでは投資受入国による政策の合理性が規律されるとの理解を前提に，「科学」を考慮に入れた仲裁判断が NAFTA において散見される。そこで FET 義

務と，加盟国に対して科学的証拠に基づく措置の実施を義務付ける「衛生植物検疫措置の適用に関する協定（SPS協定）」との収斂関係がここでは検討される。本章ではまず，措置の科学的根拠を争うSPS紛争において科学的証拠および国際基準がどのように考慮されてきたかが概観される（2節）。続いて，FET義務の内容は外国投資の保護に関する慣習国際法との関係で問題となるところ，それは①慣習国際法上の最低基準と同一視するもの（NAFTA投資仲裁），②慣習国際法上の基準を超えた保護を与えるとするもの，③慣習国際法に一切言及しないものに分類できる。そしてFET義務と科学の関連性を示す事例として，Bilcon事件でNAFTA仲裁廷は，投資受入国が国内法上の義務に反して科学的諸要素を恣意的に考慮しない場合，それに基づく待遇は慣習国際法上の最低基準を満たさない（NAFTA1105条違反）旨説示した（3節）。その上で，FET義務に関して科学を考慮したNAFTA仲裁判断に関して，以下の点でSPS協定との収斂を確認できる。Methanex事件ではWTOパネルおよび上級委員会と同様に，受入国が政策決定に際して依拠した科学的根拠の「合理性」についての検討が，（「正確性」の検討と併せて）行われた。またChemtura事件では，SPS協定3条2項（国際基準に適合するSPS措置のWTO整合性が推定される）と同様に，POPs条約（残留性有機汚染物質に関するストックホルム条約）に基づく義務の履行としてリンデン農薬の使用を禁止したカナダ政府の措置に悪意はないと判断された。更に本件では，審査基準や少数専門家意見の取扱いなどの点でも収斂がみられる（4節）。

　5章では，公共目的の政策を実施するための裁量を投資受入国に与えるべく，近年の投資協定ではWTOを根拠又は参考とする「例外および適用除外」が設けられるところ，この点を巡る両者の収斂関係が検討される。GATTでは「埋め込まれた自由主義」（対外的には貿易自由化を追求しつつ，対内的には福祉国家の要請に基づく政府介入を許容する）を根拠に例外規定が正当化されてきた。これに対して1960年代から90年代の投資協定には一般的な例外条項は挿入されてこなかったが（その理由は「契約理論」によって説明される），近年では社会的目的との調和を念頭にそれが積極的に導入されている。このような傾向に対しては投資受入国に過剰な政策裁量を与える危険があること等を理由に批判が向けられることがあるが，それらは必ずしも的を得たものではない（2節）。続いて，投資協定に挿入される例外規定とWTOの関係性については，その導入時期によって次のように分類できる。第1に，近年の投資協定ではWTOの例外条項に直接言及する形でそれらを投資協定に編入するものがみられるが（特にFTA投資章），それに関連する「WTOの先例」についても移植する意図であるかが問題となる。第2に，WTOの例外条項を参考に投資協定において独自の例外条項を設ける場合があるが，より現代的な要請を例外として列挙するなど（例：人権），第1類型よりも柔軟な対応が可能となる。第3に，旧来の投資協定にみられたように，より限定的な形で「安全保障例外」が設けられる場合がある（例：米国・アルゼンチンBIT）。そこでは投資協定と，「緊急避難」を定める国連国際法委員会（ILC）国家責任条文25条との適用関

係等が問題となるものの，WTOではGATT21条を含め安全保障例外に関する先例は殆どないことから，この限りにおいてWTOとの関連性は希薄となる（3節）。

6章では，投資仲裁が現在抱える問題点を解消し，投資協定に対する各国および投資家の信頼を獲得するために，WTO紛争解決手続での経験に基づいた改善案について検討される。GATTパネルは協定解釈に際して「条約法に関するウィーン条約（VCLT）」で規定される解釈上の制限を無視し，貿易自由化を優先する判断を人為的に行ってきた。そこでWTOは「解釈に関する国際法上の慣習的規則」に基づく協定解釈をパネル・上級委員会に義務付け，同時に紛争解決手続における協定解釈の中枢を担う常設の上級委員会を設置した（2節）。これに対して現在の投資仲裁は，前述したGATT時代の不備と同様に協定解釈に関する諸問題を抱えており，そのため投資協定に対する各国の信頼が揺らいでいる。そこで，かかる不備を改善する方法として，第1に（WTOと同程度ではないとしても）事実関係が酷似する案件における仲裁廷間の判断の一貫性を確保する，第2にWTOと同様にVCLTが定める解釈基準に依拠した協定解釈を仲裁廷に義務付けることで判断における論理一貫性を確保する，という2点が挙げられる（3節）。そしてこれらの改善点を実現するべく，第1に「垂直的な組織改革」として，常設の上訴審を導入するための各種提案（国際司法裁判所やWTO上級委員会を上訴審として活用する等）が検討される。第2に「組織内部における進化」として，近年ではICSID（投資紛争解決国際センター）仲裁判断の取消しのための特別委員会が事実上の上訴審として機能しているところ，その限界および将来の可能性が指摘される。第3に上訴審を追求せず，一審制の維持を前提とした控え目な改革案（仲裁人の選任方法など）について検討される（4節）。

3　若干の評釈

NAFTA仲裁廷が「（NAFTA）起草者は，貿易と投資で異なる制度の創設を意図していた」と説示したように（Methanex事件），投資法の分野ではしばしば投資協定の目的をWTOを中心とする通商協定とは別物と解した上で，実体規定の意義内容についても両者間で異なるものと解されてきた。これに対してKurtz氏は，80年代後半以降の投資協定が従来の「投資保護」から「自由主義的な市場経済政策の実現の一手段」に機能変化したことをうけて，投資協定と通商協定が共に「外国貿易業者や投資家への競争機会の確保」を目的（*telos*）とするに至ったと理解する（24頁）。筆者は両者の関係性をDNAの立体構造に見立て，かかる共通目的を軸としてそれぞれが二重らせん状に部分的に収斂および交差することで，相互に補強・相乗し合うと説明する。このような理解の下で筆者は，近年みられる両制度の収斂現象について基本的に「望ましい」との評価を与える。

しかしながら，筆者によるこのような投資協定の目的（政策根拠）の把握方法については，以下の点で限界が生じると考えられる。

筆者は本書における中心的課題の1つとして「投資協定における経済的利益と公共的

文 献 紹 介

利益の調和のあり方」を掲げ（279-280頁），この問題についてもっぱら3章（NT義務）および5章（例外・適用除外）で検討している。そこでは80年代後半以降の投資協定における機能変化，そして公共選択論を根拠として，かかる調和の問題は基本的に通商協定と同様に（構造上の相違を考慮しつつ）処理されるべきと主張される。他方で本書では，3章と5章に挟まれる形でFET義務が分析対象とされ（4章），上で紹介したように，そこではFET義務の文脈で科学を考慮に入れた近年の仲裁判断を分析することで，WTOにおけるSPS紛争と同様に「科学的根拠の（正確性ではなく）合理性」が検討の対象とされている旨が指摘される。しかしながら，筆者はそこでSPS協定との収斂関係を指摘するに止まり，その体系的意義については何ら指摘をしていない。

　これらの仲裁判断の意義を把握する上で参考となるのが，松下満雄・米谷三以『国際経済法』（東京大学出版会，2015年）による議論である。そこでは投資協定の目的（政策根拠）を投資の保護・育成に限定せずに，通商協定と同様に「『市場の失敗』の是正を目的とせず，又は最適な手段を選択していない政府措置を退けること」と位置付ける（「比較優位＝協力モデル」）。従って，市場の失敗はNT義務と収用に関する規定を通じて規律が可能となるところ，FET義務に独自の意義を見出すためにも，そこではむしろ措置に係る「手続の適正化」が問題となると説明される（松下・米谷『前掲書』397頁）。

　これを前提とすれば，NT義務の目的を「市場の失敗の是正」と位置付けた上で（実際に筆者はかかる立場をとっている），FET義務におけるSPS協定との収斂現象についても「適正手続の確保の端緒」としてその意義を把握することができたであろう。しかしながら，繰り返しになるが，筆者は本書においてそこまで踏み込んだ検討を行っていない。そのため評者には，4章の議論はともすれば他から「浮いた」存在に映り，言い換えれば，その事は投資協定の目的（政策根拠）をより体系的な見地から位置付ける必要性を示している。そのような作業を通じて初めて「なぜ通商協定と投資協定の収斂が好ましいのか（或いはなぜ分岐が望ましくないのか）」という問いに正しく答えることができるのではないか。

　それでも貿易と投資の収斂関係について包括的に論じた本書の価値は極めて大きい。この問題は「市場の失敗の是正」に限られず，本書の6章でも議論されるように紛争解決手続の文脈においても争点となり得る。本書は両者の収斂（又は分岐）関係を巡る今後の研究に大いなる示唆を提供するものである。

（静岡県立大学国際関係学部講師）

文献紹介

Shawkat Alam, Sumudu Atapattu, Carmen G. Gonzalez and Jona Razzaque (eds.),

International Environmental Law and the Global South

(Cambridge University Press, 2015, xxiv + 631pp.)

小 寺 智 史

1　はじめに

近年，国際関係論その他の分野において，「第三世界」や「発展途上国」などに代わり，「グローバル・サウス（Global South）」という概念が定着しつつある。その背景には，新自由主義的なグローバル化の進展に伴い，新たな形態の社会格差や不平等が出現し，従来の諸概念では把握することが困難となったという事情がある（松下冽「グローバル・サウスの時代——21世紀を生きるために——」松下冽・藤田憲編『グローバル・サウスとは何か』（ミネルヴァ書房，2016年）2‐5頁，参照）。

本書は，グローバル・ノースとグローバル・サウスの対立として再定式化される南北対立・問題（North-South Divide）の視点から，国際環境法全体を包括的に再検討するという壮大な試みである。この試みの壮大さは分量にも反映されており，29の論文を含む本書の総頁数は600頁を超える。

以下では本書の内容を紹介するが，限られた紙幅ですべての論文を子細に検討することは不可能である。そこで，まず編者のアタパテュとゴンザレスによる序論を取り上げ，本書の目的及び特徴を明らかにする(2)。続いて，本書の内容を概観した後(3)，若干のコメントを付すことにしたい(4)。

2　本書の目的及び特徴

「国際環境法における南北問題——問題を枠付ける」と題される序論には，本書に通底する問題意識が明確に示されている。以下では，同論文を参照しながら，本書の目的及び特徴を明らかにする。

(a)　目　的

編者たちによれば，一般的に「北」は欧米の工業先進国，「南」はアジア，アフリカ，ラテンアメリカなどの貧しい地域の諸国を指す。当然，「北」や「南」の内部にも様々な相違は存在するが，グローバル・サウスは「北」による経済的・政治的支配という歴史を共有しており，より衡平な国際経済法，国際環境法を求めて集団（G77＋中国）を形成してきた。

国際環境法分野では，いかなる環境問題に優先的に取り組むか，現在の環境破壊の責を誰に帰するか，または経済開発と環境保護はいかなる関係にあるかなど，様々な点で南北は対立を繰り返してきた。本書の目的とは，「南北対立が国際環境法の実効性をい

240

かに損なってきたのかを検討し，南北の溝を架橋する様々な戦略を提示すること」（2頁）である。

(b) 特　徴

本書の特徴としては，さしあたり以下の5つを指摘することができる。

第1に，包括性である。国際環境法の成立当初から密接に関連してきたにもかかわらず，南北問題という観点から同法の体系的な検討は未だされておらず，本書はその空隙を埋めることを目的としている（3頁）。そのため，後述するように，本書が扱うテーマはきわめて広範である。

第2に，目的指向性である。編者たちによれば，本書は伝統的な国際環境法の教科書などと大きく異なる。というのも，本書は「南の視点を採用しており，国際環境法の実効性を向上させ，グローバル・ノースとグローバル・サウスの間の格差を縮減するために，国際環境法レジームにおける歴史的な不公平さや不適切さを是正する必要性を強調する」（5頁）からである。

第3に，非国家アクターの役割の承認である。本書では，多国籍企業や市民社会などの非国家アクターが，国際環境法において（肯定的にも否定的にも）重要な役割を果たしていることを認め，それら役割を南北の視点から批判的に検討する。

第4に，歴史の重視である。編者たちが認めるように（12-13頁），本書は，国際法の「第三世界アプローチ（Third World Approach to International Law, TWAIL）」に多大な影響を受けている。TWAIL の学者たちは，現代国際法の根底にある植民地主義の残滓を暴露し，国際法の欧州中心主義的思考からの脱却を目指す。本書もまた，国際環境保護をめぐる南北対立の文脈において，国際法のヘゲモニー的役割を認めると同時に，同法の解放に向けた役割も指摘する。

第5に，環境的正義（environmental justice）という視点である。環境に関する主流的言説を支配する技術的・非歴史的アプローチに対して，環境的正義は，環境問題を，国家間または国家内における社会的，経済的及び不正義の発現として捉えることを可能とする。

3　本書の概要

このような目的及び特徴を有する本書は，全5部から構成されている。以下では各部の内容を概観する。

第Ⅰ部では，国際法及び国際環境法における南北問題が歴史的文脈に位置づけられる。そもそも，南北問題の源は植民地主義に求められる。「北」の諸国は，国際法を利用することで「南」を搾取すると同時に自らの工業化を達成した。その結果もたらされた「北」の趨勢はあらゆる分野に及んでいる（第2章）。この趨勢は開発をめぐる思想史においても明らかである。「北」の開発観は，環境破壊の原因を南の貧困に求め，経済成長こそが環境保護にとって有用とみなすが，貧困をもたらす構造，原因または責任は問わない。また，持続可能な開発という概念についても，同概念が依拠する「北」の

消費パターンや市場モデルそれ自体が持続可能か否かを見直すことはない（第3章）。国際環境法の基本原則をめぐる対立，ストックホルム会議以降の国際交渉における対立など，現在に至るまで様々な局面で南北間の対立がみられる（第4章，第5章）。南北問題は国際環境法のあらゆる点で見て取ることができるが，環境保護をめぐるグローバル・ガバナンスも南北の観点から検討することが重要である。現在，国連環境計画のみならず，グローバル環境基金，持続可能な開発委員会（CSD），さらに多数国間環境条約の各事務局が併存している。このような複雑化，断片化したガバナンスにおいては途上国の負担は大きく，その体系化や一貫化が求められる（第6章）。この点，2012年のリオ＋20で合意された「持続可能な開発のためのハイレベル政治フォーラム」には，CSDに取って代わり，持続可能な開発の国際化を推進することが期待される（第7章）。

第Ⅱ部では，国際環境法に関するいくつかの問題が検討される。人権と環境の関係については，環境権が取り上げられる。グローバル・サウスでは，同権利は各国憲法に規定されると同時に，裁判所によって積極的に促進される（第8章）。また，アクセスと利益配分（ABS）に関して，生物多様性条約及び名古屋議定書の実施をめぐって展開される南北対立が詳細に描かれる（第9章）。気候変動は南北対立が最も顕著な分野であるが，その交渉史が示すのは，従来の「北」と「南」という単純な二項対立に収まらない複雑な様相である（第10章）。また，南北の観点から近年注目されるのが，バイオ・エネルギーや農業を目的に急速に拡大する「南」の土地収奪という問題である（第11章）。さらに，「廃棄物植民地主義（toxic colonialism）」として非難される「北」から「南」への廃棄物取引は，1989年のバーゼル条約が規制するが，その実効性には依然として問題がある（第12章）。同様に，水も環境と南北問題が交錯する主題である。人間の生に必要不可欠な安全な水へのアクセスは，「南」の人々に十分に保障されていない。水への権利は「南」の諸国で憲法や判例を通じて確立されているが，その実効的な保障を適切な法解釈を通じて実現することが求められる（第13章）。

第Ⅲ部では，国際環境法と国際経済法の関係が南北という観点から様々に論じられる。貿易については，GATT20条やSPS協定などをめぐって，科学技術の不足といった「南」に不利な要素が同定される（第14章）。また，投資に関しても，「北」の諸国による投資が人権侵害や環境破壊を伴いうることから，国際投資法，人権及び持続可能な開発という3者のバランスを様々なフォーラムを通じていかに図るかが問題となる（第15章）。さらに，エネルギー・インフラ投資で構成されるプロジェクト・ファイナンスも，「南」の現地の人々に多大な影響を及ぼす。2003年のエクエーター原則などの取り組みもあるが，ソフト・ローであるため実効性には限界がある（第16章）。政府系ファンドについては，人権や環境への配慮などを投資の判断基準に組み込む「社会的責任投資（Socially Responsible Investing, SRI）」との関係が問題となる。2008年のサンティアゴ原則という行動規範があるものの，同原則には環境への配慮が含まれておらず，SRIに向けた一層の取り組みが必要である（第17章）。多国籍企業への規制というテーマにつ

いては，鉱物資源の採取産業が具体例として検討される。同産業では，採取によって影響を受ける現地の人々，特に先住民の要求をいかにガバナンスに組み込むかが重要となる（第18章）。

第Ⅳ部では，環境的正義という視点から考察が加えられる。1980年代に米国で注目され始めた環境的正義論は，環境問題が人種差別などの社会的格差といった不正義の問題と切り離せないことを主張した。環境保護はそれら不正義の是正を通じて実現されるのであり，このことはグローバルな平面においても同様である。本書では，食料配分の不均衡を構造的にもたらすグローバルなフード・システム（第19章），気候変動によって影響を被る島嶼途上国や先住民の問題（第20章，第21章），「南」の諸国における水の民営化をめぐる紛争（第22章），気候変動と自然災害（第23章），森林開発をめぐる先住民及び文化的マイノリティの闘争（第24章），さらにエネルギーと正義の関係（第25章）が論じられる。

第Ⅴ部は「挑戦と選択肢」と題されており，国際環境法と南北問題に関する今後の課題や展望がいくつかのテーマを軸に示される。持続可能な開発の実現にとってはグローバル・サウス内の協力が必要不可欠であるが（第26章），それと同時に，「北」のみならず，「南」の市民社会の一層の参加も重要となる（第27章）。また，国際環境法違反によって影響を受ける「南」の人々に対する救済も重要な争点である。同救済については，WTO，ICSID，各人権裁判所・委員会，国内裁判所など様々なフォーラムが想定されるが，いずれも限界がある（第28章）。それでは最終的に，南北対立が遍在するグローバル秩序において，持続可能な開発は実現できるのだろうか。それは，現行の経済秩序を，より公正かつ衡平で持続可能な秩序へと根本的に改革できるか否かにかかっている（第29章）。

4 コメント

本書は，国際環境法全体を「南北対立・問題」という視点で包括的かつ批判的に再検討するものである。編者たちは冒頭，本書が「南」の視点を採用することを誠実に宣言する。このような目的指向性は，かつて途上国の真の発展を目指して国際法全体の「再読」を試みた，開発の国際法学者たちに共通する姿勢である。実際，本書では，発展の権利や規範の二重性・多重性（共通だが差異ある責任原則）など，開発の国際法が展開した概念や理論の重要性が強調されている。同法は1980年代後半に衰退したが，本書はその後の南北問題の変容を踏まえたうえで，TWAILや環境的正義の議論などを積極的に取り込み，国際法，国際環境法，国際経済法が内包する不正義を多様な具体例を提示して明らかにする。

編者たちが自認するように，国際環境法全体を南北という視点から横断的に分析する試みは他に類をみない。また，本書が扱うテーマも，気候変動や生物多様性といった伝統的なものから，政府系ファンドなどの近年の問題まで多岐にわたる。さらに，TWAILや環境的正義を分析視角として採用していることも示唆に富む。これらの点か

文 献 紹 介

らして，本書はきわめて野心的かつ挑戦的な書物と評価できよう。

もちろん，いくつかの点では改善や一層の解明が望まれる。第1に，題名にある「グローバル・サウス」概念に関して，本書では詳細な説明がないように思われる。現在の新自由主義的な秩序への抵抗など一定の共通項はみられるものの，同概念をめぐっては論者の間で見解の相違がある。「北」による植民地主義の記憶の共有がグローバル・サウスの構成員資格とされるが，グローバル化が先進国内においても社会的弱者を構造的に生ぜしめるとすれば，そのような概念規定が適切か否かは検討の余地があるだろう。第2に，論者間の立場の一貫性という問題である。論者たちは先に指摘した5つの特徴を基本的に共有していると思われるが，他方で，本書を通読すると論者間の意見の相違や温度差が感じられる。それが顕著に示されるのが，環境的正義に関する第Ⅳ部である。同部の冒頭に収められた論文において，ゴンザレスは，環境的不正義が配分的，手続的，矯正的及び社会的不正義の4つの位相を有するなど，環境的正義に関する特定の構想を示し，実際に同構想を食料問題に適用して分析を行っている（403-405頁）。それに対して，同部の他の論文では同様の構想が適用された形跡はなく，ある論文ではジョン・ロールズのグローバルな正義論が参照されている（第25章）。グローバルな正義の構想は多種多様であることから，論者の間で環境的正義に関して一定の共通理解があれば，同部での分析がより一貫的かつ体系的なものとなったように思われる。

本書が採用する立場に賛否はあろうが，国際法，国際環境法，国際経済法と南北問題や開発の関係を考察するうえで，重要な文献であることに疑いの余地はない。本稿では部分的な紹介に留まらざるを得なかったが，各読者には，本書を通読したうえで，その壮大な試みが成功したか否かを判断することを期待したい。

（西南学院大学法学部准教授）

Patrick Dumberry,

The Formation and Identification of Rules of Customary
International Law in International Investment Law

(Cambridge University Press, 2016, xxix + 496pp.)

玉 田 大

1 はじめに

国際投資法分野は1990年代以降に急激な発展を遂げているが，むしろそれ故，古典的な問題である法源論（慣習法形成論）に関しても論争が絶えない。その背景として，国際投資法の特殊性を指摘することができる。すなわち，一方で，国際投資協定（IIA）と投資仲裁が膨大な数に及ぶことから，「量」の点で慣習国際法の形成を容易に正当化

できるように見える。他方で，IIA は各々異なる文言を用い，それぞれが別個独立に存在しており，投資仲裁も個別性が極めて強い（事件毎に適用法規，仲裁人，当事者が異なる）。この点で，慣習国際法化について慎重にならざるを得ない。結論から言えば，本書の著者は，前者を強調する諸説（「量」の重視）に対して極めて批判的であり，後者の見解（「質」の重視）に依拠し，国際投資法分野における慣習国際法の存在を極めて限定的に捉える。その結果，多くの学説で慣習国際法化が容認されてきた公正衡平待遇義務（FET）条項について，その慣習国際法性を否定するという結論に至る。

なお，著者の関心は，慣習法形成論の全体（国際投資法分野に限られない）に及んでおり，本書は現代国際法における法源論の論じ方についても一石を投じている。さらに，本書の特徴は，近年流行している理論的分析（グローバル行政法等）に一切触れず，古典的でオーソドックスな手法及び法源論をベースにした議論を展開している点である。この点は，国際法委員会（ILC）の特別報告者（Michael Wood）の総論的作業（慣習国際法の形成と証拠：Formation and Evidence of Customary International Law）に対して，本書がこれを補完するという各論的な位置付けを自ら行っている点に顕著に見られる。すなわち，国際法の一部として国際投資法を位置付けるという目的を有しており，国際公法の専門家の視点からは，従来の法源論の延長線上にあるものとして，ある意味，安心して読み進むことができる。他方，（むしろそれ故に）国際投資法に固有の新しい法源論や革新的側面については否定的であり，よく言えば謙抑的，悪く言えば守旧的な主張が展開されている。まずは本書の内容を簡単に紹介しておこう。

2 本書の内容

第1部「国際慣習法の観念」。本書は ILC の議論（慣習法の形成と証拠）を補完するものであり，国際法の個別法分野としての国際投資法において，伝統的な法源論が妥当するか否かを検討するものである。伝統的な法源論と比較した場合，国際投資法の特徴として，国家契約や国内法が投資仲裁で適用される点を指摘し得る。ただし，国際投資法は閉じた世界ではなく，一般的慣習国際法の一部である（p. 20）。

第2部「法源とのダンシング」。幾つかの国際投資法上の規則は慣習法的性質を有する。例えば，「最低限の待遇義務」（minimum standard of treatment）および「補償支払のない収用の禁止」の2つは慣習国際法として確立している。また，国際投資法の特徴の1つとして，慣習法と条約法はそれぞれ異なる時期に重要性を有してきた。1960年以前，国際投資保護は慣習国際法を通じて行われていた。これに対して，新国際経済秩序（NIEO）において慣習国際法上の収用補償基準を修正する動きが生じた（ただし総会決議によるものであり，既存の慣習国際法を変更したものではない）。その反動として，海外投資財産を保護するために二国間投資条約（BIT）が多く締結されることになった。さらに，経済のグローバル化に伴い，1990年代以降に BIT の爆発的な増加現象が見られる。以上のように，国際投資法に関しては，慣習国際法の規律から条約による規律へと大きくシフトしている（＝条約化 treatification）。

文 献 紹 介

第3部「国家実行」。第1に，NGOや投資家といった非国家主体の行為は直接的な「国家」実行ではないが，「間接的に」慣習法形成に寄与する（p. 122）。第2に，国際判例で認められている国家実行要件（統一性・一貫性）を適用し，具体的に公正衡平待遇義務（FET）を検討する。幾つかの例外的なIIA（日本の締結したIIAもこれに該当する）にはFET条項が設けられていないものの，国家実行は「一般的」で「広範」であり，「代表的」（representative）である。他方，FET条項の文言は多様であり，「統一性」（uniformity）を欠くことから，FET条項の慣習法的性質は否定される（p. 151）。第3に，国家実行の発現形態として，条約，声明，国際機構における行動，国内実行の4つがある。①条約に関しては，特に数多くのBITにおいて類似の文言が用いられている場合，仲裁廷は慣習法形成の国家実行及び法的信念として扱う（pp. 173-174）。ただし，数多くのBITが締結されたのは，慣習法が存在するからではなく，むしろ慣習法が無いからである（p. 178）。同時に，大量のBITを総体として捉える（taken together）ことによって慣習法形成が認められるという主張があるが，これは認められない。ただし，多数のBITによって既存の慣習国際投資法が強固にされる（consolidation）と解される（p. 203）。②国家の声明（各国のモデルBITも含む）も，状況によっては国家実行と勘案される。③同様に，状況によっては国際機構における国家の行動（投票行動等）も国家実行として勘案される。④行政・司法・立法に関する国家の国内実行はいずれも国家実行として勘案される。

第4部「法的信念」。法的信念に関しては，伝統的に時間的矛盾（chronological paradox）が存在する（慣習法の形成途中にも拘わらず法として拘束されているという国家の信念が求められる）。法的信念は国家実行によって示されるが，法的信念と国家実行は別個の要件として個別に（separately）認定されるべきである（p. 313）。なお，法的信念と国家実行を重複して認定する「二重計算」（double counting）の問題も指摘されてきたが，重複認定は問題ない（p. 317）。具体的に，国際投資法における法的信念に関して，FET条項を分析する。諸国家がBITを締結するのは自国の経済的利益増進のためであり，法的義務意識からではない。従って，多数のBITから法的信念を導出することはできない。

第5部「国際投資法における慣習規則の根本的重要性」。膨大な数のIIAが締結されているとはいえ，次の3点から今日でも慣習国際法の重要性は変わっていない。第1に，IIAが存在しない場合には慣習法が適用される。第2に，IIAが慣習国際法に言及している場合がある。ただし該当例は多くなく，FET条項で慣習国際法に言及があるものに限られる。第3に，IIAや国内法の欠缺を補完する。例えば，緊急避難に関する条項が存在しない場合であっても，慣習国際法上の緊急避難概念が適用される。また，適用法規が当事者で選択される場合であっても，条約解釈規則（慣習国際法）が適用される。他方で，慣習法の適用には限界も存在する。例えば，国家の同意なしに国際投資仲裁へのアクセス権が投資家に生じることはない。すなわち，IIAが存在しない場合に，

246

（慣習国際法上で）投資家が投資仲裁に紛争を付託する権利は認められない。

最終結論。(1)1960年以前，国際投資関係は慣習国際法で規律されていたが，その後，NIEO を経て BIT が爆発的に増加し，条約化が急激に進み，条約の重要性が一気に高まった。しかし，慣習法が消え去った訳ではなく，その重要性は現在でも維持されている。第1に，2つの原則（最低限の待遇義務と無補償収用の禁止）は現在でも適用されている。第2に，一般国際法に関する言及（条約の欠缺の際の適用可能性，条約解釈の際の参照等）は国際投資法でも当てはまる。第3に，IIA が慣習法に明示に言及する場合がある。第4に，国際法は投資仲裁で「常に」適用法とされるため，投資仲裁はいかなる場合でも慣習国際法を考慮するべきである。(2)慣習国際法の形成（formation）（慣習法の形成要件）と同定（identification）（慣習法成立の証明方法）を区別して分析した。ただし，国際投資法のどの義務が慣習法化しているかという点は本書では扱っていない。(3)一般慣習国際法の「形成」要件との比較検討の結果は以下の通りである。第1に，国際投資法分野における慣習法形成要件（形成の基本原則）は一般国際法の場合と同じである。第2に，慣習国際法の「同定」については異なる部分が存在する。なお，慣習法形成における条約の役割に関しては相違がない。国家の法的信念の表出についても相違は見られない。他方で，国際投資法分野では，国際機構における国家の行為および国内実行が果たす役割は限定的である。さらに，国際投資法分野では，国家実行の証拠としての国家の声明の種類は特殊である。

3　コメント

本書は，国際投資法分野における慣習国際法の「形成」（formation）と「同定」（identification）を明らかにすることを目的としている。前者は伝統的な慣習法形成論（形成要件論）に相当し，後者は慣習国際法の証明論に該当する。著者は伝統的な実証分析手法を採用しており，膨大な数の国家実行（条約実行），仲裁判断，二次文献を渉猟し，圧倒的な「量」で自説を展開・補強している。分析量からだけでも，著者の情報整理能力の高さは疑う余地がない。

(1)　法源論総論の重視

本書で著者が重視しているのが，ILC の慣習国際法論（特別報告者 Michael Wood）である。著者は，ILC の作業を「総論」と捉え，それを補完する「各論」（＝国際投資法分野）として本書を位置付けている。すなわち，一般的な（＝国際投資法に限定されない）慣習国際法形成論が，国際投資法分野においてどの程度，適用・維持されているかという問題意識が本書の出発点となっている。このように，法源論「総論」を背景とすることから，本書は伝統的な法源論を堅実に踏まえた議論展開を行っており，読解の容易さに繋がっている。

(2)　法源論総論の弊害

とはいえ，読み易いことは，内容が妥当であることを必ずしも意味しない。法源論総論を重視していること自体は高く評価できるものの，逆に筆者の論証の方向性を大きく

規定してしまっている。第1に，慣習法形成要件に関して，筆者は厳格な二要件論を維持しており，国家実行と法的信念が「別個に」要求されるという。第2に，国家実行には厳密な「統一性」と「一貫性」が求められるという。第3に，法的信念が国家実行に吸収されるという他の論者に広く見られる見解も明確に否定する。このように，慣習法形成要件に関する著者の立場は，（一般的な慣習国際法形成論を忠実に踏まえたために）全体として極めて厳格・固定的なものとなっている。

(3) FET 条項の慣習法化（否定）論

著者の主張内容を最も典型的に示すのが，「IIA 上で数多く見られる FET 条項は慣習国際法となっていない」という主張である。他の論者（FET の慣習国際法性を容認）とは異なり，著者は，①国家実行としての統一性がない（FET 条項の文言に相違がある），②数多くの国家実行（IIA）だけでは慣習法化し得ない（法的信念が別に必要である），③膨大な数の IIA があっても，慣習法形成に必要な法的信念が存在しない，と主張している。法源論の観点からは②③が重要であり，この点は Tudor の主張への反論という形をとっている。Tudor の主張では，FET 条項に関する法的信念は国家実行の中に吸収される（それ故，最早法的信念を個別に要求する必要がない）ため，FET 条項は慣習国際法化しているという（pp. 341-344）。このように，著者の慣習法要件論はTudor の慣習法容認論に対する批判・反論として構築されており，この論証こそが本書の隠れた趣旨と言えよう。国際投資法に固有の議論（法的信念を問わないという主張）を排斥し，伝統的な慣習国際法形成要件論（上記の厳格な立場）に固執するのも，この目的のためと言えよう。

(4) 問題点

本書の具体的な分析内容と分析結果を批判するのは容易ではない（評者自身の実証分析を提示しない限り，反論は困難であろう）。そこで，著者の分析手法に特化して，幾つかの問題点を指摘しておきたい。

第1に，上述のように，慣習国際法形成要件に関して著者は極めて厳格な立場に立つ（本書では ICJ 判例が数多く引用されており，伝統的な法源論との親和性は高い）。これは，著者による立場選択ではあるものの，本書の結論を先取りする側面を有する。すなわち，厳格な形成要件を採用する限り，本書の主な結論（FET 条項の慣習国際法化の否定）が自動的に導出される。この点で，総論（一般国際法上の慣習国際法形成論）重視という態度自体が，本書の結論をほぼ決定付けてしまっていると言えよう。

第2に，著者は，慣習国際法形成における国家実行の統一性・一貫性（uniformity and consistency）を厳格に要求し，その帰結として，膨大な数の IIA に規定される FET 条項は当該要件を欠くため慣習国際法ではないと結論付ける。確かに，FET 条項の文言・内容は個々の IIA で異なっており，厳密に同一の義務内容が規定されているわけではない。ただし，ここで生じる疑問は，MFN 条項を通じた FET 内容の平準化の可能性である。仮に FET 条項の内容に不統一性が見られたとしても，MFN 義務を通じて

当該相違は（一定程度）解消されるはずである。ただし，著者はこの点には踏み込まず，MFN は本書の検討対象外として議論を避けている（p. 184）。本書の検討対象をFET 条項に限定すること自体は問題がないものの，却って大きな疑問が読者に残されたままとなっている。

第3に，著者の分析対象について注意が必要である。すなわち，著者の問題関心はFET に集中しており，IIA の様々な条項（収用，NT，MFN など）が個別に慣習国際法化しているか否かは分析対象ではなく，全て今後のさらなる分析に委ねられている。この点で，本書は著者の別著（*The fair and equitable treatment standard: a guide to NAFTA case law on article 1105*, Kluwer Law International, 2013）の続編であり，FET 条項の慣習国際法化が著者の最大の問題関心である。すなわち，FET 条項の慣習国際法化を否定する（あるいは，容易に慣習国際法化を認める学説を批判する）のが著者の隠れた本当の関心であり，この点を念頭において本書を読むことをお勧めしたい。

以上のように，本書は400頁を超える大部であり，総論（一般国際法上の慣習国際法形成論）から各論（国際投資法における慣習国際法形成論）までを広く分析対象としているが，意外にもその射程は限定的であり，FET 条項（及び最低限の待遇義務）と無補償収用の禁止の2つの義務以外の個別の条項に関しては，すべて今後の検討課題とされている。この意味で，本書は「国際慣習法規則をどのようにして特定するのかに関するガイダンス」（p. 6）の役割を果たすものではあるが，それ以上のものではない。ただし，本書は，堅実な実証分析手法に基づいた法源論の研究が如何に膨大な作業を要するかを想起させる点で，我々が範とすべき書であることには変わりないであろう。

（神戸大学大学院法学研究科教授）

Caroline Henckels,

Proportionality and Deference in Investor-State Arbitration: Balancing Investment Protection and Regulatory Autonomy

(Cambridge University Press, 2015, xxxii + 225pp.)

岩瀬　真央美

1　はじめに

国家間で締結された投資条約の投資家と国家との間の紛争解決（ISDS）条項に基づいて外国投資家が投資受入国を仲裁に訴える投資条約仲裁は，その付託件数の増加と仲裁判断例が蓄積するなかで，先進国だけでなく途上国においても多くの批判がなされている。近年，投資条約仲裁の主要なフォーラムである投資紛争解決国際センター（ICSID）条約からの脱退，ISDS 条項をおく既存条約の終了，あるいは ISDS 条項を定めない投資

文 献 紹 介

条約の締結等の措置を講ずる国が現れる一方で，既存の枠組みのなかで濫用防止措置を講じる米国型や新たな常設裁判所を設ける EU 型等の ISDS 条項を定める投資条約締結の動きがある。日本では，環太平洋パートナーシップ（TPP）協定交渉参加の是非をめぐり，ISDS 条項への関心が高まっている。そこでの批判の多くは，外国投資家の利益と投資受入国の公共の利益とのバランスを欠いた投資条約仲裁判断例の存在がその一因になっているといえ，両者の利益が対立するような紛争案件を適切に処理することが実務的にも理論的にも重要な課題となっている（伊藤一頼「投資仲裁における比例性原則の意義——政府規制の許容性に関する判断基準として——」RIETI Discussion Paper Series 13-J-063）。著者がケンブリッジ大学に提出した博士論文を基礎とする本書は，国内法だけなく国際法の様々な分野において議論されている比例性（proportionality）の概念を用いて，投資条約仲裁判断例を比較法の観点から分析することを通じて，外国投資家の利益と投資受入国の公共の利益とのバランスのとれた仲裁判断を実現するために，仲裁廷が投資条約を解釈する方法論として，投資受入国への敬譲を払う比例性分析の有効性を提案するものである。

2 本書の構成と内容

第1章，序説（Introduction）において著者は，投資家対国家仲裁がおかれた情況を明らかにした上で，規制紛争の決定において，投資仲裁廷が適用可能な審査方法として比例性分析（proportionality analysis）を採用すべきであり，かつ，適切に敬譲を払う審査基準のアプローチ（appropriately deferential approach to the standard of review）をとるべきであると主張する。著者は，投資仲裁廷の審査方法と審査基準のアプローチは，統一性，一貫性に欠けるため，当該仲裁廷がとるべき審査方法と審査基準が問題になると指摘する。そこで著者は，当該問題に関連する条約解釈のルールである一般原則（条約法条約31条1項）が投資条約の実体規定に関しては適合的でないことを指摘した上で，被申立国の措置について投資条約上の義務違反に関する判断を下す投資条約仲裁が位置する国際投資法レジームと比較可能なレジームとして，締約国の国内規制や強制措置について条約上の義務遵守に関して判断する機能を果たす点で類似する欧州司法裁判所（CJEU），欧州人権裁判所（ECtHR）及び世界貿易機関（WTO）を取り上げる。著者は，これらのレジームにおける処理を比較法の観点から分析することで，投資条約仲裁において公的利益と私的利益を衡量するアプローチが発展しつつある今日，投資仲裁廷に対して有用な指針を提示できると主張する。

第2章，理論的見地からみた比例性と敬譲（Proportionality and deference in theoretical perspective）では，特定の法的レジームが保護する権利や利益を制限する適法性や当該レジームからの逸脱の容認を判断するための審査方法として，裁判所や仲裁廷が比例性分析を用いる手法について検証する。本章において著書はまず，比例性分析の審査基準として用いられる4つのテスト（(1) 規制目的の正当性テスト（legitimacy of the regulatory objective），(2) 適合性テスト（stage of suitability），(3) 必要性テスト（ne-

250

cessity stage of review）（最も制限的でない手段の分析）（least-restrictive means analysis），(4) 狭義の比例性テスト（proportionality *stricto sensu* stage））毎に，比例性分析の理論的枠組みを提示して，各テストが適用される手法を検討する。その上で著者は，審査方法としての比例性分析に関して批判的な文献の検証を通じて，比例性分析の妥当性を提示する。また第2章では，「審査基準（standard of review)」について，裁定者による適用が可能な審査方法（applicable method of review）とはその目的が異なることを指摘する。審査基準は，審査方法である比例性分析を適用する強弱（厳格なアプローチであるか又はより敬譲的なアプローチであるか否か）に言及するものであり，また，「審査根拠（grounds of review)」（審査の基礎となる条約が定める実体規定）とも異なる概念であることが示される。その上で著者は，国際的，超国家的な判断における敬譲の基本原理を，Alexy のアプローチ（Robert Alexy, *A Theory of Constitutional Rights*, Oxford University Press, translated by Rivers Julian, 2002）に基づいて分析する。著者によれば，規範的又は経験的不確実性のある状況において裁判所や仲裁廷が決定を行う場合，広義の審査基準の一側面である敬譲が直接関連する。その理由として，著者は，規制権限や意思決定の規範的な妥当性の判断においては制度的な権能や専門知識をより多く有する意思決定者の審査に依拠することの実務上の利点を指摘する。

第3章，比例性分析の文脈における敬譲の実施：比較アプローチ（Operationalizing deference in the context of proportionality analysis: comparative approaches）では，比例性分析と敬譲が実務上どのように機能し得るのかを論証するために，CJEU，ECtHR 及び WTO が用いる比例性分析と敬譲の手法を分析する。本章において著者は，第2章で明示した比例性分析の4つのテスト毎に，CJEU，ECtHR 及び WTO における比例性分析と敬譲を払うアプローチを各々分析して，比例性と敬譲との間の関係を詳論する。そこでのアプローチは，常に一貫し，統一しているものではないが，著者によれば，その比例性分析は，審理すべき争点毎に審査の厳格性の程度の変更を許容するものである。CJEU，ECtHR 及び WTO のアプローチは，比例性分析に対する懸念（国家の措置に対する過剰に厳格な審査や非謙抑的な価値判断が常になされること）が軽減し得ることを明示している。

第4章，規制紛争において投資仲裁廷が用いる審査方法（Methods of review employed by investment tribunals in regulatory disputes）では，投資仲裁廷が用いてきた審査方法の観点から，個々の仲裁判断例を評価する。本章において著者は，投資条約の実体規定（公正かつ衡平な待遇，間接収用，無差別原則，例外条項の4つの分野）毎に，投資仲裁廷が適用した審査方法と審査基準のアプローチを広範に検討して，規制紛争において国家責任を判断する実行可能な方法論が必要であると指摘する。著者によれば，統一性や一貫性を欠きながらも，投資仲裁廷の審査方法は，次第に比例性分析を適用する方法論へと収斂している。

第5章，制度的に配慮した投資家対国家仲裁における比例性分析のアプローチの発展

文 献 紹 介

（The development of an institutionally sensitive approach to proportionality analysis in investor-state arbitration）では，投資仲裁廷が比例性分析の各テストの検討において考慮した事項を特定して，投資家対国家仲裁において，制度的に配慮した比例性分析のアプローチが構築され得る根拠を提示する。本章において著者は，投資仲裁廷が投資受入国の規制権限に及ぼす不当な否定的影響を懸念して，最も制限的でない手段の分析や狭義の比例性分析テストを適用することに疑問を呈する。著者によれば，投資仲裁廷は，措置の目的の正当性の評価において，規制権限及び近接する関心事に基づいて敬譲を払い，かつ，国家が差別的又は他の許容されない目的をもって行動したか否かを明らかにするためだけに，比例性分析のテストを用いるべきである。投資仲裁廷は，比例性分析における狭義の比例性テストが確実性と規制権限の両方に及ぼす正当性に対する重大な影響を考慮して，当該テストの適用を控えることになる。

第6章，投資家対国家仲裁における審査方法及び審査基準に影響を及ぼす他の問題（Other issues affecting the method and standard of review in investor-state arbitration）では，審査方法に関して，比例性分析が規制紛争において適切又は不適切となる状況を明白にした上で，例外条項を有する投資条約の文脈において比例性分析の適用に適した環境を議論する。また，審査基準に関しては，制度的文脈における妥当性を議論する。本章では，特にNAFTAの事案に関して，審査根拠を審査基準と混同する問題に言及する。その上で，本章において著書は，国際投資法において，規制紛争の判断を下す敬譲的なアプローチに対する潜在的批判及び当該アプローチの限界を検討する。著者によれば，国際慣習法，条約の文言や国家契約において異なる審査方法が規定されていれば，審査方法として比例性分析を適用することは，投資仲裁廷の権限を越えたものとなる。また，比例性分析を適用する場合を含めて，国家がとった行為の理由は，例外条項ではなく一次規範（公正かつ衡平な待遇等）の文脈の中で検討されるべきである。審査基準については，第一次的な意思決定者の特質に基づいた敬譲とともに，NAFTAの事案に見られるように，地域経済統合としてのNAFTA機構を維持しようとする仲裁廷の考慮もまた影響を及ぼし，相反する仲裁判断が下されることにつながると指摘する。著者は，投資仲裁廷は，事案の状況を踏まえて敬譲を払う又は払わない理由を詳述することを含めて，適切な審査基準の決定において，より明瞭でなければならないと主張する。

結論（Conclusion）において著者は，事案がおかれた状況に適した敬譲を払う比例性分析を主張する自己のアプローチが，制度的制約（常設機関や上訴制度の欠如）を受けていることを認めながらも，制度的に確立した他のレジームとの比較分析の結果，国際投資法レジームにおいても，著者のアプローチを適用するコンセンサスが構築されることを期待し得ると主張する。著者によれば，適切な敬譲を払う審査基準のアプローチと組み合わせた比例性分析の審査方法のアプローチによって，投資受入国は公益を促進する政策を立案・施行する十分な自由を認められることになり，投資仲裁廷は，政府によ

252

る条約上の義務の遵守について適切な監視を行いながら，国家の正当な利益を保護することができる。

3 所 感

今日まで蓄積されてきた仲裁判断例で示された問題の1つとして投資条約仲裁における条約解釈の問題がある。そこでは，仲裁廷の解釈手法ではなく，解釈の（非）一貫性に問題があり，適用される法規範の多種多様性と仲裁判断機関の制度的一貫性が確保されていない点が指摘されている（濱本正太郎「国際投資仲裁における解釈手法の展開と問題点」『国際経済法学会年報』19号（2010年）66頁）。外国投資家と投資受入国の両者の利益のバランスがとれていない投資条約仲裁判断への批判も多く，バランスのとれた一貫性のある解釈のあり方を検討することが求められているといえる。

本書は，既存の投資条約仲裁制度における投資条約の実体規定の解釈手法に関し，投資仲裁廷が，審査方法として比例（性）原則（principle of proportionality）を適用して，投資受入国の規制権限への敬譲を払う審査基準に基づいた仲裁判断を下すことで，その一貫性，統一性が実現され得ると強く主張する。本書において著者は，他のレジーム及び投資条約仲裁判断における比例性分析の意義を考察した先行研究を踏まえた上で（日本の先行研究として伊藤「前掲論文」），規制権限の行使に対する国家の責任を判断する投資仲裁廷の審査方法，審査基準を網羅的，包括的に検証して，審査基準としての「適切な敬譲」の有用性を論証している。投資条約仲裁制度をめぐって，米国型とEU型の2つが並存する状況が生まれつつある現在，本書は，既存の投資条約仲裁制度を前提としてバランスのとれた条約解釈の指針を提示する点で，外国投資家と投資受入国との間の対立する利益の調整に現に直面している仲裁人の関心を集めている（Caroline E. Foster, "Is Investment Treaty Arbitration 'Review'?," *SSRN* (2017).）。もっとも，既存の投資条約仲裁制度を前提とする考察には条約解釈に伴う一定の制約を伴う。この問題につき考察する Poulsen（Lauge N. Skovgaard Poulsen, *Bounded Rationality and Economic Diplomacy*, Cambridge University Press, 2015）は，投資条約の締結交渉過程を検証し，当該レジームの形成背景と今後の発展を指摘しており，投資条約仲裁制度自体のあり方を検証する点で本書を補完している（Luke Nottage, Rebalancing Investment Treaties and Investor-State Arbitration, *Journal of World Investment & Trade*, Vol. 17, No. 6 (2016).）。著者も，別の論考（"Protecting Regulatory Autonomy through Greater Precision in Defining States' Investment Treaty Obligations," *Journal of International Economic Law*, Vol. 19, No. 1 (2016).）において，投資条約起草過程における実体規定の文言の重要性を検証している。このような著者の研究手法は，国際投資法の今後の発展を検討する上で両輪となる投資条約レジームと当該条約の解釈を取り上げるものであり，今後のさらなる発展が期待される。本書は，今後の ISDS のあり方を検証する上で重要な問題提起をしているといえる。

（兵庫県立大学経済学部准教授）

文 献 紹 介

Gloria Gonzalez Fuster,

The Emergence of Personal Data Protection as a Fundamental Right of the EU

(Springer International Publishing, 2014, 291pp.)

松澤　幸太郎

1　概　要

　本書は，欧州連合（EU）以前の時代からの欧州におけるプライバシー／個人情報の保護制度の発展について検討したものである。本書は，第1章イントロダクションに続く第1部EU以前と，第2部EUにおける動きから構成され，第1部は第2章「プライバシーと個人データの保護の前史（Avant la Lettre）」，第3章「欧州におけるデータ処理に係る国家規範の醸成」，第4章「情報保護に係る国際規範の具現化」の各章からなり，第2部は第5章「EUにおけるデータ保護の始まり」，第6章「EUにおける基本権保障と個人データ保護」，第7章「個人データの保護に対する権利とEU法」，第8章「結論」からなる。

　表題の通り第1部は，EU以前のプライバシー／個人情報の保護制度の発展について分析している。まず第2章は，欧州において「情報保護（data protection）」の文言が使われ始める以前（あるいはそれとともに）に，どのように「プライバシー（privacy）」の文言が使われていたかを分析している。周知のとおり「プライバシー（privacy）」の文言は多義的に使われているが，この文言の分析にあたり本書は，まず1960年代に，コンピュータの発展と個人の自由の保護との関係で，プライバシーの意義が議論された米国の議論を紹介している。この当時米国においては，プライバシーの概念と，個人にかかわる情報を処理する者に一定の義務を課し，また，処理される情報の主体である個人に，情報が処理されていることや，処理された情報の修正を求めること等を主な構成要素とする「公正な情報の扱い（fair information practice）」が合わせて議論されていた。米国の1974年プライバシー法は，これらの概念を統合し，情報の処理への個人のアクセスと，個人にかかわる情報の使用に対する制限を規定した。当初米国において，このようなアクセスや制限は，「情報の自由（freedom of information）」の概念の下で議論されていたことから，本法は，プライバシーの概念に新たな意義を加えたもの，と本書は分析している。

　このような動きと並行して欧州各国も，それぞれ独自のアプローチで，技術の進歩との関係で個人の保護のためのアプローチの検討を始めた。また国際機関もプライバシーの観点から個人の保護の必要性を指摘していたが，このような当時の動きは，情報の電

254

子的処理に関する規制に収束した。なお英国においては、当初プライバシー概念の検討から始まった動きが、情報保護（data protection）に関する議論となったと本書はしている。結局米国起源のプライバシーの概念に対応する概念は、欧州や英国では形成されず、この観点からの個人の保護のためにそれらの国々では、独自の概念が発達したと本書は分析している。

第3章は、1970年代に欧州各国で採用された、個人にかかわる情報の処理に関する規制について分析している。本章は、（ヘッセン州を含む）ドイツ、スウェーデン、フランス等のように、個人にかかわる情報の処理の観点からの規制を採用した国について記述し、次にオーストリア、ポルトガル、スペインのように、個人にかかわる情報の電子的処理に関し憲法上の権利として、あるいは基本権として保護することとした国について記述している。欧州各国の初期の法制は、米国における（情報）プライバシーに係る議論の影響を受けているが、それらは米国とは異なり、また欧州各国でもそれぞれ異なっていたことを本書は指摘している。

第4章は、初期の国際的な情報保護に関する規律の発展について分析している。具体的には、「プライバシー保護と個人データの国際流通についてのガイドラインに関するOECD理事会勧告」（OECDガイドライン）と「個人データの自動処理に係る個人の保護に関する条約」（欧州評議会条約第108号）、について分析し、また欧州人権条約第8条に関する欧州人権裁判所の判断について検討している。このうち最初のOECDガイドラインは、個人のプライバシーの保護と個人情報の国境を越えた自由な流通のバランスを取るために作成されたが、実際には後者により配慮したものであったと本書はしている。他方で欧州評議会条約第108号は、特にプライバシーの権利を保護する観点から、「情報の保護」について規定するものであった。なお本条約は、情報の保護を通じて保障されるプライバシーの権利は、欧州人権条約第8条で保障される私生活の尊重に対する権利としていた。締約国がそれに従って国内法を整備することを欧州評議会条約第108号は義務づけていたことから、「情報の保護」の概念は、英国を含む欧州に普及した。また、これに伴って、OECDや欧州評議会の活動は、欧州共同体・欧州連合に影響を与えることになった。

第2部はEU法に関する分析を進めている。まず第5章は、2000年までの個人情報の処理に係る規制に関するEC/EUの取り組みに関し、規則95/46/EC及び規則97/66/ECを含む、EC/EU法における規律について、EC/EUの各組織の対応の観点も含め分析している。また本章では、このEC/EU法の規律の発展が加盟国の国内法制に与えた影響についても分析している。ECの欧州委員会は、当初、加盟国間の国内法の相違による問題を避けるために、前述の欧州評議会条約第108号が有用と考えていたが、後に独自の規律が必要と考え規則95/46/ECを策定した。もっとも当該規則も、欧州評議会条約第108号と同様「プライバシーの保護をするための情報保護」という考え方を採用していた。また本規則は、OECDガイドラインの示した、個人情報の保護とその自由な流通

文 献 紹 介

の適切なバランスの必要性という考え方も採用しているが，特に域内市場の統合の観点
から後者の考え方を重視した。

　ECの統合はシェンゲン協定等によっても進められたが，この関係でも欧州評議会条
約第108号は参照され，この文脈でも「情報保護」/「個人情報の保護」の概念が欧州で
拡散された。また欧州司法裁判所は，規則95/46/ECや欧州人権裁判所の判例等に基づ
き，個人情報の保護と欧州人権条約第8条の規定する私生活の尊重の関係を強調した。

　さらに当該規則は，加盟国の国内法に順次受容されたことから，この関係からも「情
報保護」/「個人情報の保護」の概念が欧州で拡散されたが，規則95/46/ECと異なり，
「プライバシーの保護をするための情報保護」という考え方を明示的に受容した加盟国
は少数であり，また，基本的な権利と個人情報の保護の関係については加盟国ごとに相
違があった。

　第6章は，EUにおける権利保障と個人情報の保護の関係について検討している。具
体的には，EU司法裁判所における歴史的変化や，EUにおける基本権カタログの作成
の初期における議論を含む，EUにおける基本権に関する考え方の変化や，EU加盟国
共通の憲法的伝統としての個人データの保護について検討する観点からの各国の法制度
にある情報保護法の基本権保護に係る側面についての分析，さらには，EU人権憲章の
作成における個人情報の保護の扱いについて分析している。

　当初EU法では，欧州人権条約等の国際条約でEC加盟国により基本権と認められ受
容されたものや，加盟国の憲法的伝統において共通に認められたものを確認していた
が，後にEUは，EU独自に諸権利のリストを策定し，それに基づいて基本権を保障す
ることが必要と考えるに至った。これにより，従前既存の権利と認識されたもの以外
で，実際に必要と考えられたものが，承認される可能性が開かれ，この文脈で，2000年
に制定された欧州基本権憲章第8条で個人データの保護が権利として規定されることに
なった。当時個人データの保護が加盟国間で共通の憲法的伝統であったということは出
来ず，その意味で，欧州基本権憲章第8条は，個人データに対する新しい権利を規定し
たものということが出来ると本書はしている。

　第7章は，欧州基本権憲章に基づく個人データの保護に対する権利の実施について分
析している。具体的にこの分析は，2009年のいわゆるリスボン条約以前の当該憲章が法
的効力を有する前のEU法の第二次法やEU司法裁判所の判例に関する分析と，リスボ
ン条約以後に生じた，EU司法裁判所の判断の動向や，2012年に欧州委員会から示され
たEUにおける将来の個人データの保護に関する政策パッケージ関する分析の，二つの
時期に関する分析を示している。

　リスボン条約以前は，同憲章第7条及び第8条と，データ保護とプライバシーのそれ
ぞれの関係が混在して複雑化し，欧州司法裁判所の判例等でも問題とされた。これに対
しリスボン条約により欧州基本権憲章に法的効力が与えられた後欧州司法裁判所は，同
憲章に基づき，EUにおける個人情報の保護に係る法を解釈するようになった。もっと

文 献 紹 介

も同裁判所は，個人情報の保護を直接的に基本権として保障するのではなく，個人情報の保護とプライバシーの権利の関係に基づいて，個人情報の保護について判断していた。これに対して，2012年に欧州委員会から示された基本権の保障に関する政策パッケージは，プライバシーではなく，個人データの保護を基礎としているという点で，新しい方向性を示していることを本書は指摘している。

第8章は，第7章までの分析に基づき，次の点を述べている。

第1にEU法における個人データの保護に関する法の発展の過程では，プライバシー（privacy），私生活（private life），情報保護（data protection），個人情報保護（personal data protection）等の各種の概念の区別，相違，同一の扱い等の関係性の中で，各種の議論がされ，その影響で，それぞれの用語の意義の変化等も生じ，さらにそれによって新たな議論が生じる等のことが生じてきた。

このうちでも特に多義的な意義を有していた「プライバシー」の用語は，1960年代以降，コンピュータで処理される情報との関係で，「公正な情報の扱い」に係る議論の影響を受け，新たに電子的情報処理に関して，個人データの処理に係る保護と，個人データそれ自体の保護の2つの新たな意義を与えられることになった。このような新たな意義が与えられることでプライバシーの文言の意義は不明瞭になり，またこれは，英語についてのみならず，EUにおいて英語と同等とされている他の言語との関係でも生じた。

EU法における個人データの保護に関する基本的権利は，このような各種の概念が不明確なまま絡み合う中で形成された。特に上述のプライバシーの概念と（個人データ）の保護は，一方で密接に組み合わされ，他方で，区別されるような動きもあった。具体的には，上述の規則95/46/ECでは，情報保護がプライバシー保護の一要素とされる一方で，欧州基本権憲章では，この2つの概念が個別に規定されている。なお同憲章第8条は，EU法において個人情報の保護を，いわゆるプライバシーの権利とは別に，規定した重要な規定であるが，このような規定がどのような意義を有するかは，依然として，それを実現するためのEUの制定法や欧州司法裁判所の判断による。

このように欧州基本権憲章第8条が，プライバシーの概念から独立して，個人情報の保護について規定している一方で，プライバシーの概念は，その漠然性にもかかわらず，EUにおける個人情報保護法の解釈に影響を与えることが予想される，と本書はする。また，個人情報の保護の概念が使われるようになることは，第1に情報処理技術という特定の技術との関係で権利の保護が概念される，ということを意味し，また第2に，EUによる個人データの保護においてこの概念が，プライバシーの概念に代わって，基本的な権利とされることで，プライバシーの概念と個人情報の保護の概念の新たな関係が生じることになる，と本書は指摘する。なお本書はさらに，この後者の点について，2012年に欧州委員会から出された個人情報保護に関する政策パッケージはさらにこの方向性を進めるものと分析し，具体的には，プライバシーの権利が，EU加盟国の共通の憲法的伝統に基づくものであるのに対して，EU法に独自に基づく個人情報の保護

文 献 紹 介

の概念は，この政策パッケージで基本的権利性を強調され，それがEU加盟国の法制度に取り入れられることになる，とする。そしてさらにこのような動きは，各国で保障される基本的な権利との関係で，問題を生じさせていることを指摘し，さらに本書は，このプライバシーと個人情報の保護の概念の関係は，偶然性により変動し，またリスボン条約で欧州基本権憲章に法的拘束力が与えられたことで，より複雑になったとする。最後に本書は，依然としてプライバシーの概念は，現在するが，その一方で個人情報の保護の概念は，その意義を強化される方向性にあることを牌摘している。

2　コメント

　本書は，EU法の発展過程において，米国における議論の影響を受けプライバシーの概念を踏まえて個人情報の保護に関する議論が進められていたのが，後にはプライバシーの保護に関する議論から独立して，個人情報の保護に関する議論が進められ，法制化されていく過程について分析している。本書によれば，依然としてEUにおける個人情報の保護に係る議論は，プライバシーの保護に関する考え方に影響を受けているが，それとは独立した法規範とされる方向で議論が進められているとされている。我が国における個人情報の保護に関する議論においても，プライバシーの保護と個人情報の保護の関係性は，我が国で個人情報の保護制度の採用が議論され始めた当初から重要な論点の1つとされており，同様に米国の議論を参考に議論を始めた事例を紹介するものとして，本書の論述は参考になる。

　また本書は，privacy, personal data protection, 等の各種のこの分野に係る文言の関係や，それと情報処理技術の発展の関係をめぐる動きに関し，1960年代の米国における議論からEU法における発展までを分析している。個人の保護は，社会や政府の変化とともに変化していくものであることは，一般論としては理解されていると思われるが，それが具体的にどのように生じて，どのように行われるのか，またその過程でどのような課題が生じるのか，ということは，必ずしも明らかではない。この点に関し本書は，いわゆるプライバシーの保護が，情報社会の発展との関係で，どのように各国で発展し，さらにそれがEUという国際社会で発展したのかを，通史的に分析しており，権利の発展論の実証的事例研究として参考になる。

　さらに本書は，各EU加盟国とEUとの関係で，EUで公用語とされている各言語における「プライバシー」や「（個人）情報の保護」の概念の翻訳・受容の経緯やその際の諸問題等に関し分析し，それがEUとEU加盟国におけるプライバシー／個人情報の保護に係る法制度の整備・発展に与えた影響について検討している。近代以降我が国を含め各国では，欧米諸国の法制度を範型に自国の法制度の整備を行う例が少なからずあり，その際には範型とする国の言語を翻訳し受容することが行われる。このような場合に，欧州の国がどのように行っているのかを示す一例を実証的に示すものという観点からも，本書の分析は興味深いと考えられる。

（外務省国際経済課欧州連合経済室，経済協力開発機構室）

文 献 紹 介

Jonas von Goeler,

Third-Party Funding in International Arbitration and its Impact on Procedure

（Kluwer Law International, 2016, xxxvi + 474pp.）

中 村 達 也

1 はじめに

近時，国際仲裁において，仲裁手続に要する費用の高額化に対処するため，当事者が仲裁手続を遂行するために必要な資金の提供を第三者から受けることが増えている。その場合，第三者による資金提供が仲裁手続にどのような影響を及ぼすかという問題があり，この問題について，現在，世界的に国際会議や仲裁関係雑誌の誌面において盛んに議論されている。本書は，第三者資金提供が仲裁手続にどのような影響を及ぼすことになるかという問題について，実務上生じうる問題を網羅的に取り上げ，各問題点について詳細に分析，考察するものである。

2 本書の概要

本書は，まず，紛争に関与する当事者が契約その他の方法に基づき当事者以外の者から資金提供を受けるものすべてを第三者資金提供（third party funding）と，そのうち，国際仲裁を含む紛争解決に必要な資金が請求（claim）および答弁（defence）に投資することを専門とする資金提供営利団体（commercial funding institution）によって提供されるものを訴訟資金提供（litigation funding）とそれぞれ呼び，仲裁手続において資金提供者は，仲裁合意の当事者ではないが，紛争の結果に一定の経済的利害を有するとともに，仲裁手続に一定の支配を及ぼし，仲裁手続の当事者の権利・利害に影響を与えることになると指摘する。本書は第1部と第2部とから成り，第1部では，第三者資金提供，とりわけ訴訟資金提供の制度について概観し，その上で，第2部では，資金提供に係る手続上の各問題を取り上げる。

第1部では，国際仲裁において訴訟資金提供者は，顧客である当事者の請求が仲裁手続で認容された場合，それから回収することができた金員から利益を獲得するが，当事者の請求が棄却された場合には，当事者は資金提供者に対し何らの支払義務もなく，投資で損をすることになる。したがって，資金提供者は，資金提供契約を締結するか否かを決めるに当たり，綿密な事件評価（case assessment）を行い，その結果，資金提供契約を締結した場合，自己の投資を守るため，事件監視（case monitoring）を行い，仲裁手続の進行を把握することになる。また，当事者が和解し，あるいは，権利を放棄する場合など，資金提供者の同意を必要とすることが多いという。この訴訟資金提供に対

し，コモンローの法域の一部では，請求権の商品化に寄与するという懸念があり，たとえば，資金提供者が仲裁手続を過度に支配する場合には，訴訟幇助（maintenance）と利益分配特約付訴訟援助（champerty）に係る法理により，資金提供契約は法的拘束力を有しない（unenforceable）ことになるという。

第三者資金提供の形態には，訴訟資金提供以外に，代理人弁護士の全面成功報酬（Contingency Fee Arrangement）・条件付成功報酬（Conditional Fee Arrangement），訴訟（仲裁）費用保険（Before-the-Event Insurance と After-the-Event Insurance）などがあるが，これら第三者資金提供が仲裁手続にどのように影響を及ぼすかは，その形態に応じて考察していかなければならない。また，訴訟資金提供に関し，それが出現したのは90年代後半であり，オーストラリア，英国，米国およびドイツにおいて成長してきたが，国際仲裁に関しては，比較的新しい現象として2008年辺りから登場し，2012年以降その市場は急成長しているが，訴訟資金提供の利用が国際仲裁で一般的なものには至っておらず，制度の長短についても更なる政策論議が必要であり，また，金融制度としての規制のあり方についても，詳細な分析を要すると指摘する。

次に第2部では，第1に，仲裁手続の当事者が，第三者資金提供に関する事実を開示する義務があるか否かという問題について，資金提供を受けている当事者には資金提供元を開示する一般的な義務はなく，またそのような実務は認められていないと指摘した上で，以下で述べるように，仲裁手続において開示を正当化するだけの十分な理由がある場合にのみ，資金提供に関し一定の事実の開示が要求されることになるという。

第2に，仲裁手続において当事者，仲裁廷が資金提供を受けている当事者に対し資金提供に関する文書を証拠として提出するよう求めた場合，資金提供を受けている当事者が秘匿特権（privilege）を主張することができるか否かという問題を取り上げる。この問題について，文書提出は，第1に，当事者の代理人弁護士が作成し，訴訟資金提供者に開示された文書，第2に，訴訟資金提供者が作成し，当事者の代理人弁護士に開示された文書，第3に，訴訟資金提供契約書とそれに関連する資金提供者と当事者との遣り取りの3つに分けることができるとする。その上で，仲裁手続における秘匿特権について定めている仲裁法，仲裁規則はなく，仲裁廷は，世界的に広く認められた IBA 国際仲裁証拠調べ規則9条に基づき，この問題に関する判例を参照しつつ，政策的観点および公正性の観点から，当事者が主張する秘匿特権を認めるべきであるか否かについて判断すべきであるとした上で，第1の文書については，主に米国の判例法を参照しつつ，当事者の弁護士が作成した文書に秘匿特権が与えられ，この文書が訴訟資金提供者に開示されたとしても，適切な秘密保持契約の下に開示されている限り，秘匿特権は放棄されたことにはならないという考え方が妥当ではないかという。第2の文書については，当事者の手続遂行のために作成された文書である限り，かかる文書が開示の対象とならないという当事者の期待は保護されるべきであるという。第3の文書については，訴訟資金提供契約が手続上の問題にどのように影響を及ぼすかという点に関し文書提出を求め

る当事者の主張の正当性と文書提出を拒む当事者の利益を考慮しつつ個別事案毎に判断していくことになるという。

　第3に，第三者資金提供者が仲裁合意の効力を受けるか否かという問題を取り上げる。この問題は，仲裁合意の主観的範囲に関する一般的法理によることになるが，第三者資金提供者が仲裁合意の当事者の紛争に関与していない限り，黙示の合意や合意に依拠しない禁反言の法理などのいずれによっても，仲裁判断の結果に対する経済的利害および仲裁手続への関与だけでもって仲裁合意の当事者になることはないという。また，国際投資仲裁においては，投資協定が定める投資家でなければ仲裁を申し立てることはできないが，判例法は一貫して，仲裁手続の開始時点でこれを判断すべきであるとし，その結果，仲裁手続が開始された後，投資家の権利が資金提供者に譲渡された場合であっても，投資家は当事者として仲裁手続を遂行し，仲裁判断を求めることができるが，他方，仲裁手続の開始前に，投資家の権利が資金提供者に譲渡された場合には，投資家はその権利を失い，資金提供者が投資協定が定める要件を具備するときは，投資家に代わって仲裁手続の当事者となる。これに対し，投資家の権利が譲渡されない場合には，経済的利益が仲裁手続の開始前に資金提供者に移転しても，投資協定に明示の別段の定めがない限り，投資家は仲裁手続を遂行し，仲裁判断を求めることができる地位を有し続けるという。また，資金提供者が仲裁手続前に仲裁事件を支配することになった場合であっても，原則として，仲裁申立人の地位に変更が生じるわけではなく，仲裁申立人は，仲裁手続を遂行し，仲裁判断を求めることができる地位を有し続けるという。

　第4に，仲裁の基本原則の1つとして仲裁人には公正性・独立性が要求され，資金提供に関しては，第三者資金提供者と仲裁人との経済的関係が問題となるが，これが仲裁人の公正性・独立性について正当な疑いを生じさせるか否かについては，個別の事案に照らして合理的に判断しなければならないという。仲裁人は公正性・独立性について正当な疑いを生じさせるおそれのある事情を開示しなければならないが，仲裁手続に資金提供者が関与していても，仲裁人に知らされない場合があり，その場合，仲裁人によりかかる事実が仲裁手続の開始時点で開示されず，その後，仲裁手続の進行中にかかる事実が判明し，当事者が仲裁人に対し忌避の申立てをし，それが認められ，仲裁人が交替するという事態が生じてしまうおそれがあり，また，かかる事実が仲裁判断がなされた後に判明し，当事者が仲裁判断の取消しの申立てをし，それが認められ，仲裁判断が取り消されてしまうという危険もあり，かかる危険を避けるためには，仲裁手続の開始時点における開示が重要であり，資金提供者および資金提供を受ける当事者は，仲裁人の公正性・独立性について正当に疑いを生じさせうる資金提供に関する事実を開示すべきであるとの見解を示す。

　第5に，仲裁のメリットの1つとして秘密性があるが，仲裁手続において第三者が資金提供を行う場合，資金提供者は，事件評価，事件監視のため，当事者から仲裁手続に関する情報を得ることになり，当事者の秘密保持義務との関係が問題となると指摘す

文献紹介

る。資金提供者にとって資金を提供する上で，仲裁手続に関する情報へのアクセスが必須であると同時に，資金提供を受ける当事者にとっては，資金提供者への開示は，自己の権利・利益を保護するために必要なものであり，それによって正義へのアクセスが確保されることになるので，かかる開示は秘密保持義務の例外として扱われるべきであり，また，秘密保持は，資金提供者が当事者から得た情報に対し秘密を保持することによって達成されることになるという。

　第6に，仲裁申立てを受けた被申立人が第三者から資金提供を受けている申立人に対し仲裁費用の担保提供を求める場合，申立人が財政的に安定していてもリスクを分担するために資金提供契約を締結することがあり，資金提供を受けること自体から申立人が被申立人の仲裁費用を支払えないことを推定することはできないという。また，被申立人が，申立人が被申立人の仲裁費用の支払いを命じられてもその費用の支払いを履行しないおそれがあることを立証するため，申立人の計算書類と併せて資金提供契約書の開示を求める場合，仲裁廷は証拠開示の手続に従って開示の許否を判断することになるという。

　第7に，仲裁廷は仲裁手続の終了時に仲裁費用について決定するが，第三者資金提供はこの決定にどのような影響を及ぼすかという問題を取り上げる。代理人弁護士費用が仲裁費用に含まれている場合において，仲裁廷が当事者に対し，相手方当事者が合理的に負担した代理人弁護士費用の支払いを命じるときは，第三者がその代理人弁護士費用を支払うことになっていても，相手方当事者は，代理人弁護士に対しその債務を負担している限り，当事者から代理人弁護士費用の支払いを受ける権利を有し，その権利は第三者資金提供契約によって左右されないという。また，訴訟では，資金提供を受けた当事者が相手方当事者の訴訟費用を負担することになった場合，資金提供を行った第三者が請求を認容する判決から利益を享受し，訴訟手続に関与するときは，裁判所が資金提供者に対し相手方当事者の訴訟費用を負担することを命じるものがあるが，仲裁は当事者の合意に基づく手続であり，仲裁廷は，第三者に対し仲裁費用の負担を命じる権限を有しないという。

　最後に，訴訟資金提供は比較的新しい第三者資金提供の一形態であるが，それによって生じる手続上の問題は新しいものではなく，これまでの手続上の問題と同様に，仲裁法等の解釈問題として処理されることになると結ぶ。

3　コメント

　まず本書は，第三者資金提供が仲裁手続に与える諸問題を詳細に研究した初めての単著であり，この点に大きな意義があるといえよう。

　近時，国際仲裁における新たな潮流として当事者が第三者から資金提供を受けることが増えている。その場合，資金提供者が仲裁手続に関与することから手続上の問題が生じるが，著者も指摘しているように，これは従来の手続上の問題の延長線上にあり，その問題はこれまでの解釈論によって解決されうると考えられる。また，各問題に対する

文　献　紹　介

著者の立場も概ね支持しうるものである。もっとも，手続上の重要な問題の1つとして第三資金提供者が仲裁手続に関与することによって生じる仲裁人の公正性・独立性の問題については，仲裁人が調査をしても資金提供者が仲裁手続に関与していることを知りえない場合があり，仲裁人の調査義務，開示義務に加え，当事者にも，信義則上の義務として，仲裁手続の公正を確保するための調査義務，開示義務があると解しうるように思われるが，立法論としては，仲裁法にかかる当事者の義務を明定しておくべきであろう。また，投資協定仲裁において，仲裁手続が開始された後，申立人である投資家の権利が資金提供者に譲渡される場合，国際法上，投資家が仲裁手続上の地位を有し続けることになるが，その場合，投資家は，承継人である資金提供者のいわば仲裁担当者として仲裁手続を遂行していくことになろう。

　実務上，日本の国際仲裁において訴訟資金提供が利用されているか，この点については側聞にして知らないが，日本企業による国際仲裁の利用の増加に伴い，それが利用されるケースが出てくると思われる。日本では，訴訟資金提供契約の適法性を含め訴訟資金提供の仲裁手続上の問題や規制のあり方について議論は始まっていないが，アジア諸国でもコモンローの法域であるシンガポールでは，訴訟資金提供は，非常に限られた例外を除き，訴訟幇助，利益分配特約付訴訟援助に係る法理と抵触することから禁止されてきたが，同国における国際仲裁の利用の妨げとなることから，2017年1月の法改正によって，一定の適格性を有する資金提供者による国際仲裁およびそれに関連する訴訟，調停のための訴訟資金提供は許容されることとなった。また，香港でも，訴訟資金提供を許容するための法改正が2017年6月に行われ，2017年中に施行される予定である。日本には，コモンローの法域のような法的障碍はないが，国際仲裁の振興には，訴訟資金提供契約の適法性を明確に示すとともに，訴訟資金提供に対し必要な規制を図っていくことが求められよう。

（国士舘大学法学部教授）

Mara Wantuch-Thole,

Cultural Property in Cross-Border Litigation: Turning Rights into Claims

(De Gruyter, 2015, xix + 400pp.)

加　藤　紫　帆

　1　ある国の文化財不正流通規制上保護される文化財が外国へと不法に持ち出された場合，当該文化財を回復する途としては，当該文化財の所在地国裁判所を法廷地として，国家自身が返還請求訴訟を提起することが考えられる。だがこの場合，不正流通規制という公法に基づく請求が許容されるか否か，また，文化財の善意取得の成否を判断

する準拠法をどのように選択すべきか，といった困難な問題が生じる（拙稿「コミティの現代的展開（2・完）」『名古屋大学法政論集』271号（2017年）84頁以下参照）。本書は，文化遺産法を専門とするドイツの弁護士である著者 Wantuch-Thole 氏がロンドン大学キングス・カレッジ及びフンボルト大学に提出した博士号学位取得論文を基礎とするが，平時において不正に流出した動産文化財の外国国家による返還請求訴訟を念頭に，上記の問題を検討するものである。文化財の返還請求訴訟は，文化財保護が国際社会の喫緊の課題となる中で益々注目を集めており，近時の国際的動向を丁寧に整理分析する本書は，この問題を検討する上での有益な参考文献となるといえよう。以下，本書の概要を述べた上で（2），若干のコメントを行う（3）。

　2　著者は，まず第1章において，文化財不正取引を撲滅するためには不正流出文化財に対する市場の需要を減少させることが鍵である，と考える「需要減少アプローチ」を本書が採用することを宣言する（同書15頁）。本書の目的は，盗取・略奪・不法輸出により不正に流出した文化財に関する，国家による国際民事訴訟を通じた返還請求の司法判断適合性（justiciability）の向上に寄与することあるとされる（同書16頁）。この目的の下，本書では，自国文化財に対して各国が有する公法上及び私法上の権利が概観された上で（第1部），かかる権利に対して他国裁判所が採るべき具体的処理方法が模索される（第2部）。

　第1部では，主に，動産文化財に対する国家の公法上の権利に関する各国法制度が概観された上で，いかなる権利であれば外国裁判所により所有権として承認され得るかが検討される（第2章）。著者によれば，①自国で発見されかつ自国に所在する発掘物を国有化する法や，②それに対する即時占有権を国家に付与する法，また，③不法に輸出された文化財を自動没収する法や，④事後的な行政行為に基づきそれを国有化する法，等に基づく国家の権利は，*Government of Iran v. Barakat* 事件控訴審判決（英国・2004年）等の判例法に照らせば，法の文言が明確である限りにおいて，領域性原理に反する④を除き，外国裁判所により所有権として認められるという（同書114-116頁）。さらに，独法やエクアドル法のように，国家が占有又は所有する文化財に関する所有権譲渡等の禁止規定に違反した場合に即時占有権を国家に付与する法制度も，所有権的権利を国家に付与するものとして認められるとされる（同書116頁）。最後に補足的に，発掘文化財に対する私法上の権利を国家が取得する場合として，拾得物に関するコモン・ロー及び大陸法上の私法制度が比較概観される（第3章）。

　第2部では，まず，不正流出文化財を元の所在国に返還するための国際的・地域的枠組が概観される（第4章）。結論として，どの枠組も，盗掘文化財を対象に含めない等の理由により，国家による返還請求の司法判断適合性の発展という目的との関係では不十分であるとされる（同書225頁）。次に，国内抵触法の問題として，国家による文化財返還請求が問題となる場合に採られるべき準拠法選択規則が検討される（第5章）。著者によれば，取得当時の物の所在地法（lex situs）を適用する伝統的規則は，盗品等の

善意取得に関する私法上の規則が各国毎に異なるために，密売人による不正流出文化財の所有権ローンダリングを助長する（同書237頁）。また，取引の安全や善意取得者の保護という所在地法主義の正当化根拠は，人類にとって重要な価値を有する文化遺産の返還請求の場面では当てはまらないという（同書245頁）。従ってそれに変わる新たな規則が必要であるとし，著者は，本源国法（lex originis）の適用という考えに基づくベルギー国際私法（2004年）90条や米国抵触法学者 Symeonides の提案（S. Symeonides, A Choice-of-Law Rule for Conflicts Involving Stolen Cultural Property, 38 *Vand. J. Transnat'l L.* 1177 (2005)）を参考にして，以下の準拠法選択規則を提案する。すなわち，文化財の返還請求については，盗掘・盗取の場合には発掘地国又は持ち出された国の法，不法輸出の場合には最も強い文化的ないし歴史的関連性を有する国の法の適用が推定されるが，当該法が善意取得者の保護を何ら規定しておらず，かつ，問題となる文化財の現在の占有者がその取得に際し本規則により要求される相当の注意（due diligence）を払ったと証明した場合には，推定が覆って物の所在地法が適用される（同書269頁），という規則である。最後に，外国国家による返還請求に関する，主要な市場国（英国・米国・ドイツ・スイス）の裁判実務が比較分析される（第6章）。著者は，一部の裁判実務上，外国の文化財保護法に効力を認めるリベラルな態度が見受けられるという分析に基づき，文化財保護が真の国際的公序を形成していると述べる（同書352頁）。その上で，かかる国際的公序に基づき，各国裁判所は，未だその適用に関して争いがある外国輸出禁止法も含め，文化財に関係する外国公法を適用すべきであると主張し（同書357頁），本書の検討を終える。

　3　本書は，不正流出文化財の外国国家による返還請求の際に法的根拠となり得る各国国内法や，返還請求に関する各国裁判例及び抵触法規則につき，詳細に整理分析した上で，外国国家による文化財返還請求につき各国抵触法が採るべき処理方法を検討する，最新の文献であり，その理論的・実務的意義は大きい。特に，この問題につき我が国においては，1990年代に河野俊行教授を中心に若干の議論がなされたのみであり（河野俊行「文化財の国際的保護と国際取引規制」『国際法外交雑誌』91巻6号（1993年）。ただし，近時の論考として，樋爪誠「グローバル化と文化財取引」中島茂樹ほか編『グローバル化と国家の変容「グローバル化の現代——現状と課題」第1巻』（御茶の水書房，2009年）），今後の議論のたたき台となるという意味でも，我が国抵触法にとって本書の重要性は高い。以下，文化財返還請求における準拠法選択規則につき，その理論的前提(1)及びそのルールの内容(2)についてコメントを行う。

　(1)　不正流出文化財の返還請求に関しては，特に善意取得の問題に関する物権準拠法選択規則のあり方が議論されてきた（See, e.g., A.M. Garro, The Recovery of Stolen Art Objects from Bona Fide Purchasers, in P. Lalive (ed.), *International Sales of Works of Art* , *Geneva Workshop* (1985), p. 511ff）。すなわち，一方で，伝統的規則である物の取得当時の所在地法原則によれば，文化財の所有権譲渡が外国で行われた場合には，当該

文 献 紹 介

国法に従い善意取得の成否が判断されるため，文化財の元の所在地国における所有権譲渡制限に関する規制が潜脱される。他方で，反対に文化財の本源国法を準拠法とする考え（万国国際法学会バーゼル会合「文化遺産保護の観点から見た国際美術品取引に関する決議」（1991年）第2条等）によれば，同法上の保護規定が適用されることとなるが，当該文化財の善意取得者に対する保護を欠くという事態が生じ得る。

このジレンマを克服すべく，著者は，盗掘・盗取の場合には発掘地国又は持ち出された地の国，不法輸出の場合には最も強い文化的関連性を有する国の法の適用を推定した上で，当該法が善意取得者に関する保護規定を欠き，取得時における相当な注意の証明がなされた場合には，物の所在地法が適用されるという特別準拠法選択規則を提唱する。

だが，同規則は，以下の点で伝統的準拠法選択規則とは大きく性質を異にする。すなわち，第1に，政策に中立的な法選択を行う伝統的規則とは異なり，文化財不正取引の撲滅という実質法的価値実現のために法選択を行うという，実質法的アプローチを採用する点。第2に，相当な注意に関する実質法的判断基準を含むという意味で，実質規則の性格を有する点。第3に，準拠法選択の対象を私法に限定してきた伝統的規則とは異なり，同規則により適用が推定される法には，一般に公法ないし強行的適用法規（櫻田嘉章・道垣内正人『注釈国際私法（1）』（有斐閣，2011年）26頁，34頁以下〔横溝大執筆〕参照）と解される不正流通規制も含まれる点，である。

これに対して，著者は，専ら文化遺産の人類にとっての重要性を根拠に，取引の安全や善意の第三者に対する保護といった所在地法主義の政策的根拠はここでは妥当しないとして，上記規則を導く。しかし，以上挙げた伝統的規則との相違点を踏まえれば，同規則を導くにあたっては，その前提として，文化財保護といった一定の政策実現の手段として準拠法選択等に関する抵触法規則を用いるという考えが抵触法上認められるべきか否かについて検討する必要がある（このような「抵触法の道具主義的利用」につき，詳しくは，横溝大「レギュレーションと抵触法――EU抵触法の質的変化を中心に――」『国際私法年報』17号（2015年）113頁参照）。

実際上，我が国抵触法には，消費者・労働者保護といった実質的政策が既に取り込まれているように（法の適用に関する通則法11条，12条），一定の政策実現のために抵触法規則を用いるという考え自体は，決して新しいものではない。また，一般論としても，国境を越えた企業等による活動の活発化を受け，グローバルな規模での環境破壊や人権侵害等の問題が顕在化しており，国際的な私法的法律関係の適切な規整という機能を，抵触法がより積極的に担うべき状況が存在するといえよう（前掲拙稿82-83頁）。この点，文化財不正取引に関しては，その撲滅が国際社会の課題として認識されつつあることに鑑みれば（例えば，イラク及びシリアから不法に持ち出された文化財等の貿易を防止するための適切な措置等に関する国際連合安全保障理事会決議第2199号〔2015年2月12日採択〕），抵触法上，何らかの形で外国の文化財保護に関する政策を尊重すること

は，基本的には妥当な方向として評価できるのではないだろうか。

　以上から，著者が提唱する準拠法選択規則の理論的根拠に関する検討が不十分である点には不満が残るものの，抵触法上，外国の文化財保護に関する政策を尊重すべきであるという本書の基本的な方向性については賛成できよう。

　(2)　次に，以上述べた点を本書と共有できたとしても，著者が提唱する準拠法選択規則自体の内容が妥当か否かが問題となる。

　まず，上記規則の根底にある「需要減少アプローチ」自体の妥当性が問題となる。近年は，本書も採用する需要と供給の関係に着目する立場が注目を集めつつあるように見える（類似の立場を採る研究として，e.g. C. Roodt, *Private International Law, Art and Cultural Heritage* (Edward Elgar, 2015)）。だが，文化財保護に対するアプローチは，従来，文化財を自国に留め置くことで保護を図る国家保護主義アプローチと，自由市場での流通を通じて保護を図る国際主義アプローチとが激しく対立してきた（J.H. Merryman, Two Ways of Thinking About Cultural Property, 80 *Am. J. Int'L* 831 (1986)）。本書も認めるように（同書6頁），これらの3つの異なる立場はそれぞれ一定の妥当性を有しており，どの立場が適切かという点を決するためには，政策的な価値判断が不可欠となる。本書は十分な論証を行うことなく上記の態度決定を行うが，一定の普遍性を有する準拠法選択規則の定立を目指すのであれば，この点については今後さらなる検討が必要であるように思われる。

　次に，上記規則の内容については，とりわけ，準拠法に関する予測可能性の担保や法的安定性の確保という点が問題となるように思われる。著者は，所在地法主義を採用すると，物権法上の善意取得に関する規則が各国毎に異なるために，法的不確実性が増すことを問題視する（同書237頁）。しかし，実質法的結果が準拠実質法如何に左右されるのは，準拠法選択という仕組みから生じる通常の帰結である。むしろ，著者が提唱する上記規則こそ，準拠法に関する予測可能性の担保及び法的安定性の確保という観点からは，問題が大きいように思われる。というのも，上記規則によれば，不法輸出の場合に推定される法は，文化的ないし歴史的重要性といった曖昧な基準によって特定されることとなり，最終的に適用される法も，善意取得に関する保護規定が存在するか否かという実質法の内容如何によって決定されるからである。

　このように，筆者が提唱する準拠法選択規則については，準拠法に関する予測可能性及び法的安定性という観点からは問題があるように思われ，その前提となる政策的な態度決定についても，なお議論の余地があるといえる。

　4　以上の点を踏まえたとしても，本書は，不正流出文化財の返還請求に関連する最新の各国法及び裁判例を丁寧に整理分析する点で，国際的にもその実務的価値は非常に大きい。また，近時の国際的動向に鑑みれば，今後は，我が国抵触法のみならず文化財保護法の観点からもこの問題を活発に議論すべき時期にきているといえ，本書はその際に大いに参考となるであろう。

文　献　紹　介

（名古屋大学大学院法学研究科博士後期課程）

松下満雄・米谷三以

『国際経済法』

（東京大学出版会，2016年，xxxii＋828頁）

柳　赫　秀

　これは「大著」である。828頁＋xxxii という分量もさることながら，内容的に全19章
もあり，通常の関税（第3章）から租税・課徴金・社会保険料（第8章），国有企業
（第13章），競争政策（第14章），国際収支・金融監督・財政金融（第15章），知的財産・
技術貿易（第18章）など普通の教科書ではカバーされていない広範な範囲に及ぶ。しか
も，章立てや記述はち密なロードマップの下で横断的かつ有機的な体裁を誇る。その意
味で，「はしがき」の冒頭「本書は，WTO協定，投資協定を中心に，国際経済に関わる
法を包括的に論じた概説書である。」という部分（p. i）はいささか控えめ過ぎよう。
　さらに驚くことは，実務に詳しい学者と実務家の共同作業である本書の理論的な立場
に充てられた第1章と第2章が174頁にも上ることである。共著者の一人である松下教
授の名著『国際経済法』（改訂版と第3版）の序章（「国際経済法の基調」）と第1章
（「国際経済の法的枠組み」）の分量が第5章に入っているWTO紛争解決部分を合わせ
ても40頁程度だったことと比べると（松下満雄『国際経済法──国際通商・投資の規制
──〔第3版〕』（有斐閣，2001年）），著者たちの総論（＝理論的説明）への意気込みが
伝わってくる。思わず「普段知的な影響から免れていると信じ込んでいる実務家ほど誰
かの経済学者の影響下にあるものである」といったケインズの言葉が浮かんだものであ
る（ケインズ『雇用，利子および貨幣の一般理論（上）』（岩波文庫））。

1　「国際経済法」の定義と範囲

　本書では，まず，国際経済関係は，貿易・投資・金融などモノ，サービス，人，技
術，資金などが行き交う様々な関係のネットワークであり，このネットワークを管理す
るために形成されてきた法が「国際経済法」であると定義される（1頁）。その範囲は，
国際経済法をいかに形成し，又は利用するかといった実務的観点から決まるが，(i)世界
経済に関するルール一般を対象とし，(ii)国内法・国際法を問わず，(iii)法的拘束力を有し
ないルール，いわゆるソフトローを含めた（2頁）とされる。
　(i)世界経済に関するルールは，通商・投資の分野で貿易自由化・投資保護等を追求し
てきたWTO協定を代表とするものと，労働基準・関税分類・金融監督などそれ以外の
様々な政策分野で国際的調和を追求してきたものに分けつつ，二つを合わせて考察す
る。(ii)国際法・国内法を問わないが，両者は単純な上下関係でなく，時には協働関係に

立ち，時には対立緊張関係に立つことの理解が重要であると強調する（かつて金沢教授は，経済法と国際経済法との関係を前者の後者に対する「反発的作用」，後者の前者に対する「補充的作用」，互いの「協調的作用」，互いにおける「支配的作用」の４つのに整理したが，協働関係と対立緊張関係とに注目する本書の立場から類似の発想を見ることができる。金沢良雄，『国際経済法序説』（有斐閣，1979年）41-44頁）。共著者の松下教授は，かつて「国際経済法」は，研究者が研究・教育の便宜のため，又は行政官等実務家が実務の便宜のために，種々雑多な国際経済関係の法的問題をある視点から一括して１つの有意の法のグループを作りこれに国際経済法という名称をつけたに過ぎない。国際経済法が，国際法の一部門であるか，国際法と国内法とを総合した別部門であるかについては，両説があるが，国際法と国内法の双方を総合的に検討する方が真実の理解に資すると主張した（松下『前掲書』４-５頁。ただし，日本では，国際法説が多く，少数説である。柳赫秀，「国際経済法の概念について」『国際経済法講座Ｉ』９頁）。本書でも，従来の概念論争を静態的な分類学と片づけつつ，国内法・国際法を問わず，「種々雑多な国際経済関係の法的問題をある視点から一括して１つの有意の法のグループを作り」，縦横無尽に展開している印象である。そして，(iii)法的拘束力を有しないルールについてより積極的な意味づけを与えており，ソフトローは，単に未完の条約でなく，最適な法形式が選択された結果ととらえることができることと，非政府主体の役割の拡大の帰結であると指摘する国際経済法には，慣習国際法が少なく，条約中心で，しかも，ソフトローが多いことは多くの教科書等で指摘される通りであるが，私人の役割拡大を積極的に受け止めている本書の姿勢の表れであろう。

2　国際経済法全体の動態的な把握と２つの思考枠組み

本書の最大の特徴は，「世界経済システムのガバナンス原理の解明を中心課題として」国際経済法の全体像を動態的に描き出すことを狙いとしていることである（p. i）。

その狙いの背後には，第２次世界大戦以後国際経済法分野の主軸の位置を占めている通商分野だけでなく，投資保護，国際租税，国際金融監督，貿易管理，環境保護，消費者安全，労働者保護，競争政策，標準化等，様々な政策分野・事項において多かれ少なかれ自律的なレジームが成立し発展して，世界経済システムのガバナンスの役割を分有しているとの認識がある（「近年の構造変化」）。今日において国際通商システム及びこれを包含する世界経済システムを把握するためには，WTO協定や投資協定，環境条約，消費者安全基準といった政策分野ないし事項別に形成されている国際的合意の相互関係を理解することが重要である。「本書は，かかる現状認識に立ち，それぞれの国際レジームが取り扱う政策目的が相互にどのような関係にあるのか，具体的には，それぞれが独立しており，矛盾対立する可能性にあるのか，より高次な共通目標下で相互補完的関係にあるのか，という認識の対比を現状分析の出発点とすることを考えた。」（p. iv）

それを考える際の思考枠組みとして，「国際競争論＝共存モデル」と「比較優位論＝協力モデル」の２つの理念型モデルが提示される（主に，iv, 22, 42頁の記述に基づく）。

文 献 紹 介

「国際競争論＝共存モデル」では，国際関係において各国が国益を追求する中，様々な政策分野で発生する利害対立は，それぞれの主観的な利害判断に基づいて合意して解決される。通商分野で国際競争上の "level playing field" を自国産業に確保することを目指して international な合意をすることが想起されよう。通商以外の様々な政策目的と通商ないし貿易自由化，そして，国際レジームと国内法秩序とは矛盾対立することが想定され，どちらかを優先又は劣後させることによってでか，関係国それぞれの主観的な利害判断に基づく同意によって解決される。各国間の主観的利害の対立が前提であるので，合意はハードローでなければ機能しないおそれがあり，企業や NGO など私人の役割は限定される。近代国家相互の双務的な並立・共存を確保する「共存の国際法」のイメージを借りている（山本草二，『国際法〔新版〕』有斐閣，1994年，31頁）。

それに対して，「比較優位論＝協力モデル」は，人間の持続可能性を最大化するために，世界経済において保有される資本の最大化を政策目標として各国が共有するという前提で，この共通目標の実現のために各国が協力することが想定される。通商分野で各国が比較優位産業に特化し，自国経済の最適化を相互に約束する transnational ないし global な合意をするが想起されよう。通商以外の様々な政策目的と通商ないし貿易自由化，そして，国際レジームと国内法秩序とは共通目的を実現する上で相互補完関係にあると想定される。各国の協力関係を想定するので，拘束力のないルールであっても自発的に従うことが期待でき，企業や NGO など私人の役割も広く認められる。国際社会の共通利益のために多国間条約に基づいて協力し合う「協力の国際法」のイメージを借りている。

本書は，この2つのモデルが対比され，「考え方の違いを拡大するレンズを使いつつ」(p. v)，貿易自由化・投資保護とその他の政策目的との関係の局面に限らず，あらゆる分野・事項の政策的根拠を考える思考的枠組みとして，そして，実体・手続規定の設計及び解釈の指針として用いられている。いくつか紹介すると，2つのモデルから見た場合関税引下に関する考え方の違い（186, 194, 208頁），安全保障政策と貿易政策との関係(p. 229)，2つのモデルから見た20条例外の理解 (p. 267 p. 289)，PPM（p. 290, 313），租税に対する国際経済法上の規律を考える枠組みとして (p. 320, 323)，補助金の位置づけ (p. 448) など，至る所に散在している（AD 関税に関する第12章において，2つのモデルでなく，「不法行為説」と「隠れた補助金説」との対比が用いられている。491頁）。

著者たちは，2つのモデルに着目した契機について，「共存の国際法」と「協力の国際法」の概念を打ち出した W. Friedmann の枠組みについても，「貿易自由化・環境保護等共通の目的を掲げ，外見上「協力の国際法」に見えても，仮にそれ以外の政策分野における裁量の制約を受入れているという点で主観的利害調整の要素が潜んでおり，「共存の国際法」の色彩が隠れていると言わざるを得ない状況になっており，バージョンアップが必要である」からであるという（iii 頁）。要するに，「共存の国際法」と「協

270

力の国際法」のどちらかで描き切れないので，両方を対比させながら描いていくという
ことである。

　本書のような疑問は十分理解できる。実際国際経済法分野は両方の側面を有している
と思われる。すなわち，権力性と領域性を刻印された主権国家は，19世紀後半以来相互
依存が深まるにつれて，一国限りでは対処できない問題群に対して，多辺的国際制度を
立ち上げ，機能的・非領域的な解決を試みてきた。いわゆる国際行政法の出現基盤であ
る（山本草二「国際行政法の存立基盤」『国際法外交雑誌』第76巻第5号（1969年）1
頁）。しかし，権力（power）と富（wealth）の2つの目標を同時に追求する国民国家
が，重商主義を克服しながら，経済の自由化を追求する際に，どうしても権力性（本書
のいう「共存の国際法」の色彩）の完全克服は困難である。どうしても他国との対抗関
係において固有の国家的利益を保護し充足するために行う余地が残るのである。WTO
という「統合された一層永続性のある多角的貿易体制」が作られても，前文に掲げられ
た共通目標を達成するための手段は，「関税その他の貿易障害を実質的に軽減し及び国
際貿易関係における差別待遇を廃止するための相互的かつ互恵的な取極を締結するこ
と」であり，WTO における「国際管理」は加盟国の固有の国家的利益を追求するため
の「対抗」関係を完全に払しょくできていない多国間主義（multilateralism）なのであ
る（WTO 上の義務が bilateral obligations の束であることについては，J. Pauwelyn, "A
Typology of Multilateral Treaty Obligations: Are WTO Obligations Bilateral or
Collective in Nature?", 14 *EJIL* (2003), pp. 925-941. 最新多角主義の実体（限界）を鋭
く描いているものとして，J. Crawford, *Chance, Order, Change: The Course of
International Law* (Pocketbooks of the Hague Academy of International Law, 2014)
ch. VIII を参照）。まさに「協力の国際法」の外見をしていても，「共存の国際法」と
「協力の国際法」の混合であり，何かにつけて前者が顕在化するシステムである（柳赫
秀，「国際法——山本国際法学との出会いと国際経済法研究」『書斎の窓』No. 613（2012
年4月）11-18頁を参照）。

　本書の2つのモデルとそれらの対比によって，「貿易自由化・投資保護の国際経済法」
と「それ以外の国際経済法」との政策的根拠，そして，両者の関係について豊かな認識
が可能になろう。ただし，それぞれの分野における現行国際経済法の「現状」について
のギリギリまでの法的説明が行われないことはいかがなものか。現実の貿易自由化が各
国における「保護の政治市場」（political market of protection）を克服するために，
"level playing field" という政策的前提（John H. Jackson, *World Trading System* 2nd ed.
(MIT Press, 1997), p. 21）を必要とする現実から考えると，international な合意と
transnational ないし global な合意を対比しつつ，「比較優位論＝協力モデル」からすれ
ば，関税引き下げが「比較優位産業への特化を企図して，そのために最適な水準まで関
税を共同で下げるという発想」になるというくだりには，（思考枠組みであるとはいえ）
いささか違和感を感じるのも同じ文脈からかもしれない。

文 献 紹 介

3 本章の構成上の特徴：広い射程，横断かつ有機的記述，圧倒的なディーテイル

　このような教科書類の場合は，細部の記述以上に，どのようなロードマップの下で何を取り上げ，何を省くかが決定的に重要であるが，第3章から第19章までの，確固たる方針に基づく，類比なき深度ある記述には圧巻としか言い表しようがない。紙幅の関係上各章の内容を詳しく紹介できないので，どのような考え方に基づいてこのような構成・順序になっているかだけを整理する。

　各章は，その章の対象事項の政策根拠が述べられ（一），日本をはじめとする各国の国内法制が比較法制度的に提示され（二），対象事項についての国際ルールの発展が示されてから（三），最後に，対象事項についてのWTO協定及び投資協定上の規律が述べられる体裁で統一されている（四）。各国の国内法が先に来ることは，各国の管轄権と規制権限のあり方が示され，国際ルールがそれをいか規整し共存を図るとともに，協力関係を構築するかを見る意図からであると思われる。

　各章の組み立てであるが，(i)貿易自由化の伝統的な要である関税，関税譲許及び関税譲許の修正・撤回を取り扱う第3，4章。(ii)第5，6，7章は，水際で適用される輸出入制限に充てられ，第5章が安全保障に関する輸出入制限及び投資規制を，第6章が税関手続及び検疫手続（20条(a)(d)の例外措置，ガット8・10条，SPS協定），そして，第7章で国内産業保護を目的とする輸出制限措置と世界・外国の環境，外国における人権等の保護目的の貿易制限措置（ガット12条，20条(j)(g)，PPM措置の規律）である。(iii)それから国内措置へ転じ，第8章が租税・課徴金・社会保険料を，第9章は「内国規制」の括りでいわゆる「非貿易的関心事項」についてWTO協定（内国民待遇・20条例外等）・投資協定が横断的に記述される。第10章は基準・認証，11章で補助金と政府調達が，市場との向き合い方は正反対でも，ともに政府支出であり，ガット当初内国民待遇義務の例外とされ，ほとんど規定されていなかったことが一緒に取り扱われる理由とされる。第12章ではAD関税及び相殺関税が取り上げられる。(iv)第13章は，政府措置と企業活動の中間に位置し，中国，ベトナムなど国家資本主義といわれる国々のWTO加盟に伴い重要度が高まっている国有企業を，続いて第14章で企業の行為一般に対する規制として競争政策を取り上げる。(v)15章では実物経済の後に国際収支・金融監督・財政金融がIMF・WTO・金融サービス横断的に取り上げられる。(vi)16章では農業以外の特定社会経済分野・産業が広範囲に取り上げられ，第17章でサービス，18章では知的財産権が詳細に取り上げられる。最後の19章では自由貿易協定と途上国に対する特恵関税が最恵国待遇義務の例外として一緒に取り扱われている。

　通読して1つ印象的なことは，貿易救済法の取扱である。セーフガードは第4章で関税譲許の撤回・修正の1つの事例として，AD関税及び相殺関税は，ともに輸出国の政府措置に起因する競争上の有利性を相殺するための制度（490頁）として12章で取り扱われている。貿易自由化の安全弁，または，公正・不公正貿易の区分という色彩を極力出さないで，日本にとって最重要課題である規律強化のために制度趣旨を明確にする実

践的なスタンスが窺われて興味深い。

4　若干の蛇足

　本書の名宛人は誰か。(主に実務家向けの松下『国際経済法』の2倍の)膨大な分量と壮大な内容から考えると，一般人・学生は想定しにくい。国際経済法の研究者，民間企業の実務家や(他国に比べて，相対的に国内政治過程から自由で，主要な政策立案者である)「官僚」が主たる読者として想定されよう。

　最後に，欧米より20年以上遅れて出発した日本の国際通商法を中心とした国際経済法の研究水準がここまで高い段階に来たことに驚きを禁じ得ない。願わくは，本書が，問題解決(problem-solving)のための優れた先導役であった松下『国際経済法』に劣らない役割を担ってほしいこと，そして，諸外国の英語テキストブックとずいぶん趣を異にする体裁と主張の本書が，日本語の場合どうしても付きまとう記述の重複を克服しつつ，英語に訳されより広く読まれることを期待したい。

(横浜国立大学大学院国際社会科学研究院教授)

淵　圭吾

『所得課税の国際的側面』

(有斐閣，2016年，x + 417頁)

髙　橋　祐　介

1　はじめに

　本書は，「租税や租税制度を法的側面から分析・検討する学問分野である租税法の面白さ・奥深さを読者の方々に知ってもら」(1頁)うことを目的として，国際租税法に関する著者の論文を集積した研究書である。本書は，①法人格と私法上の取引を基軸として組み立てられている国内租税法の規律が，複数の課税管轄権が競合する国際的側面においてどのようにうまく働かず，その変容を迫られるのかを，国際的本支店間取引を題材として検討する第1部と，②タックス・ヘイブン対策税制の制度趣旨ないし位置づけを検討する第2部からなる。以下では，2において本書の概要を示した後，3で本書についてコメントを加えたい。なお，本書のねらい(研究成果含む)，概要，位置づけについては，著者自身が序説にて明らかにしており(1-6頁)，本書の理解を容易にしているが，以下ではもちろん著者とは異なった見地から本書を評価する。以下の頁数は，特に言及のない限り，本書のものである。

2　本書の概要

(1)　第1部「取引・法人格・管轄権をめぐる考察」

　第1部は，緒論，4章と結論，補論からなる。緒論ではまず本書の目的が語られる。

文 献 紹 介

国際課税の議論が国内所得課税の議論一般と切り離されており，その代表が関連者間の国際的な取引に関して課税面を規制する移転価格税制であって，そこでは取引に関わる会社が独立な当事者間であったら成立するであろう価格で課税がされる（独立当事者間基準）。このような独立当事者間基準に反対する考え方がユニタリー・タックス／定式配分法であり，これは関連会社集団全体の所得を観念した上で何らかの形式的な基準により所得が各国に配分されるとする考え方である。移転価格税制では独立当事者間基準が支配的であるが，これは外国法人・非居住者に対する課税の２つの基本的な考え方の１つである全所得主義（国内で事業を行う外国法人の総合課税，つまり収入金額から必要経費を控除した所得の純額を申告させ，税額を納付させる方式，に服する所得の範囲をその法人のすべての国内源泉所得とする考え方）に近く，他方もう１つの考え方である帰属所得主義（総合課税の対象を国内に存在する事業に帰属する所得に限定する考え方）は独立当事者間基準に近い。このような２つの相反する考え方は所得課税の基本問題を検討する上で意識的に検討されることはなく，単なる技術的問題として放擲されてきたが，２つの考え方の背後にある課税の対象，課税管轄権，法人格・企業に対してどのような理解があったのか，そして所得課税一般の議論の国際課税への影響を検討するのが，本書の目的である。そして，以上のような独立当事者基準と定式配分法の２つの系譜を研究するため，本書の研究対象は，法人格内部での国際的な財産移転・役務提供（本支店間取引）を主たる素材とし，それにより国際課税の議論と所得概念などに関する議論とが架橋されるとする。

第１章では，①明治20年の所得課税導入期から平成26年税制改正前までの国際的事象に係る所得課税の定めを，主として納税義務者（及びその納税義務の範囲）と所得種類に焦点を当てて歴史的に概観し，平成26年改正前のいわば完成形を俯瞰する第１節と，②平成26年税制改正前における法人格内部での国際的移転に関する現状を把握する第２節，③それを踏まえて法人格内部での国際的移転を利用した租税負担の具体的軽減スキームを検討する第３節に分かれる。第２節では，所得を生み出す資産の移転・帰属の変更に関するソース・ルールをダイナミックなルール，実際に発生した所得についてのソース・ルールをスタティックなルールと分け，特にダイナミックなルールについて，国内／国外支店への移入／移出された棚卸資産などにつき，平成26年度税制改正前の法人税法には明確な規定が置かれておらず，その移転時の取扱いや移転後の所得源泉判断について明確な指針がないと指摘する。また第３節では，法人格内部での国際的移転を利用した租税負担軽減スキームとして，いわゆるケイマンSPCスキームとオウブンシャホールディング事件（東京地判平成13・11・9判時1784号45頁）を挙げ，前者につき法人格内部における国際的財産（資金移動や担保価値）移転が私法上の取引ではないゆえに租税法の盲点になっていること，後者につき関連会社間の移転に関する課税繰延規定が法人格内部の財産移転と同様の問題を生じうることを示す。

第２章は，①主として国際連盟における租税条約に関する議論の展開の展開を追う第

1節から第4節，②OECDモデル租税条約7条の特に注目すべき点につき検討する第5節，③小括を行う第6節，④租税条約と通商・投資関係条約がその起源段階でいかに密接に関わっていたかを示す補説からなる。③の小括では，恒久的施設なければ（事業所得）課税なしの原則はもともと外国人に対する無差別取扱いの考え方に基づいていることなど3点が指摘されている。さらに④補説では，租税条約と通商・投資条約がその起源の段階で密接に関係し，恒久的施設なければ課税なしの原則が（二重課税排除のみならず）公平待遇の考え方にも基づいていることなどの3点を指摘した上で，租税条約の無差別原則が従来より広い射程をもちうるかもしれないことと，租税条約には内国民待遇の趣旨が織り込み済みであるから通商・投資条約における等しい待遇を定める規定の解釈適用では所得課税は問題になり得ない可能性があることの2点を示唆する。

　第3章は，法人格内部の財産移転の問題につきドイツの議論を紹介する。①第1節及び第2節で事業所概念の重要性など国際課税の基本的仕組みと国内法上の概念を紹介した後，②第3節では事業所間の財産の移転についての裁判例と行政実務，学説と財務省実務を検討し，③第4節で事業所の利子費用算定につき4つの考え方と本支店間「貸付」認識に触れ，④第5節では，ドイツでは含み益をカテゴリカルに所得の範囲から除外する発想がないこと，付与資本の算出方法につき決定的な方法が示されていないこと，本支店間取引の租税法上の擬制についても議論が十分に行われていないことを指摘する。

　第4章は，アメリカ連邦所得税における法人格内部での財産の国際的移転を検討する。①第1節及び第2節で所得概念や実現など国内租税法における諸原則と国際課税の基本原理を紹介し，②第3節で財産の移転に関するソース・ルールにつき，1986年改正前の所有権移転基準などを検討し，さらに③第4節で外国税額控除と外国法人課税における利子費用配賦及び国内法と租税条約のソース・ルールの関係を探求した上で，④第5節において，アメリカでは盛んな立法活動によって種々の規定が入り乱れているが，いったん発生した国内源泉所得に対する課税を全うしよう（国外源泉所得にかかる費用控除を国内で認めない）という発想に貫かれている，とまとめる。

　結論では，これまでの検討をまとめた上で，以下を指摘する。①国際的な事業所得配賦・配分問題，本支店間取引の問題とは，実現と課税管轄権の緊張関係の問題であり，具体的には課税管轄権が狭くそこからの離脱が惹起されれば未実現利益に課税するべき必要があり，他方課税管轄権が広ければ未実現利益課税の必要性が少なくなる。②課税管轄権に関する国際連盟の最初期の議論では事業所得課税に関し内国民待遇の考え方が援用され，恒久的施設を内国法人と同様に扱うことが要請されたが，そこからは本支店間取引の擬制・定式配分の回避が要請される。他方，申告納付の執行可能性に着目すると，情報交換・徴収共助といった執行管轄権の拡大が考えられれば，本支店間取引による課税管轄権からの財産離脱時に未実現利得課税の必要性はなくなりうる。

　補論は，①第1節にて租税法と私法の関係についての従来の議論を，借用概念・瑕疵

ある法律行為・帰属・租税回避と否認・課税要件事実の認定に即してまとめた上で，②第2節でそれらを取引の前提として私法が問題となる場合と，租税法適用の前提としての私法が問題となる場合の2種に分けて租税法と私法の関係を整理し，③第3節では，広義の租税回避の否認を狭義のそれと事実認定・私法上の法律構成による否認に分けながら，広義の租税回避の問題とは結局一般的な法解釈適用の問題に過ぎず，裁判の場面では「租税回避」概念自体が役に立たないのではないか，また従来の訴訟実務では納税者の主張する取引類型がそのまま認定される傾向があったために納税者が主張するのとは異なる取引類型が認定されると「否認」のように捉えられてきただけではないか（事実認定による否認という特殊類型のように見えただけ），と指摘する。

(2) 第2部「タックス・ヘイブン対策税制とは何か」

第2部は，第1章及び第2章からなる。第1章は，タックス・ヘイブン対策税制の意義を課税繰延防止と租税回避防止のうちの後者であると論じるものであるが（第1節），そのためにまず①第2節においてアメリカ法におけるタックス・ヘイブン対策税制の起源とその後の制度発展を概観し，②第3節でタックス・ヘイブン対策税制の意義の理解についての課税繰延防止と租税回避防止という2つの理解を検討した後，同制の機能とはまず内国親会社の適正な所得算出手段として，次にタックス・ヘイブン子会社利用に対するディスインセンティブであると指摘し，③第4節でタックス・ヘイブン対策税制のあるべき（あるいはあるべきではない）法律構成を論じたうえで（例えばみなし配当としての法律構成には否定的），④第5節では，内国親会社に対する課税としてタックス・ヘイブン対策税制を理解する場合，それは居住地国における国際的二重課税排除措置とは論理的に独立であり，どのような二重課税排除措置を採用するにせよ，タックス・ヘイブン対策税制が必要である，とまとめる。

第2章は，①第1節においてタックス・ヘイブン対策税制と特定同族会社の留保金課税がアメリカの留保利益税という共通の起源と仕組みを有しているという仮説を提示した上で，②第2節においてアメリカ法の留保利益税の本質を検討し，③第3節において日本法の沿革をたどり，④第4節では，留保金課税もタックス・ヘイブン対策税制も課税繰延防止制度ではなく，投資形態についての中立性を確保するための株主課税であるなどとまとめる。

3 検 討

(1) 本書のアプローチと対象

本書のアプローチをみてみよう。第1部も第2部も，制度の歴史的な沿革を眺め，いかなる議論を経ていかなる制度がいかなる理由で導入，発展してきたかを明らかにする手法を採る。膨大な文献をリサーチしながらも，大づかみな形でその歴史的展開を描き出す点や，例えば第1部で全世界所得主義・定式配分法 vs. 帰属所得主義・独立当事者間基準や，スタティック／ダイナミックなルールといった分析枠組みを用いて問題状況を分析的に描き出す点は，大所高所から分析する著者の視点を明らかにしつつ，読者の

理解を容易にする効果もある。若い研究者にとっては論文の書き方の勉強にもなろう。

本書の内容には，所得課税の，国際的のみならず国内的にも重要な論点である①包括的所得概念の位置付け（第1部第4章の232頁以下）や，②租税法と私法の関係を再構成した上で租税回避論をさらに再構成する作業（第1部補論）も含まれている。所得課税そのものを深掘りし，従来の議論を真摯に問い直そうという著者の意欲がうかがわれる（①については金子宏『租税法〔第22版〕』（弘文堂，2017年）185頁以下に示される通説的見解を，②については特に中里・岡村両教授の見解を，いずれも批判的に検討している点に注意）。所得課税論や租税回避論の書籍としても，本書は重要である。

(2) 第1部について

第1部の結論では，前述のように，国際的な事業所得配賦・配分問題は，実現と課税管轄権の緊張関係の問題であり，課税管轄権の広狭が未実現利益課税の要否に関係することなどが示されている。このような結論から読者が直ちに知りたいと考えるのは，平成26年改正によるソース・ルールの大幅な変更（恒久的施設帰属主義の採用・内部取引損益認識）や平成27年改正によるいわゆる出国税課税の導入の評価，さらにはこのような帰属所得主義と課税管轄権離脱時課税強化の流れ（著者のいうところの「変容」）を踏まえた今後の国際課税のあり方や論点である。残念ながら本書の対象外であり，筆者に残された課題といえる（中里実他編『租税法概説〔第2版〕』（有斐閣，2015年）27頁以下〔渕圭吾執筆〕は筆者の示す解答の一部であろう）。

国際経済法的視点からいえば，租税条約における「恒久的施設なければ（事業所得）課税なし」などの原則が通商・投資関係条約における内国民待遇と同様に国際連盟規約23条e項の影響を受けているとする第2章補説の記述が有用かも知れない。ただし，両者の関係のあり方の検討は，やはり今後の課題である。

(3) 第2部について

タックス・ヘイブン対策税制を，タックス・ヘイブン子会社を利用した内国親会社の税負担軽減を阻止するための制度とみ（課税繰延防止制度ではない），同じくアメリカの留保利益税を淵源に持つ特定同族会社の留保金課税と同様，株主課税の補完であると位置づける議論を展開する。ただし，株主課税補完の税と捉えた場合の現行制度の詳細な検討と問題点などは明らかではない。例えば留保金課税を株主に対する課税と捉えた上で，閉鎖法人に対して「個人事業者になぞらえた課税方式」（406頁）を適用せよという示唆まで含むのであろうか，といった疑念も残る。法人ないし企業課税に関する筆者の見解全体を知りたいと願うのは，評者だけではあるまい。

(4) 本書の「目的」は達成されているか

本書は内容的にかなり高度であり，その意味で「租税法の奥深さ・面白さ」を知らない初学者向けではなく，すでに知っている租税法研究者（玄人）向けである。したがって，本書の目的は「租税法の奥深さ・面白さ」を「玄人」に知ってもらうことと解されるから，本書が著者の助手論文がベースである（409頁）ことを踏まえると，著者の

文 献 紹 介

並々ならぬ野心を感じさせる。しかし膨大な資料を駆使して歴史的沿革を追い，分析枠組みを使って制度を鮮やかに解明してみせる手際の良さは，著者の野心を裏付ける以上の実力を実感させるものであって，本書の示す知見は玄人だからこそ楽しめる。玄人の議論や検討を喚起する意味でも，本書はその目的を十分に達成している。

（名古屋大学大学院法学研究科教授）

〈2016年貿易・投資紛争事例の概況〉

WTO 紛争事例

平　　　　覚

    1　エネルギー及び環境
    2　アンチダンピング措置
    3　金融サービス
    4　関税

　＊2016年中に公表されたWTOパネル及び上級委員会の報告書の中からとくに注目されるものの概要を紹介する。上級委員会報告書を中心に扱い，パネル報告書については上訴中のものは除外した。それらは上級委員会報告書が発出された後に次号以下で紹介の対象とされる可能性がある。

1　エネルギー及び環境

　再生可能エネルギー発電に対する国家の固定価格買取制度（FIT）に関わる紛争が頻発している。インド——太陽光セル事件[1]は，インド政府が太陽光発電能力を高めるため太陽光発電業者との間で長期的な電気の購入契約を結び，その条件としてインド製の太陽光セル及びモジュールの使用を義務づけるローカル・コンテント要件を課したことに対して，米国が申立てを行なったものである。同要件は，GATT3条及びTRIMs協定2条の内国民待遇義務に違反するとされるものであるが，本件では，GATT3条8項(a)の政府調達例外並びに一般的例外であるGATT20条の(j)及び(d)の適用の可否が争われた。

　3条8項(a)について，米国が，2013年のカナダ——再生可能エネルギー／カナダ——FIT計画事件における上級委員会報告書[2]に依拠して，調達される産品（電気）が差別されている産品（太陽光セル及びモジュール）と競争関係にはなく，したがって，当該差別には同条項の例外が適用されないと主張し，パネルはこの主張を認めた。上級委員会は，パネルの判断を支持し，「3条8項(a)の下で，調達によって購入される産品は，差別される外国産品と必然的に『同種の』若しくは『直接的競争』又は『代替可能の』産品でなければならず——言い換えれば，『競争関係』になければならない」と判示した[3]。上級委員会はまた，同例外が購入される産品に関して使用される投入財及び生産工程に関連する差別にも及ぶかというインドが提起した問題についても，この問題は，購入される産品が差別される産品と競争関係にあると認定された後に初めて生じうると述べた[4]。

次に，20条(j)は，「一般的に又は地方的に供給が不足している産品の獲得又は分配のために不可欠の措置」に関する例外条項であるが，インドは，太陽光セル及びモジュールが国内製造能力の欠如及び輸入が中断されるリスクにより同国では「一般的に又は地方的に供給が不足している産品」であると主張した。パネルはインドのこの抗弁を却けたが，インドが上訴したため，本件は上級委員会が20条(j)について初めて解釈を示す機会となった。上級委員会は，「20条(j)は，その文言上，可能な供給源の範囲を特定の市場において購入のために『入手可能な』，特定国において製造された『国内』産品に限定しない」と述べ，[5]「加盟国が『供給が不足している産品』を特定したかどうかの評価は，［すべての国内的及び国際的供給源からの産品の入手可能な供給量を含む，］すべての関連要素の全体的な考慮に基づく供給と需要の関係の，事件ごとの分析を必要とする」と判示し，「『十分な』国内製造『能力』の欠如が必然的に特定市場における産品の『不足』をもたらす」というインドの主張には同意しなかった。[6]

インドはまた，問題のローカル・コンテント要件は，生態学的に持続可能な成長を確保するという国内法上及び国際法上の義務の遵守を確保するために不可欠であると主張し，「この協定の規定に反しない法令……の遵守を確保するために必要な措置」についての例外条項である20条(d)を援用した。パネルはこの抗弁を却け，上級委員会もパネルの判断を支持した。とくに上級委員会は，20条(d)の下での法的基準を明瞭化し，被申立国が「法令」の範囲に入る規則を特定したかどうかを決定するにあたって，パネルが次のような要素を考慮すべきであると述べた。すなわち，「(i)当該文書の規範性の程度及び当該文書が加盟国の国内法体系において遵守されるべき行為規則を規定するために機能する程度，(ii)当該関連規則の特定性の程度，(iii)当該規則がたとえば裁判所において法的に執行可能かどうか，(iv)当該規則が加盟国の国内法体系の下で必要な権限を有する当局によって採択又は承認されたかどうか，(v)加盟国の国内法体系の下で当該規則を含むいずれかの文書に付された形式及びタイトル，並びに(vi)当該関連規則に付随する罰則又は制裁」。[7]上級委員会は，「法令」としてインドが援用した一連の国内政策文書については，上記の法的基準に照らして，「これらの文書の関連する文言は，個別的に見ても全体として見ても，インドが主張するような生態学的に持続可能な成長を確保するための『規則』を十分な程度の規範性と特定性を伴なって規定してはいない」とし，これらの文書の文言は，パネルが述べたように，「勧告的で，願望的で，宣言的で，かつ時として単に記述的に過ぎない」と述べた。[8]

さらに，「法令」として援用された国際法は国連気候変動枠組条約を含む国際環境法の諸原則であったが，インドは，「国際環境法の下での持続的な開発の諸原則はインド最高裁によってインドにおける環境及び開発のガバナンスの一部として承認されてきた」という事実により，援用された国際法文書のインド国内法体系における「直接効果」が確立していると主張した。[9]上級委員会は，メキシコ——ソフト・ドリンク税事件上級委員会報告書に依拠して，[10]国際協定の規則が直接効果を持つことにより国内法体系

の一部となりうることを認めたが,[11] インド最高裁の判決は,援用された国際法文書が,せいぜいインド国内法規定の解釈にあたって及び行政府の意思決定権限の行使の指針として,関連性を有するにとどまり,それらが国内法体系の一部を構成する規則であり,したがって,20条(d)の下での「法令」に該当することを示すものとしては不十分であると判示した。[12]

2 アンチダンピング措置

中国のWTO加入議定書中の非市場経済国条項は,中国産品の輸入国におけるアンチダンピング(AD)調査において,調査当局が,ダンピング・マージンの計算方法として中国における国内価格又は費用との厳密な比較にはよらない方法(「非市場経済国方式」)を採用することを許容していた。2016年12月11日に同条項の一部が失効したことにより,その法的効果として,輸入国調査当局はもはや中国産品のAD調査において非市場経済国方式を採用することが許容されないのかが論争されている。[13] 2016年には,非市場経済国方式が利用される場合でもAD協定適合性を確保する必要があることを示す事例と,さらに非市場経済国方式が許容されない場合でも「市場が特殊な状況にある」ことを理由に利用可能なAD協定上の特別規則の解釈が示された事例が登場した。

EC——中国産ファスナー(DSU21.5条)事件[14]は,EUが紛争解決機関(DSB)の勧告を実施するために行ったAD措置の見直し調査がなおAD協定に不適合であるとして中国が申立てたDSU21.5条の勧告実施審査手続である。主な争点は,EUの調査当局である欧州委員会が中国産品の正常価額の認定にあたり,非市場経済国方式として類似国生産者の産品価格を用いたが,この類似国生産者の産品及び価格に関する情報の開示が十分に行われたか,公正な価格比較のために適正な調整が行われたかということであった。

まず,情報の開示に関連して,AD協定6.4条は,調査当局が,すべての利害関係者に対し,「それぞれの立場の主張に関係があるすべての情報であって,6.5に規定する秘密のものではなく,かつ,ダンピング防止のための調査において当該当局が使用するものを閲覧する機会及びこれらの情報に基づいてそれぞれの主張について準備する機会を適時に与える」と規定している。本件で,EUは,6.4条の下での分析を行うためには,パネルは当該情報が6.5条の意味で秘密であるかどうかを決定するため当該情報を「注意深くかつ別個に」検討しなければならないと主張した。[15] これに対して上級委員会は,6.5条は,調査当局が,情報を提供する当事者がその情報が秘密の取り扱いを受けるべきとして提出した理由が「正当な理由」を構成するかどうかを客観的評価に従って決定することを要求すると述べて,調査当局に提出された情報を秘密扱いにするための法的根拠が存在するかどうかを決定するために de novo の検討を行うことはパネルの役割ではないと判示した。[16] そして,上級委員会は,6.5条の下で調査当局に課された義務を6.4条の下での分析を行うパネルに転換する根拠は見いだせないとして,6.5条の要件に従わない仕方で同条の秘密扱いを与えられた情報を秘密扱いにすることには法的根拠がな

く，当該情報は6.4条の下で「6.5に規定する秘密の」情報とはみなされず，パネルが当該情報をそのようなものとして扱ったことに誤りはないと認定した[17]。上級委員会は，さらに，当該情報は中国の生産者が自己の主張を提起するにあたって「関係」し，かつ6.4条の意味での調査において委員会によって「使用」されたと認定し，EUが6.4条に違反し，その結果として6.2条にも違反したとするパネルの認定を支持した[18]。

他方で，AD協定2.4条末文は，調査当局が関係当事者に対して輸出価格と構成価額の間の「公正な比較を確保するためにいかなる情報が必要であるかを示す」ことを要求している。上級委員会は，欧州委員会が中国の生産者に正常価額の決定のために使用された類似国生産者の産品の特徴に関する情報を開示しなかったことによりEUはこの規定に違反したとするパネルの認定を支持した[19]。上級委員会は，原手続における自らの意見に言及して，正常価額が外国生産者の国内販売ではなく，類似国における国内販売に基づき決定される場合には，調査対象の外国生産者は，正常価額が決定される当該特定の製品についての情報を知らされなければ，調整を要請することはできないと述べた[20]。

また，公正な価格比較に関連して，2.4条は，価格の比較に影響を及ぼす差異に対して妥当な考慮を払うことを要求している。上級委員会は，パネルが，もっぱら本件見直し調査において類似国方式が利用されたということのみを理由として，欧州委員会は，課税や様々な生産要素の費用の差異について調整を行うことを要求されないと結論したのは誤りであると認定した[21]。上級委員会は，調査当局は，要求された調整について，それが実質的に価格比較に影響を及ぼす差異を反映するため是認されるのか，または輸出国において歪曲されていると認定された費用又は価格に引き戻すものであるかを決定しなければならないと述べ[22]，本件見直し調査における欧州委員会の決定はこの点についての十分な評価を反映しておらず2.4条に違反すると認定した[23]。

さらに，2.4.2条は，調査当局が価格比較にあたって加重平均どうしの比較の方式を採用する場合には，「比較可能なすべての輸出取引価格」の比較に基づきダンピング・マージンを決定することを要求する。本件では，欧州委員会が加重平均どうしの比較方式に基づきダンピングの決定を行った際に，類似国生産者が生産するファスナー・モデルと対応しない中国生産者の一定のファスナー・モデルを除外していたが，上級委員会は，2.4.2条が「同種の産品」の定義の範囲に入る，調査対象生産者のすべての産品モデルの比較を要求すると述べて[24]，EUが2.4.2条に違反したとするパネルの認定を支持した[25]。

EU——バイオディーゼル事件[26]は，アルゼンチンからのバイオディーゼル燃料の輸入に対するEUのAD調査から生じた。EU調査当局は，正常価額の決定にあたり構成価額を算出する際に，アルゼンチンのバイオディーゼル生産者が使用する主要原材料である大豆の国内価格が同国の輸出税制度によってもたらされた歪曲によって国際価格よりも低くなっており，その結果，原材料コストがアルゼンチンの生産者によって保有される記録に合理的に反映されていないと決定し，当該記録上の実際の大豆のコストではな

く代替価格を用いた。これに対して，アルゼンチンは，バイオディーゼルに対するEUのAD措置に対して"as applied"の申立てを行うと同時に，ダンピング・マージンの決定に関するEU基本規則の規定に対する"as such"の申立てを行った。

AD協定2.2.1.1条は，「費用については，通常，調査の対象となる輸出者又は生産者が保有している記録に基づいて算定する。ただし，その記録が……検討の対象となる産品の生産及び販売に係る費用を妥当に反映していることを条件とする」と規定している。"as applied"の申立てに関連して，アルゼンチンは，EUが，生産者が保有する記録に基づき調査対象産品の生産費を算定しなかったことにより同条に違反すると主張した。これに対して，EUは，同条が「合理性」基準を含意しており，それにより調査当局は，輸出者又は生産者が保有している記録上の費用が合理的でないと決定する場合には，当該記録を無視することが許されると主張した[27]。

上級委員会は，同条の但し書きの要件を，「調査対象の輸出者又は生産者が保有している記録が，その輸出者又は生産者が負担した費用で検討の対象となる特定産品の生産及び販売と純粋の関係（genuine relationship）を有するものに適切にかつ十分に対応し又はそれらを再録するかどうかに言及するもの[28]」として解釈した。そして，2.2.1.1条にはEUの主張について「いかなる文言上の支持」も見出せないし，費用が問題の産品の生産及び販売に純粋に関連する限りで，同条の但し書きの「費用」の意味を規律する追加的又は抽象的な「合理性」の基準が存在するとは考えないと述べ[29]，EUの主張を却けた。この結果，上級委員会は，「アルゼンチンにおける大豆の国内価格が同国の輸出税制度により国際価格よりも低くなっているというEU当局の決定は，それ自体，生産者の記録がバイオディーゼルの生産及び販売に係る大豆の費用を合理的に反映していないと結論づけるための，又はバイオディーゼルの正常価額を構成価格によって算定する際に当該記録上の関連費用を無視するための，十分な根拠とはならない」というパネルの判断に同意し[30]，それゆえ，EUが2.2.1.1条に違反したとするパネルの判断も支持した[31]。

さらに，AD協定2.2条は，ダンピング・マージンの決定方法の1つとして「原産国における生産費に管理費，販売経費，一般的な経費及び利潤としての妥当な額を加えたものとの比較」を規定している。上級委員会は，同条及びGATT6条1項の「原産国における生産費」という文言は，「原産国における生産費を確定する際に利用可能な情報又は証拠の出処（sources）を原産国の内部の出処に限定していない」が，「原産国における生産費」を決定するためにいずれかの国外の情報に依拠する場合には，「調査当局は，そのような情報が『原産国における生産費』に到達する（arrive at）ために利用されることを確保しなければならず，このことは当該情報を適応させる（adapt）ことを調査当局に要求することがある」と判示した[32]。上級委員会は，本件において，パネルと同様に，アルゼンチンにおけるバイオディーゼルの生産費を算定するためにEU当局が利用した大豆の代替価格は，バイオディーゼルの生産者又は輸出者にとってのアルゼンチン

における大豆の費用を示すものとは考えなかった[33]。この結果，上級委員会は，EU の2.2
条及び GATT6条１項違反を認定したパネルの判断を支持した[34]。

"as such" の申立てに関しては，上級委員会は，上述の "as applied" の申立てにおいて
AD 協定2.2.1.1条及び2.2条違反と判断された EU 調査当局の行為の根拠規定である
EU 基本規則の関連規定が裁量的規定に過ぎないとしたパネルの判断に同意し，アルゼ
ンチンの主張を却けた。上級委員会は，EU 基本規則の関連規定は，「EU 当局が他の代
表的市場の情報に依拠する場合でも，EU 当局が原産国における生産費を反映するよう
に当該情報を適応させ，それゆえ AD 協定2.2条や GATT6条１項に適合するように行動
する可能性を排除しない」と述べている[36]。

3 金融サービス

アルゼンチン——金融サービス事件[37]は，租税の透明性のためにアルゼンチンと情報交
換を行わない「非協力国」のサービス及びサービス提供者に対してアルゼンチンが課し
た金融，課税，外国為替及び登記などに係る８つの措置について，パナマが GATS 及び
GATT の無差別義務違反などを主張して行った申立てに関わる。折しも，上級委員会報
告書が発出される直前の４月３日にはいわゆる「パナマ文書」の漏洩事件があり，パナ
マの租税に関連する透明性が注目されていた。

パネルは，８つの本件措置は関連するサービス及びサービス提供者の原産国（origin）
に基づき異なる待遇を与えるものであるため，当該サービス及びサービス提供者は
GATS2条１項及び17条の下で「同種」であると認定した。上級委員会は，サービス及び
サービス提供者の同種性は問題のサービス及びサービス提供者間の競争関係に関連する
一定の基準に基づき確定しうるが，これとは別に，措置がもっぱら関係するサービス及
びサービス提供者の原産国にのみ基づき異なる待遇を規定する場合には，同種性が推定
されうることを認めた[38]。しかし，上級委員会は，パネルが GATS2条１項のその分析に
おいて当該措置における協力国と非協力国の区別がもっぱら原産国のみに基づくという
認定を行わなかったにもかかわらず「原産国を理由として」同種性を認定した点で誤り
を犯したと認定した[39]。上級委員会は，パネルには，したがって，協力国と非協力国の
サービス及びサービス提供者の競争関係の評価に関連する様々な基準に基づき同種性の
分析を行う必要があったが，パネルはこれを行わなかったと認定した[40]。パネルによる
GATS17条の下での同種性の認定が２条１項の下での同種性の認定に基づいていたため，
上級委員会は，パネルが17条の下での分析においても誤りを犯したと認定した。その結
果，上級委員会は，GATS2条１項及び17条の下で当該サービス及びサービス提供者の同
種性を認定したパネルの判断を覆した[41]。

なお，本件では，アルゼンチンが GATS 金融サービスに関する附属書パラグラフ２(a)
のいわゆる「信用秩序維持例外（prudential exception）」を援用し，本件措置の一部の
正当化を図った。この規定は，加盟国が一定の条件の下に GATS の「他の規定にかかわ
らず」「信用秩序の維持のための措置」を取ることを許容している。上述のようにパネ

ルによる「同種性」の認定が取り消されたため，この規定の援用を認めなかったパネルの判断はムートとなったが[42]，上級委員会は，この規定の解釈に関するパナマの上訴を受けて，傍論としてではあるが初めて解釈を示した。上級委員会は，同パラグラフ2(a)のタイトルが「国内規制」となっているため「国内規制」を構成する措置のみが対象となるというパナマの主張を却け，この規定はその適用範囲に入る措置の種類をパナマの主張するようには制限していないと述べ，それゆえ，パラグラフ2(a)が金融サービスの提供に影響を及ぼすあらゆる種類の措置を対象としているとしたパネルの解釈に同意した[43]。

4　関　税

ロシアは2012年8月にWTOへの加入を認められたが，それ以来，EUと米国はロシアがWTO協定を遵守していないとして一連の申立てを行ってきた。ロシア——関税待遇事件はロシアに対する初めてのパネル判断である[44]。

事案は比較的単純で，EUは，ロシアがEUからの一定の農産品及び工業製品に対してロシアの譲許税率を超える関税を賦課していると申し立てた。パネルは，問題の従価税はロシアが加盟するユーラシア経済同盟（EAEU）の共通関税であるが，ロシアは自国の譲許税率を超えるこの共通関税を適用することを義務づけられており，当該従価税はロシアに責任が帰属する（attributable）とし[45]，GATT2条1項(b)第1文に違反すると認定した[46]。

EUはまた，ロシアの関税待遇の一部は，譲許表が従価税を規定しているにもかかわらず，従価税と特別関税のいずれか高い方を賦課する混合税方式を採用し，一部の取引について必然的に譲許税率を超える関税を適用していると主張した[47]。パネルは，加盟国が自国の譲許表に記載される関税の種類又は構成（structure）とは異なる関税の種類又は構成を単に利用することは，それ自体では2条1項に違反しないことを認めたが[48]，ロシアが適用するように要求されている関税は特定の分岐点価格（break-even prices）（関税評価額）以下の輸入品について譲許水準より高く，しかもロシアがそのような関税が適用されるのを防止する上限を適用したといういかなる証拠も存在しないと認定した。そのため，パネルは，ロシアの2条1項(b)第1文違反を判示した[49]。

1) Panel Report, *India - Certain Measures Relating to Solar Cells and Solar Modules*（*India - Solar Cells*）, WT/DS456/R and Add. 1, circulated 24 February 2016; Appellate Body Report, *India - Solar Cells*, WT/DS456/AB/R and Add. 1, circulated 16 September 2016, adopted 14 October 2016.
2) Appellate Body Reports, *Canada - Certain Measures Affecting the Renewable Energy Generation Sector / Canada - Measures Relating to the Feed-in Tariff Program*, WT/DS412/AB/R; WT/DS/426/AB/R, circulated 6 May 2013, adopted 24 May 2013.
3) Appellate Body Report, *India - Solar Cells*, para. 5.40.
4) *Id.*
5) *Id.*, para. 5.68.

2016年貿易・投資紛争事例の概況

6) *Id.,* para. 5.74.
7) *Id.,* para. 5.113.
8) *Id.*
9) *Id.,* para. 5.138.
10) Appellate Body Report, *Mexico - Tax Measures on Soft Drinks and Other Beverages,* WT/DS308/AB/R, circulated 6 March 2006, adopted 24 March 2006.
11) Appellate Body Report, *India - Solar Cells,* para. 5.140.
12) *Id.,* para. 5.148.
13) 2016年12月12日，中国は，同条項の執行後は非市場経済国方式は認められないとして，EU及び米国を相手取って WTO に提訴している（DS515及び DS516）。
14) Appellate Body Report, *European Communities - Definitive Anti-Dumping Measures on Certain Iron or Steel Fasteners from China（EC-Fateners(China)），* WT/DS397/AB/RW/ and Add. 1, circulated 18 January 2016, adopted 12 February 2016.
15) *Id.,* para. 5.99.
16) *Id.,* para. 5.102.
17) *Id.,* paras. 5.102-5.103.
18) *Id.,* para. 5.125.
19) *Id.,* para. 5.197.
20) *Id.,* para. 5.167.
21) *Id.,* para. 5.236.
22) *Id.,* para. 5.207.
23) *Id.,* para. 5.242.
24) *Id.,* para. 5.271.
25) *Id.,* para. 5.282.
26) Appellate Body Report, *Anti-Dumping Measures on Biodiesel from Argentina（EU-Biodiesel），* WT/DS473/AB/R and Add. 1, circulated 6 October 2016, adopted 26 October 2016.
27) *Id.,* para. 6.35.
28) *Id.,* para. 6.26.
29) *Id.,* para. 6.37.
30) *Id.,* para. 6.56.
31) *Id.,* para. 6.57.
32) *Id.,* para. 6.82,
33) *Id.*
34) *Id.,* para. 6.83.
35) *Id.,* paras. 6.211 and 6.283.
36) *Id.,* para. 6.285.
37) Appellate Body Report, *Argentina-Measures Relating to Trade in Goods and Services（Argentina - Financial Services），* WT/DS453/AB/R and Add. 1, circulated 14 April 2016, adopted 9 May 2016.
38) *Id.,* para. 6.38.
39) *Id.,* para. 6.60
40) *Id.,* para. 6.61.
41) *Id.,* paras. 6.70 and
42) *Id.,* para. 6.83.

286

43) *Id.*, para. 6.262.
44) Panel Report, *Russia-Tariff Treatment of Certain Agricultural and Manufacturing Products*, WT/DS485/R, Add. 1, Corr. 1and Corr. 2, circulated 26 August 2016, adopted 26 September 2016.
45) *Id.*, para. 7.47.
46) *Id.*, para. 7.62.
47) *Id.*, para. 7.174.
48) *Id.*, para. 7.180.
49) *Id.*, para. 7.230.

（大阪市立大学大学院法学研究科教授）

〈2016年貿易・投資紛争事例の概況〉

投資仲裁決定

福 永 有 夏

1　再生可能エネルギー（固定価格買取制度）
2　たばこ規制
3　仲裁判断の取消し
4　その他

＊2016年中に公表された投資仲裁決定のうち特に注目されるものを紹介する。事件名（初出時）の後に付すかっこ内に，投資仲裁の根拠となった二国間投資条約（BIT）などの投資協定と適用された投資仲裁規則（投資紛争解決国際センター（ICSID）仲裁規則，国連国際商取引法委員会（UNCITRAL）仲裁規則，ストックホルム商業会議所（SCC）仲裁規則のいずれか）を明記する。

1　再生可能エネルギー（固定価格買取制度）

　再生可能エネルギーによる発電を奨励するため，日本を含む多くの国が再生可能エネルギー発電に対する固定価格買取制度（FIT）を導入している。しかし，財政上の理由などから設定した固定価格を引き下げたり，環境影響への配慮から発電事業の見直しを求めるなどのケースもあり，FIT について多数の投資仲裁が申し立てられている。FIT に係る投資仲裁決定として，ここではスペインに係るものとカナダに係るものを紹介する。

　まず，スペインの太陽光発電に係る FIT について，スペインは，太陽光発電による発電容量が増え財政上の負担が拡大したため，固定価格買取を一部撤回又は修正するなどの制度の変更を行った。多数の外国投資家が FIT に基づく買取を期待してスペインにおける太陽光発電事業に進出していたところ，制度の変更により損失を被り，スペインに対して投資仲裁を申し立てている。これまでに数十の申立てが行われているが，このうち２件は日本の投資家が申し立てた ICSID 仲裁で，2017年４月末現在係属中である。[1]

　本稿で紹介する *Charanne B. V. v. Spain*（エネルギー憲章条約（ECT），SCC）は，スペインの太陽光発電事業者の株主が申し立てた仲裁で，スペインの FIT をめぐる投資仲裁の中で初めて本案判断が出されたものである。[2] 2016年１月に下された本件仲裁判断では，仲裁廷は，管轄権は認めたものの，本案についての申立人の申立てはすべて退ける判断を下した。中でも間接収用について，間接収用が認められるためには投資家の投

288

資財産の全部又は一部を「実質的に略奪」するものでなければならず，本件のように事業者の収益が下がったことのみでは間接収用に相当するとは言えないと結論した[3]。また公正衡平待遇義務について，仲裁廷はまず，投資受入国が投資家に「正当な期待」を抱かせる「特定の約束」を行ったにもかかわらず，そのような期待を裏切ったかが争点となることを確認する。そのうえで仲裁廷は，本件ではスペインによる「特定の約束」は行われていないし，ある FIT が投資時点で適用されているという事実のみでは当該 FIT が今後も修正されないということについての投資家の「正当な期待」を生むとは言えないと述べた[4]。仲裁廷はまた，投資受入国が不合理，不均衡又は公益に反する措置をとらないことについての「正当な期待」を投資家が有することは認めつつ，本件措置はそのような不合理，不均衡又は公益に反する措置には当たらないと結論した[5]。

　スペインの FIT をめぐる投資仲裁の2016年中の決定として，上記のほか *Isolux v. Spain*（ECT，SCC）の仲裁判断で申立人の申立てが退けられているほか[6]，*RREEF v. Spain*（ECT，ICSID）で管轄権を認める決定が出されている[7]。2017年中には複数の関連事案で本案判断が出されると予想される。

　次に，カナダのオンタリオ州の再生可能エネルギー発電に係る FIT について，北米自由貿易協定（NAFTA）に基づく2件の仲裁判断が出されている。本 FIT によれば，オンタリオ州は，ローカルコンテント要求などの条件を満たしかつ審査によって選ばれた事業者と契約を結び，固定価格にて電力を買い取ることになる。*Mesa Power v. Canada*（NAFTA，UNCITRAL）では，申立人は複数の申請を行ったにもかかわらずいずれも選考もれとなり契約を結べなかったことから，FIT が恣意的かつ不公正で NAFTA に違反すると仲裁を申し立てた。他方で *Windstream v. Canada*（NAFTA，UNCITRAL）では，申立人は本 FIT に基づく契約を結んだにもかかわらず，オンタリオ州政府から必要な許可などが得られず事業を進められなくなったことが NAFTA に違反していると主張して仲裁を申し立てた。

　2016年3月に出された *Mesa Power v. Canada* の仲裁判断では，仲裁廷の管轄権は認められたが，申立人の NAFTA 違反に係る申立てはすべて退けられた[8]。特に公正衡平待遇義務について，仲裁廷は，NAFTA の公正衡平待遇義務違反が認められるための恣意性や差別性などの基準（敷居）が高いものであること，また投資受入国の国内問題の規制方法について審査する仲裁廷には「相当程度の抑制」が求められることを確認したうえで，本件における事業者の選考の過程には問題があるものの，公正衡平待遇義務違反を構成するには至らないと結論した[9]。なお，本件の公正衡平待遇義務に関する判断に対しては，1人の仲裁人の反対意見が付されている[10]。このほか，オンタリオ州の FIT はオンタリオ州電力公社（OPA）などによって実施されており，*Mesa Power v. Canada* では，OPA の行為のカナダに帰属するかが争点の1つとなった[11]。関連して，再生可能エネルギーに係る事案ではないが，2016年6月に出された *Almås v. Poland*（ノルウェー・ポーランド BIT，UNCITRAL）の仲裁判断では，James R. Crawford を裁判長

とする仲裁廷が帰属の問題について国家責任条文第4条，第5条，第8条に照らした検討を行っており，興味深い。[12]

2016年9月に出された *Windstream v. Canada* の仲裁判断では，仲裁廷の管轄権は認められ，申立人の特に公正衡平待遇義務の違反に係る主張が認められた。[13]公正衡平待遇義務について，仲裁廷は，NAFTA の公正衡平待遇義務を解釈する際には自由貿易委員会（FTC）の解釈ノートとともに条約解釈に関する一般規則を考慮しなければならず，また義務の内容は各事案の事実に応じて明らかにしなければならないと述べたうえで，本件でオンタリオ政府が事業の許可などに係る状況を明らかにするための努力を怠ったことは公正衡平待遇義務の違反を構成すると結論した。[14]

なお，オンタリオ州の FIT をめぐっては，ローカルコンテント要求などについて日本と EU が申立てた WTO 紛争処理事例において，GATT 第3条4項などの違反が認められている。[15]

2　たばこ規制

2005年2月に発効したたばこの規制に関する世界保健機関枠組条約（たばこ枠組条約）は，たばこの需要や供給を減少させるために様々な措置をとることを締約国に求めている。これを踏まえ，たばこに写真付きの警告文を表示することを義務付けるパッケージ規制などを導入する国が増えている。たばこのパッケージ規制などは，たばこの需要を減少させることを目的とした措置であり，たばこメーカーにとっては損失を発生させる恐れがある。たばこ規制については，オーストラリアとウルグアイに対してフィリップモリスから投資仲裁が申し立てられ，2016年までにそれぞれ決定が出されている。

まず *Philip Morris Asia v. Australia*（香港・オーストラリア BIT，UNCITRAL）では，オーストラリアのたばこプレーン・パッケージ規制が問題となった。申立人のフィリップモリス・アジアは，たばこのパッケージに写真を含む警告を表示することを求めかつブランド名のロゴ表示を禁止するプレーン・パッケージ規制が，香港・オーストラリア BIT に違反すると主張した。[16]なお，オーストラリアにおけるフィリップモリスは，当初スイスにあるフィリップモリス統括本部の傘下にあったが，本件投資仲裁の申立ての約9か月前に香港にあるフィリップモリス・アジアの傘下に移されていた。スイスとオーストラリアとの間には投資協定などは締結されていないところ，フィリップモリスとしては，フィリップモリス・アジアの傘下に移すことで香港・オーストラリア BIT に基づく保護を得ようと目論んだものと推測される。フィリップモリスの仲裁申立てに対して被申立人のオーストラリアは，本件の管轄権及び受理可能性について異議申立てを行った。

2015年12月に出された管轄権及び受理可能性に関する決定では，[17]本件申立てに対する管轄権が否定されるとともに，受理可能性も否定された。[18]特に重要なのは受理可能性についての決定で，仲裁廷は，本件の仲裁申立ては権利の濫用（手続の濫用）に相当する

ため受理できないと判断した。[19] 特に濫用の基準について仲裁廷は，過去の投資仲裁事例を基に，「特定の紛争が予見可能な段階で，投資条約上の保護を得るために投資家が会社組織を変えて仲裁申立てを行うことは権利の濫用を構成し」，また「条約上の紛争を生じうる措置が具体化することについて合理的な見通しがある場合に紛争は予見可能である」と述べた。[20] そのうえで仲裁廷は，本件について，オーストラリアにおけるフィリップモリスがフィリップモリス・アジアの傘下に移された時点で，オーストラリアがプレーン・パッケージ規制を導入しそれによって紛争が生じることは予見可能であり，したがって本件仲裁申立ては権利の濫用（手続の濫用）を構成すると結論した。[21] なお，オーストラリアのプレーン・パッケージ規制をめぐっては，WTO 紛争処理制度における申立ても行われ，2017年 4 月末現在パネル検討段階である。[22]

次に *Philip Morris v. Uruguay*（スイス・ウルグアイ BIT，ICSID）では，ウルグアイのたばこ規制が問題となった。申立人のフィリップモリスは，ウルグアイのシングル・プレゼンテーション要件（ 1 つのブランドについて 1 つの製品のみとし，「ライト」，「ウルトラライト」などのバリエーションを認めない）や警告画像表示義務がスイス・ウルグアイ BIT に違反すると主張して，投資仲裁を申し立てた。2013年 7 月に管轄権を認める仲裁決定が出された後，[23] 本案に関する審理が行われていた。

2016年 7 月に出された本案判断では，申立人の申立てがすべて退けられた。[24] 特にウルグアイの措置が間接収用を構成するかについて，仲裁廷は，間接収用を（直接）収用又は国有化と「同じ性質又は同じ効果」を有する措置と定義するスイス・ウルグアイ BIT は，間接収用を（直接）収用又は国有化に「相当する」又は「同等の」効果を有する措置と定義する投資協定などよりは厳格な要件を定めていると確認したうえで，措置が「投資の価値や利用や享受を『実質的に略奪』」する場合に間接収用を構成すると述べた。[25] 本件について仲裁廷は，申立人が商標に関する財産権を有することを認めたものの，ウルグアイの措置は申立人の財産を「実質的に略奪」するものではなく，またウルグアイの国際法及び国内法上の義務を履行するために規制権限の行使としてとられたものであり，間接収用を構成しないと結論した。[26] 次に公正衡平待遇義務について，仲裁廷は，たばこ枠組条約や関連するガイドラインによって本件措置の有効性に関する十分な証拠が示されているなどとして，本件措置が恣意的，広範すぎる，あるいは差別的であるため公正衡平待遇義務に違反するとの申立人の主張を退けた。[27] 仲裁廷はまた，「評価の余地」が少なくとも公衆衛生に関連しては投資協定などに基づく申立てにも適用されると認め，「公衆衛生措置に関する責任は政府にあり，投資仲裁廷は公衆衛生の保護などに関する国のニーズに係る政府の判断に対して相当の配慮を行うべきである」と述べた。[28] なお，公正衡平待遇義務に関する判断に対しては， 1 人の仲裁人の反対意見が付されている。[29]

3 　仲裁判断の取消し

ICSID 特別委員会による取消し事案で注目されるものとして，*EDFI v. Argentina*

（アルゼンチン・フランス BIT，ICSID）を取り上げる。

EDFI v. Argentina の仲裁廷は，送電・配電に係るコンセッション契約について，アルゼンチンの公正衡平待遇義務違反を認め，申立人に対して損害賠償金を支払うよう命じる裁定を2012年6月に出していた[30]。これに対してアルゼンチンは，ICSID 条約第52条1項に基づき取消しを請求していた。

2016年2月に出された特別委員会の決定では，アルゼンチンの請求が退けられた。特に注目されるのは，ICSID 条約第52条1項(a)号及び(e)号に基づく取消し請求の審理である。これについてアルゼンチンは，本件の3人の仲裁人のうち2人について独立性及び公平性に問題があり，したがって本件仲裁廷は正当に構成されずまた手続の基本原則からの重大な離反があったと主張していた[31]。特別委員会はまず，仲裁人が ICSID 条約第14条1項に定められる独立性及び公平性を欠くとの合理的な疑いがあることを理由に ICSID 条約第52条1項(a)号及び(e)号に基づく取消し請求を行いうることを認めた[32]。そのうえで，本案手続において失格の提案が行われなかった仲裁人（Jesús Remón）については，当事者が仲裁人の失格を提案する権利を放棄したか，放棄していない場合には仲裁人の独立性及び公平性を疑う合理的な根拠があるか，そのような合理的な根拠がある場合には独立性及び公平性の欠如が仲裁判断に実質的な影響を与えたかを考慮して取り消しうるかを判断しなければならない一方，本案手続において失格の提案が行われたが拒否された仲裁人（Gabrielle Kaufmann-Kohler）については特別委員会の任務はより限定的で，失格としない本案手続における決定が非常に明白に合理性を欠く場合に限り取り消しうると述べた[33]。最終的に特別委員会は，いずれの仲裁人についても ICSID 条約第52条1項(a)号及び(e)号の取消し理由に該当しないとして，アルゼンチンの請求を退けた[34]。なお本特別委員会は，谷口安平京都大学名誉教授が日本人で初めて委員を務めた。

UNCITRAL 仲裁に係る取消し事案として，いわゆるユコス事件の仲裁判断についてのハーグ地方裁判所の決定を取り上げる。ユコス事件では，2009年11月に出された中間判断で管轄権が認められ[35]，2014年7月に出された最終判断で ECT に違反する間接収用があったとしてロシアに対して損害賠償金の支払いが命じられていた[36]。これに対してロシアは，仲裁地であるハーグにおいて，仲裁判断の取消しを求める訴訟を提起した。

2016年4月に出されたハーグ地方裁判所の判決では，仲裁廷の ECT 第45条1項の解釈及び適用が特に問題となった[37]。すなわち仲裁廷は，ECT 第45条1項を，ECT の暫定的適用が締約国の憲法又は法令に抵触しない範囲で ECT を暫定的に適用することを定めたものと解していたが，ハーグ地方裁判所はロシアの主張を認め，ECT 第45条1項は ECT の個々の規定が締約国の憲法又は法令に抵触しない範囲で ECT を暫定的に適用することを定めたものと解した[38]。そのうえで裁判所は，ECT 第26条に基づき認められる投資仲裁は，ロシアの外国投資法上根拠のないものであり，したがって ECT 第26条はロシアの法令に抵触するため暫定的適用できないと結論し[39]，ECT 第26条に基づき仲裁廷の管轄権を認めた中間判断と管轄権に基づき本案判断を行った最終判断の双方を取

り消した。本件は現在ハーグ高等裁判所に係属中である。

4　その他

そのほか投資仲裁に関する注目される2016年中の展開として，以下のようなものがある。

2016年12月，*Abaclat v. Argentina*（アルゼンチン・イタリアBIT，ICSID）において，ICSID仲裁規則第43条2項に基づく同意判断が出され，仲裁手続が終了することとなった。*Abaclat v. Argentina*では，180,000を超える投資家が申立てを行い，投資仲裁における集団申立てとして注目されていた。2011年8月に管轄権を認める判断が出され，議論を巻き起こしていたが，2016年4月に和解が成立した。和解によれば，債務不履行となった債券の当初額面金額の150％が申立人に支払われることになっている。

2016年6月に仲裁が申し立てられた*TransCanada v. US*（NAFTA，ICSID）では，オバマ政権がアメリカとカナダをまたぐ原油パイプライン，キーストーンXLパイプラインの建設計画を環境への影響を理由として認めなかったことなどについて，NAFTAの違反が主張されていた。しかし，2017年1月に就任したトランプ大統領は，オバマ政権の方針を覆し，2017年3月，キーストーンXLパイプラインなどの建設計画を許可した。これを受けて，本仲裁手続は終了している。

このほか*Ecuador v. US*（エクアドル・米国BIT，UNCITRAL）は，シェブロン事件に係る仲裁判断におけるBIT解釈をめぐって争われた投資協定に基づく国家間仲裁で，2012年9月に管轄権を否定する判断が出されていたが，2016年12月になって判断が公表されている。

今後注目される事案として，2016年6月にイランが米国を国際司法裁判所（ICJ）に提訴した事件がある。イランは，米国によってテロ支援国家に指定され，これによりイランの資産が米国における差押え（及び関連訴訟）の対象となっていることについて，1955年の米国・イラン友好条約に違反していると主張している。イランは米国・イラン友好条約第4条1項の公正衡平待遇義務の違反も主張しており，ICJが公正衡平待遇義務についてどのように解釈及び適用するのか注目される。

---

1)　*JGC Corporation v. Kingdom of Spain*, ICSID Case No. ARB/15/27; *Eurus Energy Holdings Corporation and Eurus Energy Europe B.V. v. Kingdom of Spain*, ICSID Case No. ARB/16/4.

2)　*Charanne B.V. y Construction Investments S.A.R.L. v. El Reino de España*, Arbitraje No. 062/2012, Laudo Final（21 January 2016）.

3)　*Ibid.*, paras. 455-467.

4)　*Ibid.*, paras. 486-511.

5)　*Ibid.*, paras. 514-540.

6)　*Isolux Infrastructure Netherlands B.V. v. Spain*, SCC. 本件の仲裁判断は公表されていないが，概要については以下を参照。Investment Arbitration Reporter, A second arbitral tribunal at Stockholm weighs in with an ECT verdict in a Spanish renewables dispute（13 July 2016）.

2016年貿易・投資紛争事例の概況

7) *RREEF Infrastructure (G.P.) Limited and RREEF Pan-European Infrastructure Two Lux Sàrl v. Kingdom of Spain*, ICSID Case No. ARB/13/30, Decision on Jurisdiction (6 June 2016). 2017年4月末現在本案審理中である。

8) *Mesa Power Group, LLC v. Government of Canada*, PCA Case No. 2012-17, Award (24 March 2016).

9) *Ibid.*, paras. 495-682.

10) *Mesa Power Group, LLC v. Government of Canada*, PCA Case No. 2012-17, Concurring and Dissenting Opinion of Judge Charles N. Brower (25 March 2016).

11) 仲裁廷は帰属を認めている。*Ibid.*, paras. 339-377.

12) *Mr. Kristian Almås and Mr. Geir Almås v. The Republic of Poland*, PCA Case No 2015-13, Award (27 June 2016).

13) *Windstream Energy, LLC v. Government of Canada*, Award (27 September 2016).

14) *Ibid.*, paras. 347-382.

15) *Canada - Certain Measures Affecting the Renewable Energy Generation Sector; Canada - Measures Relating to the Feed-in Tariff Program*, Panel Reports (19 December 2012), WT/DS412/R; WT/DS426/R, Appellate Body Report (6 May 2013), WT/DS412/AB/R; WT/DS426/AB/R.

16) *Philip Morris Asia Limited v. The Common Wealth of Australia*, Notice of Arbitration (21 November 2011).

17) 決定後, 手続命令 No. 5に沿って仲裁決定の編集の有無に関する審理が行われた結果, 本件に対する一般の関心の高さなどに鑑み, 2016年5月に編集無しで公表されることとなった。*Philip Morris Asia Limited v. The Common Wealth of Australia*, Procedural Order No. 5 Regarding Confidentiality (30 November 2012); *Philip Morris Asia Limited v. The Common Wealth of Australia*, Procedural Order No. 17 Regarding Redaction of Confidential Information in the Award on Jurisdiction and Admissibility (2 May 2016).

18) *Philip Morris Asia Limited v. The Common Wealth of Australia*, Award on Jurisdiction and Admissibility (17 December 2015).

19) *Ibid.*, paras. 538-588.

20) *Ibid.*, para. 554.

21) *Ibid.*, paras. 566-569.

22) *Australia - Certain Measures Concerning Trademarks, Geographical Indications and Other Plain Packaging Requirements Applicable to Tobacco Products and Packaging*, WT/DS434 (Honduras), WT/DS441 (Dominican Republic), WT/DS458 (Cuba), WT/DS467 (Indonesia).

23) *Philip Morris Brands Sàrl, Philip Morris Products S.A. and Abal Hermanos S.A. v. Oriental Republic of Uruguay*, ICSID Case No. ARB/10/7, Decision on Jurisdiction (2 July 2013).

24) *Philip Morris Brands Sàrl, Philip Morris Products S.A. and Abal Hermanos S.A. v. Oriental Republic of Uruguay*, ICSID Case No. ARB/10/7, Award (8 July 2016).

25) *Ibid.*, para. 192.

26) *Ibid.*, paras. 272-307.

27) *Ibid.*, paras. 389-396, 406-410, 412-420.

28) *Ibid.*, para. 399.

29) *Philip Morris Brands Sàrl, Philip Morris Products S.A. and Abal Hermanos S.A. v. Oriental Republic of Uruguay*, ICSID Case No. ARB/10/7, Concurring and Dissenting Opinion of Mr. Gary Born (8 July 2016).

30) *EDF International S.A., SAUR International S.A., and León Participaciones Argentinas S. A. v. Argentine Republic*, ICSID Case No. ARB/03/23, Award（11 June 2012）.

31) *Ibid.*, para. 45.

32) *Ibid.*, paras. 117-128.

33) *Ibid.*, paras. 130-146.

34) *Ibid.*, paras. 147-175.

35) *Hulley Enterprises Limited (Cyprus) v. The Russian Federation*, PCA Case No. AA 226, Interim Award on Jurisdiction and Admissibility（30 November 2009）; *Yukos Universal Limited (Isle of Man) v. The Russian Federation*, PCA Case No. AA 227, Interim Award on Jurisdiction and Admissibility（30 November 2009）; *Veteran Petroleum Limited (Cyprus) v. The Russian Federation*, PCA Case No. AA 228, Interim Award on Jurisdiction and Admissibility（30 November 2009）.

36) *Hulley Enterprises Limited (Cyprus) v. The Russian Federation*, PCA Case No. AA 226, Final Award（18 July 2014）; *Yukos Universal Limited (Isle of Man) v. The Russian Federation*, PCA Case No. AA 227, Final Award（18 July 2014）; *Veteran Petroleum Limited (Cyprus) v. The Russian Federation*, PCA Case No. AA 228, Final Award（18 July 2014）.

37) *The Russian Federation v. Veteran Petroleum Limited*, C/09/477160 / HA ZA 15-1, *The Russian Federation v. Yukos Universal Limited*, C/09/477162 / HA ZA 15-2, *The Russian Federation v. Hulley Enterprises Limited*, C/09/481619 / HA ZA 15-112, The Hague District Court, Judgment（20 April 2016）.

38) *Ibid.*, paras. 5.6-5.23.

39) *Ibid.*, paras. 5.32-5.65.

40) *Ibid.*, paras. 5.96-5.98, 6.1, 6.4, 6.7.

41) *Abaclat and Others (Case formerly known as Giovanna a Beccara and Others) v. The Argentine Republic*, ICSID Case No. ARB/07/5, Consent Award under ICSID Arbitration Rule 43(2)（29 December 2016）.

42) *Abaclat and Others (Case formerly known as Giovanna a Beccara and Others) v. The Argentine Republic*, ICSID Case No. ARB/07/5, Decision on Jurisdiction and Admissibility（4 August 2011）.

43) *Ibid.*, para. mm.

44) *Ibid.*, Settlement Agreement.

45) *TransCanada Corporation and TransCanada Pipelines Limited v. United States of America*, ICSID Case No. ARB/16/21, Request for Arbitration（24 June 2016）.

46) *TransCanada Corporation and TransCanada Pipelines Limited v. United States of America*, ICSID Case No. ARB/16/21, Order of the Secretary-General Taking Note of the Discontinuance of the Proceeding（24 March 2017）.

47) *Chevron Corporation and Texaco Petroleum Company v. The Republic of Ecuador*, PCA Case No. 2007-2, Partial Award on the Merits（30 March 2010）.

48) *The Republic of Ecuador v. The United States of America*, Award（29 September 2012）.

49) *Certain Iranian Assets (Islamic Republic of Iran v. United States of America)*, Application（14 June 2016）.

（早稲田大学社会科学部教授）

編集後記

　年報第26号をお手にとっていただいたご感想はいかがであろうか。本号から表紙のデザインを一新し，またページの組み方も若干変更した。共通論題のテーマなどが読者によりアピールするデザインを法律文化社に考えていただいた。編集委員会としても，この機会に新たな気持ちを持って学会誌の水準を一層高められるよう努力していきたい。

　さて，内容としては，昨年秋に小樽商科大学で開催された第26回研究大会における各報告を中心に掲載する。本号からの新企画として，年報発行の前年1年間の「貿易・投資紛争事例の概況」として，WTOパネル・上級委員会報告書および投資仲裁決定の主要なものの概要を掲載することにした。増加する国際経済法関連の判例の動向を把握する際の一助となれば幸いである。最初の回ということで私と福永有夏編集委員で執筆を担当したが，次号以降は若手の研究者に交代で担当していただきたいと考えている。全体では，投稿原稿も含めて，座長コメント2本，論説10本，文献紹介9本，紛争事例紹介2本である。力作をご寄稿いただいた執筆者および学会誌としての水準の維持にご協力いただいている査読者の方々に厚く御礼を申し上げる。

　編集委員会からもう1点お知らせをしておきたい。法律文化社からのご了解を得て，出版後6年を経過した年報を電子化し，オンライン上で公開するための作業を開始した。とくに著作権の問題もあり，1992年発行の年報1号から各執筆者のご承諾を得る作業を行なっている。この場を借りて執筆者の皆様のご協力をお願いしたい。できるだけ早期にオンライン上での公開を実現したいと考えている。

　最後になったが，法律文化社の田靡純子社長と編集部の舟木和久氏には，毎年のことながら厳しいスケジュールの中で柔軟に対応していただきご苦労をおかけした。記して深謝したい。

平　　覚

日本国際経済法学会年報第26号（2017）　297

執筆者紹介 (執筆順)

河 野 真理子	早稲田大学法学学術院教授
石 川 知 子	名古屋大学大学院国際開発研究科准教授
Anna De Luca	Member of the ICSID panel of conciliators. Professor at Bocconi University
高 杉 　 直	同志社大学大学院法学研究科教授
土 田 和 博	早稲田大学法学学術院教授
泉 水 文 雄	神戸大学大学院法学研究科教授
Oh Seung Kwon	Emeritus Professor of Law School, Seoul National University. Former Chairman of Korea Fair Trade Commission, Member of the National Academy of Sciences, Republic of Korea
Xiaoye Wang	Distinguished Professor of Hu Nan University, and Law Professor of Chinese Academy of Social Sciences. Member of the State Council Anti-Monopoly Expert Committee
Qianlan Wu	Assistant Professor, School of Law, University of Nottingham
高 橋 恵 佑	明治大学大学院法学研究科博士後期課程
杉 浦 保 友	日本大学大学院法務研究科教授，イングランド・ウェールズ弁護士 (Solicitor)
渡 辺 翔 太	野村総合研究所副主任研究員
平 見 健 太	東京大学社会科学研究所，日本学術振興会特別研究員PD
石 川 義 道	静岡県立大学国際関係学部講師
小 寺 智 史	西南学院大学法学部准教授
玉 田 　 大	神戸大学大学院法学研究科教授
岩 瀬 真央美	兵庫県立大学経済学部准教授
松 澤 幸太郎	外務省国際経済課欧州連合経済室，経済協力開発機構室
中 村 達 也	国士舘大学法学部教授
加 藤 紫 帆	名古屋大学大学院法学研究科博士後期課程
柳 　 赫 秀	横浜国立大学大学院国際社会科学研究院教授
髙 橋 祐 介	名古屋大学大学院法学研究科教授
平 　 　 覚	大阪市立大学大学院法学研究科教授
福 永 有 夏	早稲田大学社会科学部教授

日本国際経済法学会年報 第26号 2017年
投資紛争解決制度の再考察
国際カルテルと東アジア競争法の域外適用

2017年10月20日 発行

編集兼　日 本 国 際 経 済 法 学 会
発行者
　　　　　　　　代表者　清 水 章 雄

〒171-8588　東京都豊島区目白 1 - 5 - 1
学習院大学法学部（阿部克則研究室）
Email：secretariat@jaiel.or.jp

発売所　株式　法 律 文 化 社
　　　　会社

〒603-8053　京都市北区上賀茂岩ヶ垣内町71
電話　075(791)7131　FAX　075(721)8400
URL：http://www.hou-bun.com/

©2017 THE JAPAN ASSOCIATION OF INTERNATIONAL ECONOMIC LAW, Printed in Japan
ISBN978-4-589-03878-4

日本国際経済法学会編

日本国際経済法学会年報

第20号（2011年）　世界金融危機後の国際経済法の課題　APEC2010とポスト・ボゴールにおけるアジア国際経済秩序の構築　　　　A5判・314頁・定価 本体4000円＋税

第21号（2012年）　日本国際経済法学会20周年記念大会　国際経済法における市場と政府　国際知財法の新しいフレームワーク　　　A5判・326頁・定価 本体4100円＋税

第22号（2013年）　資源ナショナリズムと国際経済法　北朝鮮著作物事件
　　　　　　　　　　　　　　　　　　　　　　　　　　A5判・314頁・定価 本体4000円＋税

第23号（2014年）　　　　　　　　　　A5判・270頁・定価 本体4000円＋税

環太平洋パートナーシップ協定（TPP）　　座長コメント…間宮勇／TPP の背景と意義…中川淳司／TPP の背景と意義〈コメント〉…林禎二／TPP と農業再生…山下一仁／経済連携協定と WTO 協定を巡る通商ルールと産業競争力…風木淳／公正衡平待遇条項の適用実態…坂田雅夫
国際化時代の不正競争　　座長コメント…駒田泰土／国際不正競争の準拠法…出口耕自／国際訴訟競合と民事訴訟法3条の9…實川和子／技術に関する営業秘密の保護と知的財産権の帰属規定…内田剛
自由論題　　国際通商法における無差別原則と相互主義…平見健太／国家債務再編と投資協定仲裁…石川知子／国際私法における不法行為地法主義の経済学的分析…森大輔

第24号（2015年）　　　　　　　　　　A5判・220頁・定価 本体3700円＋税

国際経済法の発展における OECD の役割　　座長コメント…中谷和弘／国際社会のルール・メーキングと OECD…髙橋誠一郎／国際租税法における OECD の役割とその位置づけ…渕圭吾／外国公務員贈賄防止条約のフォローアップにおける OECD の役割…梅田徹／多角的貿易体制と OECD…濱田太郎
地域経済統合と法の統一　　座長コメント…髙杉直／ラテンアメリカ地域における経済統合と競争法の調和…諏佐マリ／アフリカにおける地域統合と法統一…小塚荘一郎，曽野裕夫
自由論題　　EPZs in a Multilevel International Economic Law…Alejandra Maria González／米国海外腐敗行為防止法（FCPA）の域外適用と各国の対応…内田芳樹／WTO 紛争解決手続における DSU25条仲裁の位置づけ…張博一

第25号（2016年）　　　　　　　　　　A5判・260頁・定価 本体4000円＋税

WTO 成立20周年　　座長コメント…松下満雄／WTO のルール・メイキング…間宮勇・荒木一郎／WTO 交渉機能の現状…股野元貞／WTO 紛争解決手続における国家責任法の意義…佐古田彰／日本の WTO 紛争解決手続の活用…田辺有紀
民事救済の国際的執行　　座長コメント…多田望／競争請求に関する外国判決の承認および執行…西岡和晃／外国競争法違反に基づく内国消費者訴訟…宗田貴行／特許権の国際的な Enforcement に関する近時の諸問題…紋谷崇俊
自由論題　　EU 競争法と加盟国競争法の衝突と調整規定…長尾愛女／国際通商体制における規範の多層化…内記香子

上記以外にもバックナンバー（第4号〜第19号）ございます。ご注文は最寄りの書店または法律文化社までお願いします。　　　　　TEL 075-702-5830／FAX 075-721-8400　　　URL:http://www.hou-bun.com/